Wie wird ein Studienabbrecher und

Amazon-Lagerarbeiter fast Präsident von Bolivien?

Lasst uns gemeinsam dem Alltag entfliehen und auf eine unvergessliche Reise gehen!

Being Thorben Plaumann

Wie ich aus dem Amazon-Lager heraus, fast Präsident von Bolivien wurde

Der Werdegang eines Wahlkampfmanagers

Autobiografie

von Thorben Plaumann

Bibliografische Information der Deutschen Nationalbibliothek:

Die Deutsche Nationalbibliothek verzeichnet diese Publikation in der Deutschen

Nationalbibliothek, detaillierte bibliografische Daten sind im Internet über

http:/dnd.dnb.de abrufbar.

Verlag: BoD · Books on Demand GmbH, Überseering 33,

22297 Hamburg, bod@bod.de

Druck: Libri Plureos GmbH, Friedensallee 273, 22763 Hamburg

ISBN: 978-3-7693-6752-2

Anfragen an: ThorbenPlaumann@web.de

Was verzaubert uns Menschen?

Stil, Charisma und rhetorische Überlegenheit.

-Thorben Plaumann 2025

Vorwort

Alle von mir geschilderten Ereignisse beruhen nicht nur auf einer wahren Begebenheit – nein, sie sind 1 : 1 genau so eingetreten, wie von mir beschrieben. Selbstverständlich kann ich alle geschilderten Ereignisse durch Videoaufnahmen und Fotos beweisen und belegen.

Bitte erlauben Sie mir, dies gleich zu Beginn als kleines Vorwort zu erwähnen, denn heutzutage scheint ja fast schon jedes Buch, jeder Film oder jede TV-Serie auf einer angeblich ,,wahren Begebenheit′′ zu beruhen.

Vorweg möchte ich mich für meine harte und unzensierte Ausdrucksweise bei Ihnen entschuldigen. Es ist die ungeschminkte Wahrheit.

Mein Buch soll authentisch sein, es ist bewusst in einfacher, direkter Sprache gehalten. Ihr sollt als Leser den Eindruck gewinnen, als würdet ihr direkt neben mir sitzen, einem gewissen Mr. Flixbus nämlich – und gespannt einer meiner soliden Geschichten lauscht.

In den folgenden Kapiteln werde ich euch nun meine Lebensgeschichte schildern: Wie ich es mit Charisma, Stil, ausgeprägtem Selbstbewusstsein und rhetorischer Überlegenheit aus dem Amazon-Lager heraus fast bis zum Präsidenten von Bolivien gebracht habe.

Dabei habe ich weder Gewalt angewandt, noch habe ich gegen geltende Gesetze verstoßen.

Kapitel 1

Lasst uns nun beginnen mit der wahrscheinlich außergewöhnlichsten Geschichte, die ihr jemals in eurem Leben gelesen habt.

Ich bin auf der Schwäbischen Alb geboren und hatte eine wunderbare, behütete Kindheit, an die ich durchweg positive Erinnerungen habe. Dazu hatte ich das Glück, unfassbar tolle, aufmerksame und hilfsbereite Eltern zu haben, die mir als Kind jeden Wunsch ermöglichten.

Mein Uropa, der zu seinen Lebzeiten in die Wehrmacht eingezogen wurde und während des 2. Weltkrieges in Stalingrad kämpfte, hat mich schon als Kind sehr geprägt. Circa eine halbe Million deutscher Soldaten waren in Stalingrad, davon kehrten am Ende nur etwa 5.000 Soldaten nach Deutschland zurück. Der Rest wurde erschossen, erfror, verhungerte oder starb in sowjetischer Kriegsgefangenschaft. Mein Urgroßvater war einer dieser 5.000 Überlebenden. Er hatte danach ein erfülltes Leben und starb, als ich 6 Jahre alt war. Selbstverständlich verabscheue ich jegliche Form von Rechtsextremismus aufs schärfste. Konservativ und patriotisch?

Auf jeden Fall! Aber rechtsradikal? Niemals!

Das muss man ja in der heutigen Zeit immer dazusagen, ansonsten wird man ja umgehend in die rechte Ecke gestellt. Das Problem an der heutigen Gesellschaft ist, dass sie so weit nach links gerückt ist, dass normales Handeln als rechtsradikal eingestuft wird. Nun waren leider eben nicht alle Deutschen in den 1930er-und 1940er-Jahren Widerstandskämpfer. Als einfacher Wehrmachtssoldat hatte man eben kaum eine andere Wahl. Ich kann mich noch gut an seine Geschichten erinnern. Es war für mich als Kind unerklärlich, dass mein Uropa zu Fuß nach Stalingrad gelaufen ist. Unvorstellbar und völlig absurd in der heutigen Zeit – wo man oft schon zu faul ist, die 2 Kilometer zu McDonald's zu laufen.

Nein, man bestellt lieber gleich bei Lieferando und bleibt einfach daheim.

Mein Uropa wurde trotz der Torturen in Stalingrad stolze 90 Jahre alt.

Meine Kindheit verlief danach total unbeschwert weiter. Ich hatte immer sehr viel Spaß mit meinem kleinen Bruder. Gemeinsam erlebten wir 2 im Kindesalter schon viele Ausflüge und kleine Abenteuer. Außerdem hatte ich das unvorstellbare Glück, gemeinsam mit der unglaublich berühmten späteren RTL „Bachelor" Gewinnerin Angelina Utzeri in denselben Kindergarten gehen zu dürfen. Es war mir schon als Vierjähriger eine ausgesprochene Ehre, etwas Zeit mit einem internationalen Megastar verbringen zu dürfen – Leider koi Zeit mai -> Kim Kardashian.

Kurz nach meiner Einschulung wurde ich allmählich mit dem Fußballvirus infiziert. Durch meinen Vater begann meine große, bis heute anhaltende Liebe zum größten und ehrwürdigsten Verein aller Zeiten: meinem über alles geliebten VFB Stuttgart. Mein erster Stadionbesuch war ein absolutes Highlight und ist bis heute gänzlich unvergesslich. Trainer war Giovanni Trapattoni, Co-Trainer Andreas Brehme.
Die Mannschaft bestand noch aus Spielern wie Jon Dahl Tomasson, Christian Tiffert oder Timo Hildebrand. Die Stimmung war gigantisch – unfassbare 55.000 Menschen peitschten ihren VFB stets unaufhaltsam nach vorne. Einmal im Neckarstadion – und du bist für den Rest deines Lebens mit einem unbeschreiblichen, ehrfürchtigen Virus infiziert.
Schon als Kind tat ich mich sehr schwer in der Schule.
Ich hatte unfassbare Probleme mit Mathe und eine Lese-Rechtschreib-Schwäche.
Im Deutschdiktat stand deshalb in der Grundschule immer eine glatte 6 auf der Rückseite der Klassenarbeit. Deshalb hat es auch nur für die Hauptschule gereicht.
Ich war ein klassischer Spätentwickler, der mit 14 lieber seine Wochenenden vor der Xbox 360 verbrachte, während meine Klassenkameraden am Wochenende unterwegs waren. Ich hatte unfassbare Schwierigkeiten, mit Frauen eine einfache Konversation zu führen, und hatte selbst mit 15 noch nie eine feste Freundin.

Alle meine Kumpels haben über ihr erstes Mal gesprochen, während ich zu Hause saß und mir auf alte Gina Wild-Filme einen runtergeholt habe.

Auch mit 16 war ich noch extrem dünn und mager. Zwar spielte ich Fußball im Verein, aber an meinem Körper war kein einziges Gramm Muskel zu sehen.

Hinzu kommt, dass ich ein extremes Problem damit hatte, mich zu behaupten.

Es fiel mir extrem schwer, anderen Menschen die Meinung zu geigen.

Ich war immer der Nette, der für alle in der Hauptschule die Hausaufgaben gemacht hat – nur um etwas Anerkennung zu bekommen. Während meiner gesamten Hauptschulzeit fühlte ich mich ständig missverstanden und war mit meinem Leben nicht wirklich glücklich. Ich fühlte mich selbst wie der größte Totalversager auf der Welt und hatte keinerlei Lebenslust in mir. Ich habe zwar nie wirklich großartige Erfahrungen mit exzessivem Mobbing gemacht, allerdings war ich auch nie richtig ,,dabei.'' Im Mittelpunkt stand ich nie – ich war quasi total unsichtbar und saß immer in der letzten Reihe in der Schule. Bloß nicht auffallen und zu allem, was der Lehrer sagte, einfach nur nicken. Ein Eintrag ins Klassenbuch oder eine gelbe Karte an der Tafel waren unvorstellbar für mich. Schon damals war ich mit dem deutschen Schulsystem nicht einverstanden. Ich lernte furchtbares Zeugs kennen, wie Ableitungen, Integralrechnungen oder irgendwelche Gedichtinterpretationen, die mit meinem heutigen Alltagsleben null, einfach null, zu tun haben.

Was bringt einem 16-jährigen Kerl all das saublöde Zeugs, wenn du keine Ahnung hast, wie eine Steuererklärung funktioniert, wie man einen Konflikt nur mit Worten löst oder wie man mit einem Mietvertrag umgeht? Wie regelt und bezahlt man seine Energiekosten? Wie baue ich Selbstvertrauen auf? Was bedeutet Respekt? All diese Dinge wurden mir in der Schule nicht beigebracht.

Alles musste ich mir selbst beibringen. Ich hatte nur einmal in der Woche eine Schulstunde Sport, also 45 Minuten, was meiner Meinung nach viel zu wenig war und auch nur, wenn der Sportunterricht ausnahmsweise mal nicht ausgefallen ist.

Es sind leider immer sehr viele Schulstunden ausgefallen oder wurden dann noch miserabler vertreten. Man sollte jeden Tag Sport in der Schule haben!

Sport stärkt das Selbstvertrauen! Sport bedeutet Respekt und immer aktiv sein.

Du musst deinem Körper stets eine Aufgabe geben, ihn fordern und ihm täglich etwas anbieten. Es muss kein Leistungssport sein, aber irgendeine Sportart sollte jeder Mensch betreiben, auch wenn es nur Spazierengehen oder leichtes Wandern ist – selbst das kann schon ein Balsam für die Seele sein.

Mit 16 Jahren begann ich dann exzessiv Alkohol zu trinken.

Ich lernte eine neue Clique von Chaoten kennen, mit denen ich jedes Wochenende um die Häuser zog. Endlich fühlte ich mich in meinem Leben etwas angekommen.

Wir trafen uns immer um halb 8 am Rewe und begannen dann mit rücksichtslosem, schonungslosem und vor allem asozialem Komasaufen.

Wenn wir 6 Leute waren, war der Fall umgehend klar: Dann brauchten wir eben 3 Flaschen Wodka zum Vortrinken, und die waren dann nach 1 Stunde immer weg.

Wir teilten unser Taschengeld auf, und jeder zahlte immer 5€ für Wodka, diverse Mischgetränke und Plastikbecher. 2025 ist ja schon beinahe das Benutzen von Plastikbechern eine Straftat. Ein ganz spezieller Freund von mir lief dann immer durch den Rewe, kaufte 2 Rockstar-Energy-Dosen, Kaugummi, Chips, 1 Oettinger und eine Packung Wassereis – wohlgemerkt im Januar bei -5 Grad.

Wir warteten an der Kasse – schließlich hatten wir nach ausgiebiger Rumfragerei endlich einen Volljährigen gefunden, der für uns den Wodka kaufte – Jackpot.

Mein spezieller Freund beteiligte sich selbst nicht an den 5€ pro Mann.

Nein, er legte stattdessen all das schwachsinnige Zeugs, das er davor gekauft hatte, auf das Kassenband und warf uns dann rotzfrech Rotgeld an den Kopf.

Er kaufte Sachen für über 10€, schmiss uns dann aber 1-Cent und 2-Cent Münzen hin und meinte nur: „Stimmt so, Jungens, ihr braucht mir nichts rausgeben, kauft mir halt nachher in der Kneipe einen Kurzen, dann sind wir wieder quitt."

Selbst die Kassiererin lag fast unter dem Stuhl vor Lachen.

Nach dem Vorglühen bestellten wir uns dann immer ein Großraumtaxi oder fuhren sternhagelvoll mit dem Bus in die Dorfdisco. Wir waren um halb zehn besoffener als jeder andere Discobesucher um halb fünf – auf dem Heimweg danach.

Dort begannen dann auch die ersten Jugendsünden und einige meiner Kameraden erhielten diverse Hausverbote. Ich war Teil des berüchtigten „Trio Infernale´´ Rotze, Kotze und Fotze. An der Bar bestellen wir, einer nach dem anderen, einen „ZOMBIE", bis mein halb-italienischer Freund an der Reihe war. Nachdem der nette Barkeeper neunmal die „ZOMBIE" Bestellung aufgenommen hatte, bestellte er sich einen Tequila Sunrise – aber „einen schwachen.´´ Die Burschenschaft grölte aus allen Rohren. Selbst 3 Jahre später wurde er noch mit: „Hallo, für mich bitte einen Tequila Sunrise, aber einen schwachen!" begrüßt. Halbwegs nüchtern und noch bei Verstand zu sein, statt besoffen in der Ecke rumzuliegen, war eben uncool.

Durch meine Clique kam ich auch zum ersten Mal leicht mit Drogen in Kontakt. Wir rauchten alle Gras – die einen mehr, die anderen weniger. Mir hat Gras nie besonders geschmeckt, ich hasste das Gefühl, stoned zu sein und danach immer so antriebslos und ständig hungrig zu sein. Andere in meiner Clique waren auf dem Marihuana-Trip hängengeblieben und rauchten jeden Tag wie die Verrückten.

Auch mit härteren Drogen wie Kokain und MDMA kam ich in Kontakt.

Ich probierte alles einmal aus, fand aber nie den besonderen Gefallen an einer bestimmten Droge. Nach einmal Probieren war immer direkt Schluss.

Schließlich war der Tag danach dann immer grauenvoll und unangenehm – vor allem, wenn du dann wieder von so einem Trip runterkommst.

Wir waren in unserem Dorf insbesondere unter den gleichaltrigen Zeitgenossen als die größten Alkoholiker bekannt, die nicht mehr alle Latten am Zaun hatten.

Vor allem Rotze, Kotze und Fotze eilte ein gewisser Ruf voraus – Morgä Mitanand.

Es war eine unbeschwerte Zeit, in der es nur darum ging, sich am Wochenende so stark zu betäuben, dass wir dadurch die vergangene, komplett beschissene, nervige Scheißwoche schnellstmöglich vergessen konnten.

Wir wollten alle am Freitagabend so schlimm besoffen sein, dass wir selbst am frühen Montagmorgen noch leicht angeschossen waren. Über den gesamten Abend verteilt hatte jeder von uns sicher 1–1,5 Flaschen Wodka intus.

Diejenigen in der Clique, die mal nicht mit dem Alkoholpegel mithalten konnten, wurden gehatet – und direkt dazu animiert: Gefälligst mal etwas zu saufen!

Oder sind wir etwa schwul geworden? „Was, Rotze, du hast heute Abend nur 3 Bier gesoffen?" „Kotze, fangen wir jetzt auch an mit rumschwuchteln, oder was?"

„Hö?? 3 Bier, was soll den jetzt plötzlich die schwule Scheiße?"

„Sauf gefälligst Wodka pur, du Schwuppe!"

Das war leider unsere Ausdrucksweise damals. So haben wir ständig untereinander kommuniziert. Wir hatten leider mit 16 noch den Intellekt eines Vierährigen.

Wir waren jung, dumm, naiv und – schwul sein war noch nicht angesagt.

Heute blicke ich sehr reflektiert voller Abscheu und Reue auf mein jugendliches Ich zurück. Mit fast 30 sieht man die Welt eben komplett anders als mit 16.

So ging das exzessive Saufen immer weiter und weiter, bis dann mal der erste solide gekotzt hat. Es hat eigentlich fast an jedem Abend immer einer aus der Bande irgendein Klo oder Hausflur voll gekotzt.

Meine Lieblingsbeschäftigung bestand immer darin, in der Disco alle halb leeren Gläser auszusaufen. Ich war unendlich verrückt und süchtig nach Resten.

Das brachte mir auch zurecht den Spitznamen „Restesäufer" ein.

Alles, was auch nur im entferntesten den Anschein erweckte alkoholhaltig zu sein, exte ich runter. Selbst wenn noch ein Zigarettenstummel im Glas lag, kannte ich keine Gnade. Ich war einfach süchtig nach einem immer noch größeren Vollrausch.

Eines Abends habe ich sogar mal einem Kumpel bei ihm daheim, ohne Vorwarnung in die Waschmaschine gepisst. Er hat sich dann natürlich direkt bei mir revanchiert – und mir umgehend in die Schuhe gepisst.

Als der allseits bekannte Stuttgarter Wasen anstand, trafen wir uns natürlich nicht am Freitagabend um halb 8 am Rewe, sondern einfach am Samstagmorgen um 9. Jeder schnappte sich eine Flasche Wodka, und ab ging es mit dem nächsten Zug nach Stuttgart. Morgenstund hat eben Gold im Mund!

Meine Beschäftigung auf dem Wasen bestand dann darin, als Bettler verkleidet durch das Festzelt zu laufen, nach Rotgeld zu betteln und alle geschnorrten 1-Cent und 2-Cent Münzen in meinem halb ausgetrunkenen Maßbierglas zu sammeln. Selbstverständlich knallte ich danach das Maßbierglas runter, und kotzte all das gesammelte Rotgeld direkt wieder aus.

Diese verrückten, wilden Zeiten gipfelten in einem gemeinsamen Saufurlaub in Spanien. Ich erinnere mich noch gut an eine 18-Stunden-Horrorfahrt mit dem Partybus nach Lloret de Mar – wohlgemerkt ohne Klimaanlage.

Natürlich haben wir uns in Spanien aufgeführt, wie man es von deutschen Sauftouristen so gewohnt war – Lassmiranda Densiewillja.

Wir pöbelten selbstverständlich wie die Blöden herum und waren schon vormittags am Strand randvoll. Ein äußerst besonders schmackhaftes Vergnügen bereitete es uns außerdem, sternhagelvoll irgendwelche afrikanischen Prostituierten zu vögeln. Der Plaumann war einfach versessen auf Sex mit unbekannten Frauen.

Viele internationale und deutsche Urlauber standen regelmäßig Schlange bei besagten schwarzen Huren, und ich drängelte mich ständig vor.

Es war mir vollkommen egal, wie viel Geld ich für Nutten verprasst hatte.

Ich wollte sie alle ficken!

Am nächsten Abend fing einer meiner Freunde vor einer Diskothek eine Händelei mit einem Türsteher an. Daraufhin wurde er dann direkt vor meinen Augen sehr schmackhaft mit einem Elektroschocker getasert. Das war vielleicht ein krankes Erlebnis – schließlich hatte ich davor noch nie einen Menschen gesehen, der getasert wurde.

Ich hatte endlich das erste Mal in meinem Leben richtige Freunde gefunden, mit denen ich eine Menge Zeit verbrachte. Auch in der Schule lief es etwas besser.

Nach der Hauptschule machte ich 9 + 1, also die Werkrealschule nach, und hatte somit die mittlere Reife erreicht – erstaunlicherweise mit einem viel besseren Notendurchschnitt als auf der Hauptschule.

An einem unserer glorreichen Freitagabende merkte ich, wie einer meiner treuen Kameraden wiederholt ständig an seinem Handy irgendetwas verstellte.

Ich dachte mir erst nichts dabei und trank ganz normal weiter.

Um halb 1 fuhr immer der finale Partybus – also unsere letzte Möglichkeit, nach Hause zu kommen. Der nächste Bus fuhr erst wieder morgens um 6 Uhr – so lief das eben im Dorf. Komischerweise war der erwähnte Handysaboteur nicht im Bus.

Naja, wir waren uns alle schnell einig: Er hatte sicher einen Bus früher genommen.

Am anderen Morgen erfuhren wir dann, dass der Handysaboteur im Vollsuff seine Handyuhr um 3 Stunden vorgestellt hatte. Er lief alleine, sturzbetrunken durch die Innenstadt, schaute auf sein Handy und dachte, er hätte den Partybus verpasst – auf seiner Uhr war es nämlich 1 Uhr nachts. Also lief er geknickt und verärgert alleine 6-7 Kilometer im totalen Vollsuff heim. Als er dann daheim ankam, war er total überrascht, dass das Licht im Wohnzimmer noch brannte und seine Eltern morgens um 3 Uhr noch wach waren. In Wahrheit war es aber nämlich erst exakt Mitternacht, als er zu Hause ankam, und wir waren alle noch in der Kneipe.

Ein klassischer Fall von blöd gelaufen.

Ich hatte das erste Mal auch Kontakt mit anderen Frauen. Immer wenn ich besoffen war, stieg mein Selbstbewusstsein ins Unermessliche. Ich fühlte mich wie James Bond. Zwar konnte ich nur besoffen eine Unterhaltung mit einer Frau führen, aber endlich küsste ich andere Frauen. Natürlich keine außergewöhnlich attraktiven Frauen, aber ich küsste unbekannte Frauen, selbst ohne dafür Geld zu bezahlen. Ich konnte mein Glück kaum fassen. Zu der Zeit hatte keiner von uns in der Clique eine feste Freundin. Wir machten immer weiter und weiter und tranken immer mehr. Wir brauchten immer mehr Alkohol, um uns abzuschießen – das zeichnete jahrelange harte und intensive Trainingsarbeit eben aus.

Oft gingen wir nach einer durchzechten Nacht auch noch in den Puff und vögelten einfach irgendwelche Nutten durch. Dann stand einfach gemütlich um 21:15 Uhr das sagenumwobene Fickermobil 2.0 vor meiner Haustür und ab ging es erst gau Disco, Misco, Schisco, Isco von Real und anschließend rotzevoll ab gau ,,keglä.''

Die netten Damen freuten sich immer, wenn wir besoffenen 17- oder 18-jährigen Kerle da aufkreuzten. Sie hatten mit uns sicher mehr Spaß als mit irgendwelchen 60-oder 70-jährigen Rentnern. Wir legten uns mit allen und jedem an, wir hatten vor niemandem Angst – und vor allem keinen Respekt.

Mir fällt dazu ein völlig gestörter Abend auf einem Freizeit-Elfmeterschießen in einem nahegelegenen Nachbardorf ein. Natürlich fingen wir wieder irgendeine besoffene Pöbelei an. Von besagtem Abend habe ich einen kompletten Filmriss. Ich weiß nur noch, wie einer meiner Freunde plötzlich mit mehreren Polizisten gerungen hat, er daraufhin mit einem der Polizisten einen Hügel heruntergerutscht ist und dann schlussendlich vor meinen Augen abgeführt wurde – warum, wusste keiner so genau. Wahrscheinlich war er noch grantig, weil er davor wiederholt den Treffpunkt verschlafen hatte. Daraufhin wollte ich dann mit 10 Promille im Turm mit gehobener Faust auf die Polizisten losgehen, wurde aber von 3 Leuten festgehalten.

„Bleib ruhig, du willst doch nicht so enden wie der", hat dann eine Frau, die mich festgehalten hat, zu mir gemeint. Was hatte mich in dieser Nacht nur geritten? Ich war so sturzbetrunken, dass ich fast auf einen Polizisten losgegangen wäre.

Heute schäme ich mich zutiefst für diese Nacht, schließlich ist die deutsche Polizei eine wahrhaftige Goldmünze unserer Gesellschaft. Herrgott, sie hat sicherlich weitaus Besseres zu tun, als sich mit irgendwelchen besoffenen und vor allem asozialen Halbstarken rumzuschlagen.

In dieser grauenhaften Nacht bin ich daraufhin wütend alleine erst 2-3 Kilometer heimgerannt, bis ich dann im hohen Gras, direkt vor einem Freibad, wahrscheinlich ausgerutscht bin und ohnmächtig wurde.

Ich erinnere mich an den Morgen des Erwachens, als wäre er gestern gewesen. Urplötzlich werde ich wieder wach, die Vögel zwitschern, es ist morgens und war schon wieder hell. Dann schaue ich auf mein Handy, zum Glück hatte ich noch 6% Akku. Als Nächstes blicke ich nach unten, meine Schuhe waren weg und ich hatte eine leicht blutende Wunde am Kopf – sonst ging es mir aber gut.

Man, hatte ich Glück, ich hätte tot sein müssen. Zum Glück bin ich im hohen Gras ausgerutscht und dort ohnmächtig geworden und nicht auf Beton oder Asphalt. Meine Schuhe waren weg, ich suchte sie überall, fand sie aber im sumpfigen hohen Gras morgens um 6 Uhr nicht mehr.

Also lief ich einfach die restlichen 5 Kilometer barfuß ohne Schuhe nach Hause.

Es war wahrscheinlich die verrückteste und besoffenste Nacht in meinem Leben. Selbst danach machten wir alle wie gewohnt weiter und weiter.

Alles wie gehabt, Freitagabend halb 8 Rewe: „Jetzet mo steppt dr Bär heit Nacht?"

Ich war der erfahrene Barkeeper und mischte wie gewohnt die Wodka-Red Bull und Wodka-Orangensaft in Plastikbecher hinter dem Rewe auf der Lieferantenrampe.

In dieser Lebensphase arbeitete ich als Küchenhilfe in einem Hotel und machte gleichzeitig mein Fachabitur nach, also die Fachhochschulreife, um präziser zu sein.

Außerdem hörte ich mit dem Fußballspielen im Verein auf und trieb zu dieser Zeit gar keinen Sport mehr. Mein neuer Sport war Komasaufen! Der einzige Verein, dem der Plaumann zu der Zeit angehörig war, war die Spielvereinigung Hackedicht.

An meinem 18. Geburtstag waren wir auf großer Kneipentour.

Es war der Abend des legendären Champions-League-Halbfinals Bayern-Barcelona, das die starken Heynckes-Bayern gegen Messis-Barca völlig überraschend mit 4:0 gewannen. Das befeuerte natürlich die eh schon ausgelassene Stimmung nochmal und wir tranken weiter und weiter. Das war einfach unter der Woche, an einem Dienstag- oder Mittwochabend. Wir gingen am Folgetag einfach nicht in die Schule oder auf die Arbeit. Irgendwann mitten in der Nacht bestellten wir uns ein Taxi und wollten heim. Ein Freund ging aber verloren, und wir suchten ihn in der gesamten Stadt. Er war urplötzlich wie vom Erdboden verschluckt. Er ging nicht an sein Handy, war weder in irgendeiner Kneipe auffindbar, noch kannte irgendjemand seinen letzten Standort. Es war unser Heimatdorf, unsere Stammkneipe – wir kannten alles in- und auswendig, und trotzdem war er wie verschollen. Nach knapp einer vollen Stunde Suche entschieden wir uns für den Heimweg. Wahrscheinlich ist er anders heimgekommen, und sein Akku war leer – kann ja schon mal vorkommen bei uns versoffenen Chaoten. Am anderen Morgen ist er dann plötzlich wieder aufgetaucht! Er hatte in der Kneipe, in der wir die meiste Zeit des Abends verbracht hatten, oben im abgesperrten, privaten Bereich auf der Treppe gepennt.

Es war wirklich wie in dem allseits bekannten Hollywood-Film „Hangover'':
Wir haben die ganze Nacht seinen Namen lauthals durch die Kneipe gebrüllt, haben ihn auf dem Klo gesucht, den Wirt gefragt, ihn angerufen, sind dann noch in 2 andere Kneipen gegangen, haben dort gesucht – und er war einfach die ganze Zeit nur ein einziges Stockwerk über uns und hat auf der Treppe gepennt.

Das erlebt man auch nur auf der Schwäbischen Alb.

Ein weiteres prägendes Erlebnis in meiner Jugend war ein wilder, glorreicher, feuchtfröhlicher Abend in einer Bar – also ein stinknormaler Freitagabend.

Wir feierten wie immer ausgelassen an der Theke und dachten an nichts Böses.

Vor der Bar hat dann plötzlich mein damals 17-jähriger Freund einem anderen, jüngeren Sportkameraden, den ich nicht kannte, im Vollrausch und Streit einfach so, ohne Vorwarnung, die Zähne ausgeschlagen. Er fuhr daraufhin ein Wochenende ins Hotel Gitterblick ein und hat eine Führerscheinsperre aufgebrummt bekommen.

Aus seiner Sicht war es natürlich ein ganz klarer Fall von Notwehr:

„I schlah dir en Achter ins Kreiz", meinte er im tiefsten Schwäbisch.

Während des Gerichtsprozesses sollte er dann auf einer Art Schulbank sitzen, während seine Mutter draußen im Auto warten musste und genüsslich voller Wollust 2 Döner verspachtelte. „Mamä du bleibsch im Auto hockä." Schmackhaft – wenigstens durfte mein Freund dann im Kittchen ein ganzes Wochenende lang „Mensch ärgere dich nicht'' gegen sich selber spielen. Meine Weste blieb natürlich blütenweiß, schließlich bin ich ja ein großer Demokrat – JFK Plaumann nämlich.

Es war 2013, eine andere Welt, eine andere Zeit, eine andere Gesellschaft, wie heute 2025. Wir waren zwar nicht die stärksten, aber dafür die dümmsten.

Jeder der Jahrgänge 94, 95 oder 96 in unserem Dorf kannte uns – wir hatten einfach den letzten Schuss nicht mehr gehört.

Am wohlsten fühlten wir uns auf Dorffesten und Stadtfesten, auf denen du deinen Wodka-Bull oder Jacky-Cola schon für 3€ bekommen hast. „Schnegge i hob 100 Hektar.''Danach fingerte einer meiner Freunde eine Frau, die erschreckenderweise eine verblüffende Ähnlichkeit mit einem deutschen Schäferhund aufwies – ganz heimlich im Raucherbereich unter dem Tisch. Welche Frau ist so verzweifelt und lässt sich in der Öffentlichkeit einfach so unter dem Tisch fingern?

Solches verlorenes Klientel findet man eben nur auf dem Land.

Alle meine Freunde aus meiner Clique waren entweder wie ich auf der Hauptschule oder auf der Realschule – keiner war auf dem Gymnasium.

Darum hatten wir immer einen Hass auf die Gymnasiasten, vor allem weil die Jungs dort viel schönere Frauen hatten als wir. Die Frauen, die mit uns unterwegs waren, waren dann eher immer das Mindeste vom Mindesten. „Warum kriegen die ganzen verschissenen Gymi-Streber immer alle geilen Weiber ab?" Das war eben unsere einfältigen Denkweise im Alter von 16 bis 18.

Einer meiner Kumpanen hatte jahrelang Hausverbot in einer Disco – warum, weiß keiner so genau. Er hat es unzählige Male wieder versucht reinzukommen, und ist tatsächlich immer wieder am gleichen schwarzen Türsteher gescheitert.

Einmal bei einem seiner unzähligen Versuche, die Blockade zu überwinden, hat er den Türsteher – mit 15 Promille im Turm, auf die übelste Art und Weise beleidigt und dabei den Aschenbecher vor dem Eingang eingetreten.

Zum Glück ist der Türsteher total ruhig geblieben und hat sich alles entspannt angehört. Das war 2013 – heutzutage würde man ihn direkt verhaften oder die Black-Lives-Matter-Community steinigt ihn noch vor der Disco. Und womit?

Mit Recht nämlich! Ein anderer Türsteher von der Disco konnte uns gut leiden – bei ihm ist er dann ausnahmsweise einmal reingekommen. Ich weiß noch, wie er sich gefreut hat, solange bis das dann der schwarze Türsteher spitz bekommen hat und ihn keine 5 Minuten später wieder am Kragen aus der Disco gezogen hat.

So ging das knapp über 1 Jahr lang. Es war unfassbar witzig, bis dann irgendwann mal der Türsteher gemeint hat: „Komm, du hast deine Lektion gelernt, jetzt darfst du wieder rein." Danach hat er sich immer tadellos verhalten, und am Ende wurden die 2 sogar Freunde. Anschließend waren alle Türsteher total positiv auf uns zu sprechen. Klar, wir haben den Laden ja auch fast selbst finanziert – so unnötig viel Kohle, wie wir trinkwütigen Zeitgenossen da jedes Mal in dem alten, versifften Schuppen liegen gelassen haben. Das konnte sonst keiner in unserem Dorf toppen.

Es war eine unfassbar intensive, chaotische Zeit, die scheinbar nie zu Ende gehen sollte. Einer der absoluten Höhepunkte meiner Jugend war das Halbfinale der WM 2014 – unser legendäres, historisches, unvergessliches 7:1 gegen Brasilien.
Ich denke, das ist ein Erlebnis, bei dem jeder Deutsche für sein Leben lang wissen wird, wo er an diesem Tag war.

Ungefähr vergleichbar mit 9/11 für einen Amerikaner. Ich werde es nie vergessen, wie ich als 6-jähriges Kind mit meinem Bruder und meiner Mutter erst bei einer Freundin von meiner Mutter zum Kaffeetrinken eingeladen war – und wir dann anschließend auf dem Rückweg noch bei McDonald's Halt machten. Sogar meine Happy-Meal-Tüte hatte ich noch in der Hand, als wir zu Hause ankamen und mein Vater sofort die Treppen heruntergestürmt kam und rief: „Kommt schnell hoch, da fliegt gerade einer mit dem Flugzeug ins World Trade Center!''

Zurück zum WM-Halbfinale 2014: Das gefühlt ganze Dorf war im Feuerwehrhaus zum Public Viewing am Start – ich natürlich rampenzu mittendrin.
Halbzeit 5:0 – und keiner konnte es wirklich fassen. Es war ein einziger Rausch, den unsere deutsche Nationalmannschaft da abgeliefert hatte.
Wir schlagen den Gastgeber und klaren Favoriten Brasilien – in HREM eigenen Land mit 7:1. Ich lege mich fest: Das war das mit Abstand spektakulärste Fußballspiel, das ich je in meinem Leben gesehen habe. Ich bin unfassbar dankbar, dass ich diesen Moment erleben durfte. Im Anschluss feierten wir durch bis in den Morgen – und ein paar Tage später wurden wir dann auch noch WELTMEISTER 2014! Endlich war Deutschland mal wieder jemand – der erste Titel seit der Europameisterschaft 1996! Es herrschte eine unglaubliche, euphorische Stimmung im Land. Das letzte Mal hatte ich so etwas erlebt bei der Heim-WM 2006. Im Jahr 2006 war ich mit meinen Eltern und meinem Bruder 3 Wochen lang im Sommerurlaub in Dänemark.

20

An unserem letzten Abend fand das Eröffnungsspiel der Fußballweltmeisterschaft statt: Deutschland vs Costa Rica, das wir mit 4:2 gewannen. Wir schauten das Spiel in Dänemark an und fuhren dann am Tag darauf einmal quer durch Deutschland – vom Norden in den Süden – wieder nach Hause. So viele Deutschlandflaggen wie 2006, quer durch das ganze Land verteilt, hatte ich noch nie in meinem Leben zuvor gesehen. Alles, wirklich alles – von Hamburg nach Stuttgart war in Schwarz-Rot-Gold getaucht.

Es war ein anderes Deutschland, ein Deutschland vor der Flüchtlingskrise, ein Deutschland vor Corona, ein Deutschland vor einem Krieg in Europa.

Es war ein Deutschland, das gefühlt so stolz und gastfreundlich war, als wäre es die unangefochtene Nummer 1 der Welt. Die Welt zu Gast bei Freunden!

Wenige Wochen nach der WM 2014 ging ich mit meiner Clique wieder ab in den Urlaub nach Lloret de Mar – dieses Mal aber nicht mit dem Bus, sondern mit dem Flieger.

Wir kannten dort ja schon bestens alle Discotheken aus dem Vorjahr.

Viele Rosenverkäufer, Drogendealer und diverse Schnapsladenbesitzer jubelten uns Deutschen zu, wenn wir im Deutschland-Trikot an ihnen vorbeigeschmirgelt sind. Wir waren endlich wieder WELTMEISTER!! Eines änderte sich jedoch selbst im größten Triumph nicht: unsere alltäglichen, besoffenen Pöbeleien nämlich.

Ich erinnere mich nur allzu gut an einen legendären Abend in Lloret, bei dem einer meiner Kumpels, nachdem er gerade sein pharmazeutisches ,,Müdebeine-Tuch´´ angelegt hatte, plötzlich einen Streit mit ein paar Schweizern anzettelte:

„Do you want a knife in your heart?" hat er den Schweizer gefragt – wir haben fast Tränen gelacht. Allerdings lachten wir nicht über die völlig absurde Drohung, schließlich war die ja Standard bei uns. Nein, wir haben uns eher totgelacht über den grauenhaften grammatikalischen englischen Satzbau.

Nicht:　„I kill you"　„ I fuck you"　„I destroy you."

Nein: „Do you want a knife in your heart?" „Möchtest du ein Messer ins Herz haben?" So hat er halt seine Konflikte lösen wollen.

Wir lagen wie immer besoffen tagsüber am Strand, und danach gingen wir auf große Discotour. Als wir eines Morgens wieder zurück in unser Hotel kamen, waren plötzlich alle Koffer durchwühlt und das Fenster war offen.

Wir wurden ausgeraubt! Um die 300€ hat man mir damals geklaut, den anderen auch Bargeld, sogar Parfüm und Klamotten. Der gleiche „Do you want a knife in your heart" Freund ist dann schnurstracks in die Küche gerannt, hat sich ein Buttermesser geschnappt und hat bloß noch gemeint: SELBSTJUSTIZ!

Danach hat er bei allen anderen Hotelgästen geklingelt. Was glaubt ihr, wie die geguckt haben, als sie ihn in der Unterhose, rotzevoll und mit einem Buttermesser in der Hand bewaffnet vor ihrer Türe gesehen haben? Zum Glück waren die auch alle jung, locker drauf – und besoffen. Kein anderer Hotelgast hatte irgendetwas gesehen oder gehört. Natürlich haben wir sofort die spanische Polizei verständigt, aber die kann in solchen Fällen auch nicht viel machen.

Da war ja dann Selbstjustiz mit dem Buttermesser fast noch sinnvoller, als da eine Anzeige gegen Unbekannt zu stellen. Der Kumpel, dessen Hemd geklaut wurde, hat nur noch gemeint: Wenn irgend so ein „Wolle-Rose-kaufe" Typ oder irgendein schwarzer Drogendealer mit seinem Hemd rumspringt, dann zieh ich ihm sofort das Fell über die Ohren." Bis heute haben wir weder Bargeld, noch Parfüm, noch Hemd jemals wieder gesehen. Selbst jetzt über 10 Jahre später gibt es immer noch nicht den geringsten Hinweis. Ein Hoch auf Lloret de Mar, ihr scheiss Wixxer!

In dieser Clique hast du wahrhaftig keine Feinde gebraucht. Es ging auch immer darum, eine krassere Story zu erzählen als der andere, um den anderen dadurch nochmal übertrumpfen zu können. Wer war heute der krasseste Säufer?

„Was, ihr seid keine krassen Säufer, wenn ihr immer um halb eins heimgeht!"

,,Da bin ich ja noch beim Vorsaufen, ihr Lappen!" ,,Fuck habe ich einen Hass auf Silvester, weil da auch immer die Amateure saufen!´´

So lief das schon seit mehreren Jahren. Einer meiner Kollegen hatte sogar einmal seinen eigenen Rollerunfall fingiert, indem er allen erzählt hat, dass es ihn auf dem Glatteis mit dem Roller hingelegt hat: ,,Mörci mitanand, mi hots aufem Glatteis im Viereck rumgschlagä.´´ Das ist auch so eine irre Story: Er konnte davor absolut keine 5 Meter mehr geradeaus laufen, aber fahren konnte er selbstverständlich noch!
Auch wenn ihm die Wirtin zuvor, mehrmals die Rollerschlüssel abgenommen hatte, ist er danach einfach alleine heimgeprügelt – selbstverständlich bei -20 Grad.
Auf jeden Fall waren wir alle erst total schockiert – in unserer gemeinsamen Facebook-Gruppe vor dem PC. Damals hatte kaum jemand ein Smartphone.
Nur reiche Bonzen oder Geschäftsleute hatten schon ein iPhone, es war damals noch etwas richtig Außergewöhnliches, ein Apple-Produkt zu besitzen.
Wir schauten uns die Fotos von seinem „angeblich" gebrochenen Arm am Computer an, den man ihm anscheinend davor in der Notaufnahme mit Verband eingewickelt hatte. Solange, bis einer von uns herangezoomt hat und sofort erkannte, dass er den Verband definitiv selbst daheim angelegt haben muss – weil keine Krankenschwester der Welt so beschissen einen Verband anlegen würde.
Es war alles fingiert – nur um noch mal einen oben draufsetzen zu können.
Dann plündert man halt mal schnell den Erste-Hilfe-Kasten, nur um seiner Clique verzapfen zu können: „Hoi, ich bin fast gestorben.´´
Wiederum, der ,,Do you want a knife in your heart´´ Kumpane war an einem Abend einmal so unfassbar stoned, dass er draußen im Raucherbereich der Diskothek einen Krankenwagen herbestellte. Der Krankenwagen sollte aber nicht für einen anderen bekifften oder besoffenen Freund gedacht sein – sondern ausschließlich für ihn selbst – no Joke.

Er ist bis heute der einzige Mensch in meinem Leben, den ich kenne, der sich selbst einen Krankenwagen gerufen hat, nur weil er davor schlechtes Zeugs geraucht hat und dadurch komplett den Bezug zur Realität verloren hatte.

Wir hatten immer die beklopptesten Ideen. Einer meiner Kameraden zum Beispiel hatte nichts Besseres zu tun, als in seiner Freizeit einen Youtube-Account mit dem Namen „Thorben Plaumann" zu erstellen und damit rechtsradikale Parolen unter jüdische Youtube-Videos zu posten. Dann erschien ganz groß die Meldung:

→ Anne Frank-Gedenkvideo → Thorben Plaumann hat das kommentiert: ...

Das ist eine beschissene Straftat – jedenfalls würde das heute im Jahr 2025 so gehandhabt werden. Das war eben seine Beschäftigung: Er kam nach der Arbeit nach Hause, machte sich sofort eine Flasche Oettinger auf und begann dann damit, Fake-E-Mail und YouTube-Accounts zu erstellen. Heutzutage ist das vielleicht nicht mehr so außergewöhnlich – 2012 oder 2013 war das aber äußerst merkwürdig.

Er ging sogar so weit, dass er einen Facebook-Account mit dem Namen des Vaters eines anderen Kumpels erstellte und dann damit die 5. und 6. Klässlerinnen seiner Schule anschrieb: „Hallo, i bins, komm doch mal raus morgen in der großen Pause – der .... hat ein Bonbon für dich."

Während wir alle FIFA 14 auf der Xbox 360 gespielt haben, sonderte er sich von der Gruppe ab, und schaute sich lieber alleine in der Ecke auf dem Laptop irgendwelche Pornos von Kleinwüchsigen an, die erst mit dem Dreirad ein Wettrennen fuhren. Anschließend durfte dann der Gewinner den Verlierer in den Arsch ficken.

Das hat ihn natürlich mordsmäßig erregt. Er hatte wahrscheinlich den größten Dachschaden von allen – dicht gefolgt von mir auf Platz 2.

Wir zockten wie die Bekloppten bei FIFA 14 die Duelle Cristiano Ronaldo versus Lionel Messi in ihren Hochzeiten nach, und im Hintergrund mussten wir uns dann das laute Gestöhne von irgendwelchen Liliputanern auf dem Dreirad anhören.

Wie bereits erwähnt: Wir waren nicht die Stärksten, aber dafür die Dümmsten.

Das konnte ja weder ein angesagter Albert Einstein noch ein Thomas Edison von sich behaupten: „Hallöle, ich bin der Albert Einstein, ich bin der Klügste."

„Na und? Dafür sind wir viel dümmer als du!" Toll, ist ja wunderbar, Herr Einstein und Herr Edinson, ihr seid ja beide so krass intelligent – dafür sind wir aber viel blöder als ihr! Was sagt ihr jetzt dazu, Herr Einstein und Herr Edison?

Apropos Kleinwüchsige – da fällt mir ein: Es gab tatsächlich mal eine Aktion in einer großen Disco in Süddeutschland, bei der du kleinwüchsige Artisten für ein paar Euro auf eine Zielscheibe werfen konntest. Wir haben dann immer betrunken rumgeflachst: „Auf jetzt, Jonger, welchen Kurzen schleuderst du heute durch die Gegend?" Das muss 2014 oder 2015 gewesen sein. Unfassbar – heute würde das auf der Titelseite in der Bild-Zeitung stehen, und die Veranstalter würden zurecht verhaftet werden. Beim großen Liliputaner-Rumschleudern hat der Spaß nämlich ein gewaltiges Loch! Heute bin ich ein großer Fan der Paralympics – es ist absolut atemberaubend, was diese Menschen für unfassbare Leistungen erbringen.

Im Leben kann es immer ganz schnell gehen – ein kurzer Schicksalsschlag reicht aus, und schon sieht das Leben komplett anders aus. Wichtig ist nur, wie du dann mit der jeweiligen Situation umgehst. Den Kopf in den Sand stecken, ist keine Option!

So, das waren jetzt zur Einführung ein paar heiße Geschichten, die ich in meinen wilden Jugendzeiten erlebt habe. Davon gibt es noch tausend weitere – das würde jetzt allerdings komplett den Rahmen sprengen.

Allzu stolz bin ich selbstverständlich nicht darauf, aber sie mussten natürlich auch erwähnt werden – schließlich handelt es sich ja um die ungeschminkte Wahrheit. Rückblickend schäme ich mich sehr für mein 16-jähriges Ich – was für krankhafte Zeiten waren das nur. Ein großer Dank gilt vor allem an meine geliebten Eltern, die mich selbst in dieser chaotischen Phase immer voll unterstützt haben und mich oft nachts von diversen Partys abgeholt haben – völlig egal in welchem Zustand ich war.

Sie waren immer für mich da, äußerst fürsorglich und ließen mich nie fallen. Wahrscheinlich hätten sie in ihrem Leben nicht damit gerechnet, dass ich mal mit 29 Jahren ein politisches Amt in Südamerika ausfüllen sollte.

Ich arbeitete nebenher in vielen unterschiedlichen Berufen – angefangen beim Einzelhandelskaufmann im Sportladen, über den Physiotherapeuten bis hin zum orthopädischen Schuhmacher für Menschen mit Behinderung. Außerdem war ich einige Zeit als Heizungsmechaniker am Start, auch als Koch hatte ich mal für ein paar Monate gejobbt. Ich blieb bei den meisten Jobs immer nur ein paar Wochen, und nie länger als 3–4 Monate. Nichts machte mir wirklich übertrieben Spaß – ich konnte mir nicht vorstellen, so einen Beruf für den Rest meines Lebens auszuüben. Ich hatte meine Bestimmung, meine Passion noch nicht gefunden – ich war immer noch auf der Suche nach mir selbst. Durch meine Clique hatte ich zumindest mein Selbstbewusstsein etwas gesteigert. Ich sah zwar immer noch total beschissen aus, trieb keinen Sport und ließ mich einfach so gehen – aber das hat sogar schon gut gereicht, um mit irgendwelchen besoffenen Dorfmädels rumzumachen.
Ich wollte wie James Bond sein oder wie Brad Pitt im Mittelpunkt stehen – und nicht mehr dieser besoffene Vollidiot sein, der nur im Vollrausch selbstbewusst genug war, um fremde Frauen anzusprechen.
Dann kam das Jahr 2015 – und die erste große Flüchtlingswelle brach über ganz Deutschland herein. Ich erinnere mich noch genau daran, wie happy wir alle waren. Endlich konnten wir den armen Leuten aus Afghanistan, Syrien und Pakistan helfen. Habt keine Angst, wir Deutschen geben euch ein sicheres Zuhause, bis der Krieg vorbei ist. „Wir schaffen das!" lautete nicht nur Angela Merkels Motto, sondern auch meins.
Die ersten Asylunterkünfte in Deutschland entstanden, und gefühlt fast alle Deutschen waren positiv auf die neuen Freunde aus dem Nahen Osten gestimmt.

Es gab jedoch auch einige widerliche rechtsradikale Proteste, sogar mehrere Brandanschläge auf Asylheime fanden statt – ohne jeden Zweifel unverzeihlich.

Diese wurde von der Regierung aber kaum beachtet und auch in der Öffentlichkeit eher gering wahrgenommen. Damals konnte noch keiner ahnen, dass wir exakt 10 Jahre später vollkommen die Kontrolle über die Flüchtlingswelle verlieren sollten.

Von der Schule aus hatte ich 2010 eine Projektarbeit über Thilo Sarrazin sein Buch „Deutschland schafft sich ab" verfasst. 2010 war ich sehr wütend auf Thilo Sarrazins fremdenfeindliches Geschwätz. Ich habe gemeinsam mit einem deutschen Freund, einem albanischen und einem türkischen Freund das Projekt behandelt.

Natürlich auch mit einem großen, exklusiven Interview mit dem damals ansässigen Oberbürgermeister. Wir alle waren der selben Meinung, dass Thilo Sarrazin eher in die Ecke der „Schwurbler" einzuordnen wäre, der vollkommen zurecht aus der SPD rausgeflogen war. Heute, 2025, stellt sich Sarrazins Buch leider nicht als Schwurbelei heraus, sondern meiner Meinung nach eher als Prophezeiung. Alle die von ihm beschriebenen schockierenden Zahlen im Jahr 2010, was Flüchtlingsströme nach Deutschland anbelangt, sind 2025 nicht nur eingetroffen, sondern wurden sogar mehrfach übertroffen.

Allmählich wurden alle aus meiner Jugendgang nach und nach langsam erwachsen, und wir wurden etwas ruhiger und vernünftiger. Einige hatten nun eine ernsthafte Beziehung, auch der Alkoholkonsum wurde etwas weniger.

Meine Fachhochschulreife schloss ich 2016 ab, anschließend führte ich bewusst einen radikalen Schnitt in meinem Leben durch.

Ich wollte studieren und entschied mich bewusst für ein Studium in einer entfernteren Stadt in Deutschland – so weit entfernt von daheim, dass ich von zu Hause ausziehen musste und in ein Studentenwohnheim zog.

Von dort an begann sich alles zu ändern …

Partyurlaub Lloret de Mar

Keine „Sauferei'' ausgelassen

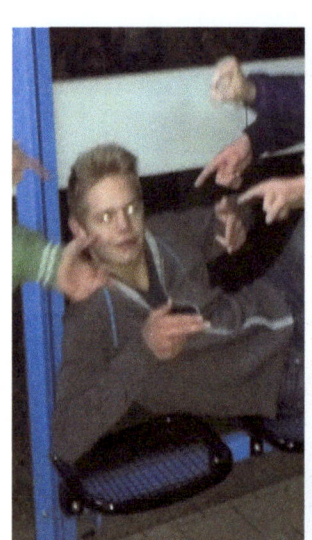
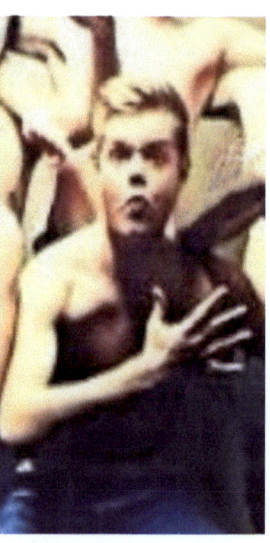

Unvergessliche Nächte

Freitagabend am Rewe

Kapitel 2

Da war ich nun: 20 Jahre alt und zum ersten Mal von daheim ausgezogen.
Keine Mama mehr, die mein Bett machte und meine Wäsche wusch, die für mich
einkaufen ging oder sich um alles im Haushalt kümmerte. Keine Mama mehr, die 2
Mal am Tag warm für mich kochte. Zum ersten Mal in meinem ganzen Leben war
ich komplett auf mich allein gestellt. Ich war plötzlich zu 100% auf mich selbst
angewiesen, in einer mir völlig neuen und unbekannten Stadt, aber ich wollte ja
ganz bewusst diesen großen Schritt wagen. Ansonsten würde ich mit 40 Jahren
immer noch um halb 8 am Rewe stehen und mich gnadenlos volllaufen lassen.

Ich schaute mir YouTube-Tutorials an – wie man eine Waschmaschine bedient, wie
man Fenster putzt, den Backofen reinigt, und ich ging aufs Bürgerbüro, um mir
gelbe Säcke zu besorgen. Das selbständige Kochen machte mir außerordentlich
Spaß. Ich konnte zwar auch schon früher in meinem Elternhaus allein kochen,
allerdings spezialisierte ich meine Kochkünste nach und nach immer mehr:
vom selbst gemachten veganen Dönerteig mit veganem Dönerfleisch über diverse
Käse-/Fleisch-/Tortilla-Aufläufe bis hin zur Quiche Lorraine. Ich liebte es, immer
neue Gerichte auszuprobieren, sie selber zu kreieren und nach meinem Geschmack
zu verfeinern.

Das Studieren bereitete mir im ersten Semester große Freude, und ich lernte viele
neue Leute kennen. Zu meiner alten Jugendgang verlor ich allmählich ganz den
Kontakt. Ich verbrachte außerdem viel Zeit alleine in meiner heruntergekommenen
Studentenwohnung. Anfangs ging ich zwar immer noch regelmäßig mit meinen
Kommilitonen aus und trank auch ab und zu etwas Alkohol, allerdings nie mehr als
2-3 Bier. Ich hatte allmählich den Spaß und die Lust am Saufen verloren – also keine
Reste mehr. Während meiner Studienzeit begann ich, mich intensiv für Fitness und
Ernährung zu interessieren. Ich wollte meinen Körper zu einer Waffe entwickeln.

Dafür nahm ich von keinem anderen Hilfe an – ich hatte nie einen Fitnesstrainer, sondern ich brachte mir alles durch YouTube-Videos selbst bei.

Nach und nach steigerte ich mich in einen regelrechten Fitnesswahn hinein.

Ich trainierte regelmäßig 5-6 Mal in der Woche.

Mein Ritual sah immer folgendermaßen aus: Zuerst rannte ich die 3 Kilometer von meinem Studentenwohnheim bis zum Fitnessstudio im Vollsprint. Anschließend führte ich dort 60-75 Minuten intensives Krafttraining durch. Ich hatte stets mein Handy dabei und versuchte, jede einzelne Übung aus den Youtube-Videos in Perfektion nachzuahmen. Zum Schluss joggte ich dann die 3 Kilometer wieder zurück im mein behagliches Studentenwohnheim – selbstverständlich erneut im Vollsprint. Das Programm zog ich immer so durch, egal ob es regnete, 30 Grad hatte oder schneite – ich kannte keine Ausnahmen! Dadurch, dass ich so in meinem Fitnesswahn gefangenen war, vernachlässigte ich meine Kommilitonen immer mehr, und verbrachte meine Freizeit nur noch mit Sport. Sie spotteten schon, dass ich ja mehr trainieren als studieren würde. Durch das viele Training begann ich leider auch damit, mein Studium etwas schleifen zu lassen. Ich fing tatsächlich an, wie ein Irrer jede einzelne Kalorie, die ich zu mir nahm, zu zählen und aufzuschreiben – selbstverständlich rechnete ich auch alle flüssigen Kalorien mit ein.

Logischerweise stellte ich auch meine Ernährung radikal um. Von nun an verzichtete ich komplett auf Zucker. Stattdessen erhöhte ich meine Kohlenhydratzufuhr leicht und verdreifachte meine Proteinzufuhr, sodass ich immer mindestens 2 Gramm Protein pro Kilogramm Körpergewicht zu mir nahm. 4500-5000 Kalorien habe ich jeden einzelnen Tag gegessen – ich war quasi 365 Tage im Jahr in der Massephase.

Mein Ziel war es, zunächst möglichst viel saubere Muskelmasse aufzubauen und anschließend durch eine lange, ausgewogene Diät meine Muskeln zu definieren.

Das ging dann viele Monate so weiter, bis ich dann irgendwann 120kg gewogen habe. So viel hatte ich bisher noch nie in meinem Leben gewogen.

Das Gefühl, nicht gut genug zu sein, beschäftigt mich mein ganzes Leben lang, auch wenn andere Leute das womöglich anders sehen. Ich bin immer noch unzufrieden mit meinem Körper und Spiegelbild. Das tägliche Training im Fitnessstudio reichte mir irgendwann nicht mehr aus. Ich wollte noch mehr aus mir machen und ging daraufhin in den örtlichen Boxverein und fing an zu Boxen.

Nun war ich 21 Jahre alt, hatte zum ersten Mal Boxhandschuhe an und stieg in den Ring. Ein Weltmeister-Trainer bescheinigte mir ein gewisses Talent und ich begann sofort mit Sparring.

Von nun an joggte ich morgens zur Vorlesung, danach joggte ich gleich weiter ins Fitnessstudio. Anschließend joggte ich dann nachmittags in mein Boxgym.

Zum krönenden Tagesabschluss lief ich abends dann nochmal 5-6km. Ich trainierte insgesamt immer um die 4-5 Stunden am Tag. Also ein tägliches Trainingspensum fast unter Profibedingungen.

Ein anscheinend ganz angesagter Sportpsycholge attestierte mir ein großes Ego und Autoritätsproblem, außerdem befand er mich für krankhaft Sexsüchtig. Toll, des wird ja auch stimmen was der Wixxer erzählt, schoss es mir sofort durch den Kopf.

,,Nur weil er sich bei Temu einen weißen Kittel rausgelassen hat, muss er ja nicht unbedingt recht haben´´, merkte ich Kaugummi kauend an, zog dabei ganz langsam meine Sonnenbrille herunter und grinste ihn an.

Eines Abends joggte ich wie immer nach dem Training durch einen Park nach Hause. Von weitem sah ich schon einen Südländer, der zusammen mit seinen 2 halbstarken Freunden den gesamten Weg versperrte. Der Südländer gaffte mich schon aus der Ferne an: ,,Musst du selbstverliebter Wixxer eigentlich jeden Tag 2 mal so arrogant durch meinen Park joggen?´´ Ich ging nicht darauf ein und joggte einfach weiter den Weg entlang. Als ich dann nur noch knapp 10 Meter vom Südländer entfernt war, brüllte er erneut: ,,Hörst du schlecht, du Möchtegern-Superstar?

Ich hab keine Angst vor dir!´´ Ich lief direkt auf ihn und seine 2 halbstarken Freunde zu, blickte ihm tief in die Augen und erwiderte: „Natürlich hast du Angst vor mir. Du bist nur viel zu blöd dazu, um es zu erkennen.´´

Uff – damit hatte der Südländer aber nicht gerechnet. Fragend schaute er seine 2 halbstarken Freunde an, aber auch sie hatten selbstverständlich die Pointe nicht verstanden. Mit einem breiten Grinsen auf den Lippen joggte ich davon.

Witzigerweise traf ich einige Wochen später auf dem Weg zu einer Vorlesung, wieder auf den Südländer und seine 2 halbstarken Freunde. Dieses Mal versperrten sie mir aber nicht mehr den Weg, sondern saßen auf einer Parkbank und schauten auf den Boden, als ich an ihnen vorbeijoggte. Ich grüßte sie natürlich freundlich.

Respekt verdient man sich nicht – Respekt holt man sich!

Meine Dozenten schüttelten nur mit dem Kopf, als ich dann immer in Sportschuhen und kurzer Hose in der Vorlesung saß, oder schauten ganz grimmig, sobald ich in der Pause genüsslich meine 5 Eier verputzte. Sie merkten allmählich, dass ich hier nicht hingehöre. Durch das viele Training konnte ich endlich meine Muskeln nach meinem Wunsch definieren. Ich wog jetzt 100kg und fühlte mich zum ersten Mal in meinem Leben topfit. Bei meinem täglichen Krafttraining machte ich zu Beginn viele Dinge falsch. Oft aß ich das Falsche, trainierte leider nicht effizient genug und führte einige Übungen unkorrekt aus. Da ich ein Mensch bin, der äußerst ungern die Hilfe von anderen in Anspruch nimmt, probierte ich im Fitnessstudio alle möglichen Varianten selbst aus. Du kannst dir zwar sehr viel von YouTube-Videos abschauen, aber die persönliche Erfahrung – was für deinen Körper in deiner persönlichen Situation am besten ist – musst du immer selbstständig machen.

Wichtig war nur, dass ich aus jedem einzelnen Fehler, den ich gemacht habe, sofort gelernt habe. Du musst erst scheitern, um ans Ziel zu kommen – das war eine ganz wichtige Lektion für mich.

Irgendwann lernte ich dann meinen Körper so gut kennen, dass ich den perfekten Trainingsplan für mich individuell zusammengestellt hatte.

Dadurch machte ich viel schneller Fortschritte.

Meine Wochenenden verbrachte ich zur Regeneration meist zu Hause – mit einem Massagestab, Gemüse, Eiern und Obst. Natürlich schaute ich auch alle großen Boxkämpfe im TV an und bewunderte all die großen, berühmten und legendären Boxstars. Mein Traum war es jetzt, eines Tages im ausverkauften Wembley-Stadion zu boxen. Schließlich wollte ich dadurch endlich die Anerkennung ernten, die mir zustand. Ein Problem gab es dabei jedoch: Ich hatte erst mit 21 Jahren mit dem Boxen angefangen und nicht wie zum Beispiel ein Mike Tyson schon mit 13.

Wie bereits erwähnt: Ich war der klassische Spätentwickler.

Einmal bekam ich im Sparring ordentlich das Fressbrett voll, daraufhin kam ich zum ersten Mal mit einem blauen Auge und einer aufgeplatzten Lippe nach Hause.

Boxen brachte mir endlich den Respekt im Leben bei, der mir bisher immer gefehlt hatte. Plötzlich hatte ich eine andere, eine rationalere Sicht auf die Dinge.

Ich lernte, dass das Wichtigste im Leben der Respekt vor einem anderen Menschen ist, egal welche Herkunft, Hautfarbe oder sexuelle Orientierung er hat.

Während des Trainings meinte der Vater eines türkischen Boxers zu mir:

„Gegen meinen Sohn wirst du keine Chance haben, der kann 1,50 Meter aus dem Stand hochspringen, der zerfetzt dich sofort in der Luft!" Ich antwortete nur mit: ,,Ja, was juckt mich das jetzt? Ist er Stabhochspringer oder was? Dann kann er ja genau 1,50 Meter von mir wegspringen!´´ Alle grölten los. Es war eine wahnsinnige Erfahrung, immer diese versessenen Väter beim Training dabei zu haben.

Man muss erwähnen, dass die großen Zeiten des deutschen Boxens leider schon lange vorbei sind. Die Max Schmeling, Henry Maske und später auch noch Klitschko Brüder Zeiten sind leider lange, lange Geschichte.

Boxen ist zu einer absoluten Randsportart in Deutschland geworden, bei der quasi kaum bis gar kein Geld verdient wird, als Newcomer mit 21 erst recht nicht.

Ich hörte die Geschichte von einem deutschen Boxer, der erst vor kurzem um einen WM-Titel in einer ausverkauften Halle geboxt hatte. Ich interessierte mich für seine Kampfbörse und war total schockiert. Er hat überhaupt gar nichts verdient, sein Gegner hat lächerliche 500€ bekommen.

Jeder, der im Supermarkt auf 520€-Basis einen Monat lang als kleiner Minijobber irgendwelchen Regale einräumt, verdient mehr. 8-12 Wochen schweißtreibende Vorbereitung auf den großen Kampf, für absolut nichts und wieder nichts. Das hat mich richtig schockiert. Ich begann zu grübeln, ob es das wirklich wert ist, sich für einen Glühwein und eine angebissene Rote Wurst den Schädel einzuschlagen. Außerdem war es immer witzig, dass ich der einzige Student im Boxgym war.

Meine Gedanken gingen zu sehr in Richtung möglicher Spätverletzungen, sicherlich war ein blaues Auge oder ein kleiner Cut kein Problem für mich. Allerdings war ich nicht besonders scharf darauf, mit Ende 30 wie Muhammad Ali an Parkinson zu erkranken. Auch eine Gehirnblutung konnte ich genauso wenig brauchen wie einen Kopfschuss. So endete meine vielversprechende Boxkarriere wieder, bevor sie überhaupt erst begonnen hatte. Es blieb bei einigen Sparringskämpfen und viel hartem Training. Ich trainierte noch ein paar Monate weiter – allerdings nur am Sandsack – und machte gelegentlich noch etwas Sparring, ehe ich dann die Boxhandschuhe endgültig an den Nagel hängte.

Mein Studium lief im zweiten und dritten Semester eher schleppend.

Ich bestand zwar fast alle Prüfungen, die ich mir für das Semester vorgenommen hatte, verlor aber durch mein intensives Training immer mehr den Fokus und die Lust. Interessant war auch, dass ich seit über einem Jahr keinen Alkohol mehr getrunken hatte – Rehab Plaumann nämlich.

Bereits zu Beginn meines ,,Gymlifestyles´´ trank ich wenig bis gar keinen Alkohol mehr. Nach dieser langen Zeit der Abstinenz entwickelte ich einen regelrechten Hass auf Alkohol. Wenn jemand auf einer Party neben mir eine Wodka-Flasche öffnete, verdrehte ich umgehend die Augen und musste mich direkt wegsetzen. Alleine schon der Alkoholgeruch widerte mich an und machte mich regelrecht krank.

Meine glorreiche Säuferkarriere war einfach endgültig vorbei.

Ich hatte mit dem Kapitel komplett abgeschlossen – und bis heute nie wieder einen Tropfen Alkohol getrunken.

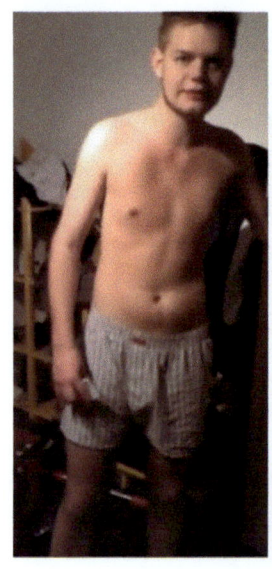

Body-Transformation

Fokussiert beim Sparring

Alte Boxerzeiten

Im Fitnesswahn

Kapitel 3

Es war Februar 2020 und die gesamte Welt stand vor einer noch nie dagewesenen Herausforderung: Die Corona-Pandemie begann.

Der absolute Horror stand in den Startlöchern – es war eine sehr dunkle, kalte und depressive Zeit. Die Masken- und Lockdown-Zeiten nahmen langsam, aber sicher ihren Lauf. Ich verbrachte so viel Zeit daheim wie nie zuvor in meinem Leben – bloß keinen Kontakt zu anderen Menschen suchen. Stets war ich darauf bedacht, den Mindestabstand korrekt einzuhalten. Ich hielt vorbildlich alle vorgeschriebenen Maßnahmen der Regierung ein und bin selbstverständlich dreimal geimpft.

Alle Geschäfte waren geschlossen, aber viel schlimmer noch:

Mein über alles geliebtes Fitnessstudio war auch zu.

Also fing ich damit an, umgehend auf Homegym umzustellen. Ich baute einfach mein Studentenwohnheim in ein privates kleines Fitnessstudio um, so konnte ich immerhin weiterhin 5-6 Mal in der Woche trainieren.

Alle Vorlesungen fanden nun online statt, ich fing an, ganz langsam aber sicher durchzudrehen, und beneidete alle anderen, die arbeiten gehen konnten und somit wenigstens etwas unter die Leute kamen. Durch meinen Fitnesswahn hatte ich mein Studium mittlerweile so sehr vernachlässigt, dass ich viele offene Prüfungen hatte und komplett den Sinn und die Lust daran verloren hatte.

Auch die nervigen Online-Vorlesungen und die nervige, depressive Corona-Phase verstärkten meinen mittlerweile aufkeimenden Hass auf mein Studium leider noch weiter.

Ich exmatrikuliere mich von der Hochschule und machte während des Lockdowns online eine Ausbildung zum Fitnesstrainer – so konnte ich wenigstens mein Hobby zum Beruf machen. Der Lockdown hielt weiter an, und meine Langeweile wuchs unaufhaltsam.

Meine große Film- und Serienphase startete während der Pandemie.

Von allen alten James Bond-Filmen über Herr der Ringe und Vikings bis zu Breaking Bad und Edgar Wallace – ich zog mir alles fast am Stück rein.

Es faszinierte mich jedes Mal aufs Neue, wie Klaus Kinski durchs Bild huschte.

Diese Gestik, diese Mimik – einfach ein genial begnadeter Schauspieler. Kritiker würde sagen, Klaus Kinski war ein geisteskranker Psychopath. Ich bin der Meinung, dass Klaus Kinski einfach Klaus Kinski war, also lasst Klaus doch einfach Klaus sein!

Besonderen Gefallen fand ich außerdem an der US-Serie House of Cards.

Sie gefiel mir so sehr, dass ich bereits nach wenigen Tagen alle Staffeln durch hatte.

Ich wollte so sein wie Frank Underwood, der von Kevin Spacey verkörpert wurde und leider dann durch die #metoo Bewegung zerstört wurde – ehe sich dann erst Jahre später herausstellte, dass alle Vorwürfe haltlos waren und er auf ganzer Ebene freigesprochen wurde. Seine Karriere war ruiniert, er wurde jahrelang medial durch den Dreck gezogen, nur um am Ende freigesprochen zu werden.

Das ist ist die bittere Kehrseite von #metoo. Für Frauen, die wirklich vergewaltigt wurden, ist es in der Tat sehr tragisch, dass der #metoo so oft missbraucht wird.

Dazu fällt mir auch noch der Amber Heard-Fall als passendes Beispiel ein.

Am Ende wurde auch Johnny Depp freigesprochen – und wer gibt dem großartigen, einzigartigen Mister Depp jetzt wieder all die gecancelten Jahre zurück?

Richtig: Niemand!

Meine neue Lieblingsbeschäftigung bestand nun darin, stundenlang vor dem Spiegel zu stehen und Filmdialoge nachzusprechen. Dabei versuchte ich nicht nur, die jeweiligen Dialoge zu kopieren, sondern ich achtete auch haargenau auf die jeweilige Gestik und Mimik. Ich war darin perfektionistisch und fand extremen Gefallen daran. Das ging so weit, dass ich dann mit Sonnenbrille und Anzug einmal 5 Stunden vor dem Spiegel stand und völlig die Zeit vergaß. Brad Pitt in „Ocean's Eleven´´ hatte es mir neben Kevin Spacey besonders angetan.

Diese coole, lässige Art des von ihm gespielten Charakters Rusty Ryan beeindruckte mich ungemein. Was für ein genialer Schauspieler – ich wollte sofort so sein wie er. Sofort begann ich, alle Brad Pitt-Filme anzuschauen. Seine schauspielerische Darbietung in „Once upon a time in Hollywood" ist phänomenal. Aber auch „Fight Club" ist absolut legendär.

Also schaute ich mir von jeder Rolle ein kleines Detail ab und versuchte, es in meinen Alltag einzubauen. Morgens überlegte ich mir vor dem Spiegel, welche Rolle ich heute spielen wollte, und danach spielte ich dann einen ganzen Tag lang diese Rolle. Heißt zum Beispiel: Wenn ich heute Bock auf Brad Pitt hatte, zog ich mir meine schwarze Lederjacke an, kombinierte sie mit meiner schwarzen Sonnenbrille, kaute Kaugummi und ging so in den Supermarkt und benutzte dann Brad Pitt-Dialoge an der Kasse. Wenn ich mal schlecht gelaunt war, spielte ich Al Pacino in „Scarface" nach und lief dann plötzlich als Tony Montana durch die City.
Je öfter ich es wiederholte, desto besser wurde ich. Das war meine heimliche neue Lieblingsleidenschaft: immer in eine andere Rolle schlüpfen.

Hobbypsychologen würden jetzt bestimmt behaupten: „Ah ja, der Plaumann ist während des Lockdowns halt einfach schizophren geworden."
Da muss ich ja unverzüglich ein Veto einlegen. Schauspielerei und rhetorische Überlegenheit sind zwei ganz andere Paar Stiefel als Schizophrenie.
Ich setzte mich außerdem mit Rhetorik und Debattenkultur auseinander und schaute mir jede Menge Politiksendungen an.
Von allen Talkmastern im deutschen Fernsehen gefiel mir Markus Lanz immer am besten, aber auch Maybritt Illner, oder Sandra Maischberger fand ich durchaus sehr unterhaltsam.
Nach kurzer Zeit bemerkte ich sofort, wann der Moment gekommen war, bei dem Lanz es wieder vorhatte, seinen Gast in eine rhetorische Falle zu locken.

Kaum ein Politiker konnte entweder ganz klar mit Ja oder mit Nein antworten. Fast alle Politiker waren ausgebuffte Profis im Halbwahrheiten verbreiten und im Umschiffen einfacher Fragen. Der einzige Politiker, der mir während der Corona-Zeit ausgesprochen gut gefiel, war Markus Söder. Ich fand durchaus Gefallen an seiner humorvollen politischen Herangehensweise und las seine Biografie.

Im Laufe der nächsten Wochen schaute ich mir den Film „Tinder Schwindler" und die Serie über Anna Sorokin an – 2 der bekanntesten Hochstapler der heutigen Zeit. Ich schüttelte mit dem Kopf. Was für 2 lächerliche Amateure, dachte ich mir. Es war für mich ein Unding, dass beide gegen so viele Gesetze verstoßen hatten, und im Gefängnis saßen. Hochstapelei meinetwegen – aber dann seid doch nicht so bescheuert und lasst euch auch noch dabei erwischen.

Der Film „Catch me if you can" mit Leonardo DiCaprio in der Hauptrolle gefiel mir auch ausgesprochen gut, aber Frank Abagnale Jr. landete am Ende leider ebenfalls völlig zu Recht im Gefängnis, weil er gegen geltende Gesetze verstoßen hatte. Alle großen Hochstapler wurden früher oder später immer für eine sehr lange Zeit weggesperrt. Falls ich mal etwas zum Lachen brauchte, schaute ich die deutsche TV-Serie „Stromberg" – ein totales MUSS! Genau so sollte der Karren im Büro laufen. Außerdem verbrachte ich viel Zeit auf Instagram. Mir gefiel der Social-Media-Auftritt von Prinz Marcus von Anhalt außergewöhnlich gut. Ihm war es komplett egal, was andere Leute von ihm halten und über ihn denken. Schließlich kann ja jeder mit seinem Leben anfangen, was er will.

Auch an „Richter Gnadenlos" Ronald Schill fand ich sehr großen Gefallen – der ehemalige Innensenator von Hamburg, der Anfang der 2000er Jahre unter anderem die blauen Polizeiuniformen einführte und in Hamburg die Kriminalitätsrate stark senkte. Er war äußerst radikal, hatte meiner Meinung nach aber auch in gewissen Punkten recht – weil er aus Mitleid mit den Opfern urteilte und keine Rücksicht auf die teils abenteuerlichen Ausreden der Täter nahm. Einmal verurteilte Richter Schill eine Frau zu 2 Jahren Gefängnis, weil sie in Hamburg mehrere Autos zerkratzte. Natürlich ging sie in Revision und kam am Ende mit einer Bewährungsstrafe davon. Heute lebt Ronald Schill – nach späteren diversen Eskapaden – in Brasilien und ist hauptsächlich durch Trash-TV-Auftritte bekannt.

Mir mangelte es immer noch an Selbstliebe, Anerkennung und Aufmerksamkeit.

Ich wollte endlich wahrgenommen werden – und dass die ganze Welt endlich einen Thorben Plaumann kennenlernt. Ich bin ein friedliebender Mensch und aufrechter Bürger, zahlte immer brav meine Steuern und hatte noch nie eine Strafanzeige am Hals – nicht einmal einen Kaugummi hatte ich in meiner Kindheit geklaut.

Das wollte ich so beibehalten. Aber ich wollte in meinem Leben endlich die volle Anerkennung ernten, die mir zusteht. Ich stellte mir vor, dass sich selbst in 10.000 Jahren die Menschen noch an meine legendären Storys erinnern werden – und ein Alexander der Große, Josef Stalin, Napoleon, Adolf Hitler oder ein Benito Mussolini, also alle großen Eroberer in der Geschichte der Menschheit zu einem Thorben Plaumann aufschauen würden.

Dabei wollte ich aber keinesfalls anderen Menschen schaden, körperliche Gewalt anwenden, illegale Sachen machen oder gegen geltende Gesetze verstoßen.

Meine Zukunftspläne sollten nun darin bestehen, die ganze Welt zu bereisen, um so viele Eindrücke wie möglich zu sammeln.

Ich wollte wie ein Schwamm werden, und alles aufsaugen.

Es war an der Zeit, die ganze Welt zu erobern – allerdings ohne Waffengewalt und ohne einen Eroberungskrieg zu führen. Schließlich bin ich ja ein großer Demokrat. Ich wollte die komplette Welt nur mit Charisma, Charme, Stil, Selbstbewusstsein und rhetorischer Überlegenheit erobern.

Das war mein Werkzeugkasten!

Schon als Kind interessierte ich mich sehr für Geschichte, Politik und andere Kulturen. Außer in doch eher kurzen Urlaubsaufenthalten mit meiner Familie in Dänemark, Spanien, Österreich, der Schweiz und Italien kam ich aber noch nie in den Genuss, ein anderes Land intensiver zu bereisen – geschweige denn, jemals Europa den Rücken zu kehren. Mein Plan war es, zuerst ganz Europa zu erkunden – von Schweden bis Portugal, über Holland nach Ungarn.

Ich wollte jedes Land, das mich auch nur entfernt interessierte, intensiv bereisen und persönlich kennenlernen.

Wie viel Zeit ich mir für eine einzelne Stadt oder ein gesamtes Land vornehmen würde, wollte ich immer spontan selbst entscheiden.

Aus diesem Grund war mir von Anfang an klar, dass ich meine Reise alleine antreten musste – nur so konnte ich all die Erfahrungen und Eindrücke sammeln, die ich mir erhoffte. Zu 2 oder zu 3 reisen, kam deshalb nicht für mich infrage, schließlich wollte ich immer genau das machen, auf das ich gerade Bock hatte, und mir von keinem anderen reinreden lassen. Schon immer hatte der Plaumann ein kleines Autoritätsproblem, aber er konnte sich dennoch gut an die jeweilige Lage anpassen. Also fasste ich grob den Plan, 5-6 Monate am Stück auf Reisen zu gehen.

Das Einzige, was mir dafür fehlte, war Geld. Also musste ich mehr arbeiten wie gehabt.

Deshalb nahm ich einen Job im Amazon-Lager an und arbeitete zusätzlich am Wochenende auf der Stadt. Ich hatte nun eine 55-60 Stunden-Arbeitswoche.

Es war körperlich harte Arbeit, aber sie wurde immerhin einigermaßen annehmbar bezahlt – jedenfalls gerade so ausreichend , dass ich mir eine Europareise leisten konnte, wenn ich konsequent in billigen Hostels übernachten und nur mit dem Bus fahren würde. Die Zeit im Amazon-Lager war unfassbar interessant, da ich im Vorfeld sehr viel über die schlechten Arbeitsbedingungen dort gehört hatte.

Am besten ist es dann, wenn man sich einfach selbst vor Ort ein Bild davon macht. Während meines ersten Arbeitstages wunderte ich mich sofort, warum auf meinem Scanner zum Pakete-Einscannen immer die Uhrzeit nebenbei mitlief.

Sobald ich ein neues Paket einscannte, startete plötzlich ein Countdown.

Die junge Dame, die mich einarbeitete, erklärte mir auf Nachfrage: „Auf die Zeit musst du gar nicht achten Thorben – die läuft nur nebenher so mit, damit die Chefs einen groben Überblick haben." Was für ein saublödes Scheißgelaber, schoss es mir sofort durch den Kopf. Ich wusste direkt, dass es bei Amazon sehr wohl auch um die Zeit ging.

Direkt am Ende meines ersten Arbeitstages kam eine Chefin zu mir her und meinte: „Heee Thorben, du bist ja schon richtig fit am ersten Tag – du fährst ja schon super Zeiten." Ich lachte mich innerlich kaputt – was für eine Scheißheuchelei.

Es waren immer 3-4 Teamleiter, die an einem offenen Schreibtisch mitten im Lager saßen. Jeder einzelne Chef hatte seinen eigenen PC, und jeder schaute sich ganz exakt die Zeiten von einem anderen Arbeiter an. Dann wurde verglichen und alles haargenau dokumentiert: Wer ist der schnellste Mitarbeiter?

Wer ist der langsamste? Sind wir schneller als andere Amazon-Standorte?

Wie war heute unser Durchschnitt? Wie war der Durchschnitt gestern?

Für mich war das alles aber kein Problem. Das Leben besteht eben aus Druck.
Wer nicht abliefert, hat halt Pech gehabt. Das war sehr hart, aber so läuft das eben. Vielleicht machte mir der Druck auch deshalb nichts aus, weil ich bereits an Tag 3 der Schnellste im ganzen Amazon-Lager war. Ich liebte es einfach unter Druck zu arbeiten. Du musst eben konsequent 24/7 abliefern können.

An Tag 3 war der Plaumann also flotter unterwegs als alle anderen Amazon-Mitarbeiter, die schon seit mehreren Jahren im Amazon-Lager gebuckelt hatten. Das war natürlich ein Grund für mich, direkt zur Standortleitung ins Büro zu stapfen und sofort eine Gehaltserhöhung zu fordern.

Sie lachten nur und dachten an einen schlechten Scherz – der Plaumann meinte das aber bierernst. Wenigstens einen kleinen Applaus habe ich erhalten, die erwartete Gehaltserhöhung konnte ich mir aber letztendlich abschminken.

Was für eine Frechheit! Der Plaumann lieferte doch an Tag 3 besser ab als alle anderen Mitarbeiter – also zahlt mir gefälligst mehr! „Gib mehr Geld!!!"

Eine Mitarbeiterin aus Syrien kam überhaupt gar nicht gut im Lager klar.

Natürlich half ich ihr, wo ich nur konnte, aber nach ein paar Tagen verschwand sie einfach spurlos. Keiner erwähnte etwas, selbst die Vorgesetzten reagierten auf mehrmaliges Nachfragen nicht. Sie wurde rausgeschmissen, weil sie leider zu langsam war und nicht mitkam. Das passierte bei Amazon extrem häufig.

Arbeiter kamen und gingen – ich arbeitete beinahe jeden 2. oder 3. Tag mit jemand Neuem zusammen. Es herrschte eine extrem hohe Mitarbeiterfluktuation.

Witzig war auch, dass ich im gesamten Amazon-Lager fast der einzige Deutsche war. Die meisten Arbeiter waren nämlich Leiharbeiter aus Indien, Pakistan oder Syrien.

Dazu gesellten sich noch ein paar Polen, Rumänen und Russen, aber auch einige wenige andere Studenten waren dabei. Es war also total multikulturell und sehr weltoffen – mir gefiel diese große Vielfalt ausgesprochen gut.

Die allgemeine Verständigung erfolgte meistens in Deutsch oder Englisch.

Natürlich sprachen die Inder untereinander auch Hindi miteinander oder die Araber Arabisch, was mir natürlich überhaupt gar nicht gefiel.

Wir sind schließlich in Deutschland – also solltet ihr schon Deutsch sprechen können. Meinetwegen auch Englisch – so kompromissbereit war der Plaumann inzwischen schon geworden. Allgemein dominierte immer ein gutes Arbeitsklima, und alle waren übertrieben nett und freundlich. Als Mitarbeitende durften wir jeden Morgen sogar selbst entscheiden, welche Musik im Hintergrund lief.

Auch Mineralwasser und elektrolytische Getränke waren gratis, dazu übernahmen sie die Fahrkosten von bis zu 50€ im Monat.

Ich fühlte mich pudelwohl, und die Arbeit machte trotz des Drucks immer sehr viel Spaß. Mein neuer Spitzname im Amazon-Lager war Amazon-Haaland – ich hatte mittlerweile so lange blonde Haare, dass ich dem berühmten norwegischen Fußballer Erling Haaland verblüffend ähnlich sah. Mit dem Spitznamen konnte ich mich ganz gut anfreunden – der einzige Unterschied zwischen mir und Erling Haaland besteht eigentlich nur darin, dass der Plaumann viel besser aussieht als er.

Trotz meiner verwehrten Gehaltserhöhung stieg ich sehr schnell bei Amazon auf und kontrollierte dann draußen auf dem Parkplatz die Fahrer.

Ich genoss ein hohes Ansehen unter allen Mitarbeitenden. Immer wenn es ein Problem im Lager gab, hieß es: „Kein Thema, frag einfach Haaland!"

Dass ich jeden Morgen zur Frühschicht 4 Kilometer ins Lager joggte, beeindruckte alle anderen und brachte mir Respekt und Anerkennung ein.

Leider noch lange nicht die Anerkennung, die ich haben wollte.

Ich wollte die ganze WELT erobern und nicht nur das Amazon-Lager.

Eines schönen Tages, musste der Amazon-Haaland urplötzlich zum Rapport bei der Standortleitung antreten. Anscheinend verhalte ich mich zu selbstbewusst und agiere viel zu überheblich – ich kann alles, ich weiß alles, und ich fühle mich allen anderen Menschen überlegen. Jedenfalls war das der Vorwurf. Außerdem trauen sich meine eigenen Vorgesetzten nicht, mir zu widersprechen. Blablabla – und so weiter und so fort. Ich hatte schon nach 2 Minuten auf Durchzug geschaltet und stellte mir lieber vor, wie ein Schimpanse Schlagzeug spielt. „Thorben, bei Amazon sind wir alle gleich und ein großes Team´´, meinte sie weiter zu mir.

Ich antwortete: „Ein Team sind wir erst dann, wenn du als Chefin nicht mehr 3-4 mal so viel verdienst wie alle hart arbeitenden Arbeiter. Selbstverständlich erwarte ich nicht, dass einfache Arbeiter mehr verdienen als die Chefs, aber wenn ihr den Gehaltsunterschied von 3-4 Mal mehr, auf 2-3 Mal mehr herunterschraubt, dann wären wir wirklich ein Team'', fügte ich hinzu.

Eine angepasste Gehaltsdifferenz bedeutet mehr motivierte Mitarbeiter und viel weniger Fluktuation. Völlig entsetzt und schockiert schaute mich die Chefin an – mit der Antwort hatte sie wahrscheinlich in ihrem Leben nicht gerechnet.

,,Sonst noch was?'', fragte ich sie weiter. Sie schüttelte, total baff nur noch mit dem Kopf. Mit einem knappen ,,Adíos''und Winnetou-Gruß verabschiedete ich mich und arbeitete direkt weiter – Jeff Bezos Plaumann nämlich.

Corona war endlich endgültig vorbei, und ich musste keine Maske mehr tragen.

Bis zum bitteren Ende hielt ich mich streng an alle Maßnahmen. Erst Jahre später sollte sich herausstellen, dass die deutschen Corona-Maßnahmen – zumindest in ihrer Umsetzung – äußerst fragwürdig waren. Weitere Monate vergingen, und ich hatte nun allmählich genügend Geld für meine Reise gespart.

Ich erinnere mich noch an den großen Aufschrei, den es in der Amazon-Mitarbeiter-App gab, als sich der Amazon-Haaland plötzlich verabschiedete.

Viele trauerten mir nach und beschwerten sich, warum nicht alles versucht wurde, um mich zu halten. Und was tat die Geschäftsleitung?

Richtig – sie löschte umgehend wortlos alle Abschiedskommentare.

Bis heute hat sich noch keiner der Chefs bei mir verabschiedet, geschweige denn hat der Plaumann jemals ein ,,Dankeschön'' für die gemeinsame Zeit und meinen unermüdlichen Einsatz gehört.

Mir waren solche Formalitäten zum Abschied schon immer scheißegal, also war es gerade recht für mich. Ich kann über Amazon kein schlechtes Wort verlieren – mir gefiel es immer ausgesprochen gut im Lager.

Menschen kommen und gehen, so läuft das Leben eben.

Bevor meine große Europatour aber starten sollte, stand noch ein weiteres Projekt kurz vor dem Abschluss. Ich wollte meinen ersten Marathon laufen!

Es sollte kein Halbmarathon werden, nein, ich wollte umgehend ins kalte Wasser springen und etwas außergewöhnliches wagen, also entschied ich mich für einen extra langen 60-Kilometer-Ultramarathon. Natürlich klingt das jetzt völlig bekloppt – ohne jegliche Erfahrung und ohne jemals davor in meinem Leben einen Marathon gelaufen zu sein – direkt, ohne Übung, die fast unmöglichen 60 Kilometer zu wagen.

Als Vorbereitung schaute ich mir – wie so oft in meinem Leben – einfach ein paar YouTube-Videos von irgendwelchen Marathon-Olympiasiegern an und versuchte, mir immer etwas abzuschauen. Natürlich war ich körperlich in ziemlich ordentlicher Verfassung und lief auch so jeden Tag um die 6-8 Kilometer – aber 60 Kilometer sind nochmal ein ganz anderes Kaliber. Mein Ziel war es von Anfang bis zum bitteren Ende, alles zu geben und irgendwie zu versuchen, ins Ziel zu kommen – auch wenn ich es mir nicht wirklich vorstellen konnte, die gesamte Strecke wirklich komplett zu bewältigen.

Startschuss war um 5 Uhr in der Früh, und über 400 Teilnehmer scharrten schon mit den Hufen an der Startlinie. Ach du Schreck – die sahen alle viel erfahrener aus als ich und hatten professionelle Trekking-Schuhe und isolierte Windstopper-Jacken an. Ich hingegen hatte bloß einfache Turnschuhe ohne Profil und ein rotes Tanktop an. Naja, scheiß drauf, dachte ich mir – nicht viel nachdenken, einfach mal machen. So war meine Herangehensweise.

Die einzigen Dinge, die ich dabei hatte, waren meine Bauchtasche, vollgepackt mit Elektrolyten und Traubenzucker und selbstverständlich meine Kopfhörer.

Ohne Musik konnte ich nicht laufen.

Der Startschuss erklang, und ich rannte direkt wie von der Tarantel gestochen los. Die Strecke führte direkt steil in den Wald hoch. Keine 500 Meter später rutschte ich voll Kanne auf einem nassen Ast aus und lag gemütlich im Schlamm – klarer Fall von falscher Schuhwahl. Sofort rappelte ich mich auf und gab weiterhin Gas. Überraschenderweise konnte ich mich schnell in der Führungsgruppe etablieren.

Es lief zu Beginn viel besser als erwartet. Bis Kilometer 5 war ich sensationell unter den ersten 3. Über die gesamte Strecke verteilt gab es natürlich verschiedene Stationen am Streckenrand, an denen diversen Getränke, frisches Obst, Müsliriegel und Nudeln angeboten wurden. Ich schnappte mir eine Cola und eine Banane und aß sie, während ich lief. Ungefähr bei Kilometer 20 ließen dann meine Kräfte etwas nach, und ich verlor die Spitzengruppe aus den Augen. Ich rechnete mir inzwischen aus, dass ich nun irgendwo zwischen Platz 10 und 20 sein musste. Bei Kilometer 40 fing es dann auch noch an zu regnen – jetzt ging es bei mir nur noch über den puren Willen: „Auf Plaumann, beiß nochmal, beiß nochmal, Jonger, beiß!" Diesen Satz sagte ich mir immer vor: „Heilandzack, wenn du nicht mehr kannst, dann beiß doch einfach nochmal!" Die laute DMX-Musik auf meinen Kopfhörern peitschte mich zusätzlich nach vorne und motivierte mich extrem.

Kilometer 50 – ich war mittlerweile sehr erschöpft, konnte aber weiterhin mein Tempo einigermaßen halten und überholte sogar noch ein paar vor mir, vielleicht konnte ich sogar doch noch etwas in Richtung Top 10 machen, aber das war ein fast zu ehrgeiziges Ziel – Apotheosis Plaumann nämlich.

Der Regen wurde stärker und ich schaffte es tatsächlich schlussendlich noch auf Platz 12 von über 400 ins Ziel. Danach saß ich erst mal eine halbe Stunde vor dem Sportheim und trank 2 Liter Cola.

Was für eine einmalige Lebenserfahrung – mit purer Willenskraft, ist eben auch Platz 12, ganz ohne Erfahrung, bei einem 60 Kilometer-Marathon drinnen.

Ganz ehrlich: Mit so einer Leistung hatte ich niemals gerechnet.

Das war die perfekte Vorbereitung für meine große Reise!

Mein Rucksack war 10kg schwer und nur mit dem Nötigsten gepackt.

Ich verabschiedete mich von meiner Familie und startete endlich in das größte Abenteuer meines Lebens.

Es sollte die Geburtsstunde von Mister Flixbus werden.

Im Amazon-Lager

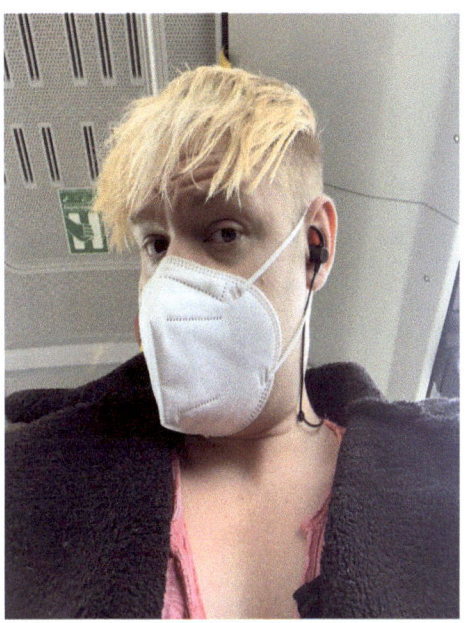

Depressive Corona-Zeiten

Always focused   *Ultramarathon*   *Happy nach Corona*

Kapitel 4

Mein erstes Reiseziel war Portugal!

Ich bevorzugte zu Beginn eher südliche Länder, da ich einen regelrechten Hass auf das schlechte Wetter in Deutschland hatte. Also fuhr ich mit dem Flixbus erst nach Paris, stieg dort in einen anderen Flixbus um und war nach insgesamt knapp 30 Stunden Fahrt endlich in Porto. Die Fahrt dauerte so lang, weil unser Bus eine Panne hatte und ausgetauscht werden musste. Man, war ich damals schlecht aufs Busfahren zu sprechen, aber es war eben mit Abstand am billigsten. Nur deshalb fuhr ich dauernd mit dem Bus. Erst später sollte ich lernen, welche Möglichkeiten so eine Flixbusfahrt bieten kann.

Porto, die Fischerstadt am Meer, hatte es mir sofort angetan.

Es war Mitte September und wunderschön: jeden Tag 25-30 Grad, tolles Essen, sehr nette, höfliche Menschen und endlose Strände. Ich war schon immer mehr eher Beachboy als Wintertyp, es musste heiß sein, kaltes Wetter und Regen hatte ich in Deutschland genug. Mein erster Aufenthalt in einem Hostel begann.

Gleich zu Beginn schlug mir ein absoluter Kulturschock entgegen: Plötzlich schlief ich im 12-Mann-Schlafsaal zusammen mit 11 anderen wildfremden Menschen.

Für mich am Anfang ein absolut befremdliches und komisches Gefühl, schließlich hatte der Plaumann sein ganzes Leben lang bisher nur in stinknormalen Hotels und Ferienwohnungen genächtigt. Es gab Gemeinschaftsduschen, das gefiel mir schon besser. Ich kam aus dem Klotzen gar nicht mehr raus, bis mir dann die erste Frau nur mit ihrem Blick signalisierte, dass ich gefälligst weg gucken sollte.

Meine Lektion Nummer 1: In Gemeinschaftsduschen immer auf den Boden schauen und nur auf dich selbst achten – also kein Voyeur Plaumann mehr.

Allgemein war ich total überrascht von dem höflichen und respektvollen Umgang, der in diesem Hostel dominierte.

Alle waren so unfassbar nett und freundlich, dass ich mich fast schämte.

Ich hatte eine ganz andere Vorstellung von einem Hostel – mir kamen sofort wilde Alkoholeskapaden und Sex im Schlafsaal in den Sinn. Aber nein: Es ging so unfassbar besonnen und friedlich vor, dass ich völlig fehl am Platz war. Die erste Nacht in meinem Schlafsaal war der absolute Horror. Ich schlief im mittleren Bett in einem 3-Mann-Hochbett. Einer schnarchte immer, und die Türe ging mindestens 50-mal in der Nacht auf – ich fand absolut keinen Schlaf.

Die Akklimatisierung fiel mir schwer. Jeden Tag checkten 50 Leute aus und 50 neue Leute checkten wieder ein. Ich fand zu Beginn keinen richtigen Anschluss.

Es waren außerdem ganz viele Brasilianer in Porto, was Sinn ergab – schließlich sprechen beide Länder ja Portugiesisch. Ansonsten traf man dort Leute aus wirklich allen Ländern der Welt. Wir Deutschen waren natürlich auch stark vertreten, aber auch viele Spanier, Italiener und Holländer. Man unterhielt sich vorwiegend auf Englisch und ich hatte Spaß daran, andere Gespräche zu belauschen.

Es gibt in der Regel in jedem Hostel eine große Küche, in der man selber kochen kann. Alle Lebensmittel konnte man mit seinem Namen und Abreisedatum mit Edding beschriften und dann in einem riesigen Kühlschrank lagern. Niemand aß das Essen eines anderen – ich war überrascht, wie gut das dauerhaft funktionierte. Direkt nach Corona, plötzlich jeden Tag mit über 50 anderen fremden Menschen unter einem Dach zu leben, brauchte eben seine Anlaufzeit. Meine zweite Nacht war schon etwas angenehmer. Ich ließ einfach meine Kopfhörer über Nacht in Dauerschleife an und schlief mit lauter Musik. Damit konnte ich zumindest etwas schlafen. Morgens ging ich wie immer joggen am Strand und danach in einen Outdoor-Fitnesspark oder in ein Fitnessstudio. Glücklicherweise konnte ich mit meiner Studiomitgliedschaft europaweit trainieren, und das nutzte ich immer voll aus. Nachmittags ging ich dann immer auf große Sightseeingtour-Tour und sog all meine Erlebnisse wie ein Schwamm auf.

Nun war ich schon eine ganze Woche in Porto und gewöhnte mich immer mehr an das Hostel-Leben. Ich entwickelte mich langsam zu einem übertrieben freundlichen, hilfsbereiten, entgegenkommenden und höflichen Menschen. Sobald jemand den Schlafsaal betrat, hielt ich ihm sofort die Türe auf. Natürlich half ich allen Frauen umgehend mit ihrem Gepäck, ich stellte mich selbst überhaupt nicht mehr in den Mittelpunkt und wurde ein großer Zuhörer. Je länger ich im Hostel lebte, desto besser wurde meine Menschenkenntnis.

Das tägliche Zusammenleben mit immer neuen, wechselnden Menschen war ein perfektes Training, um meine Fähigkeiten zu schulen. Mittlerweile konnte ich schon innerhalb von 10 Sekunden einen neuen, wildfremden Menschen nahezu perfekt einschätzen und das nur anhand seiner Gestik, Mimik und seiner Körpersprache.

Also begann ich damit, andere Menschen zu lesen und ausgiebig zu studieren.

Es war hochinteressant, ich unterhielt mich nun mit unzähligen Menschen aus allen möglichen Ländern. Hauptsächlich sprachen wir über belanglose Themen wie Sport, das Wetter oder diverse Sightseeing-Aktivitäten. Immer wenn mir ein Gespräch zu langweilig wurde, suchte ich mir eine passende Ausrede, verpisste mich schnell und schaute Fußball. Selbstverständlich schaute ich auch in Portugal alle VfB Stuttgart-Spiele live auf meinem Handy über Sky Go an. Des Weiteren fiel mir auf, dass viele alleinreisende Frauen ein unfassbar großes Selbstvertrauen besaßen. Es war der Wahnsinn, wie selbstständig und charakterstark sie waren. Als Mann war man teilweise nur durch ihre Aura sofort eingeschüchtert. Das beeindruckte mich sehr, ich war fasziniert von attraktiven, eigenständigen und selbstbewussten Frauen.

In meiner neuen Beobachterrolle bemerkte ich vom Balkon aus, wie eine vielleicht 50-55 jährige Australierin auf Teufel komm raus versuchte, einen vielleicht 18 oder 19-jährigen deutschen Studenten abzuchecken.

Er blockte ständig alle ihre Annäherungsversuche ab, war aber leider zu nett, um ihr offen sagen zu können, dass er kein Interesse an ihr hatte.

Sie ging sogar soweit, dass er sich in den Gartenstuhl setzen musste und sie ihm dann ständig alle denkbar möglichen Bikini-Variationen präsentierte.

Der Student wirkte ziemlich verzweifelt und schaute zu mir hoch. Ich grüßte ihn per Old Surehand-Gruß und grinste – auch eine angenehme Morgenunterhaltung.

Am Abend kamen 2 Spanierinnen an, sie waren total verrückt und durchgeknallt, ungefähr wie ich mit 17. Sie packten direkt Schnaps aus ihren Handtaschen aus und betranken sich hemmungslos. Ich beobachtete die Szenerie aus der Ferne und ging aufs Klo. Als ich wieder aus der Herrentoilette kam, stand plötzlich eine Spanierin da und pfiff mich zu sich auf die Damentoilette. Es war phänomenal, ich lachte nur und winkte dankend ab, sie war nicht mein Typ. Also schmiss sie sich an einen Engländer ran. Der Engländer brachte einen Kumpel mit, und zu viert spielten sie Trinkspiele. Solange, bis dann plötzlich 2 Brasilianer an den Tisch kamen und den Engländer dann die beiden Spanierinnen ausspannten. Das gefiel mir überhaupt nicht, das waren doch die Mädels von den Engländern, sie waren gerade dabei, die Spanierinnen aufzureißen, und plötzlich kamen dann Neymar und Ronaldinho ums Eck geschossen. Naja, war ja nicht mein Bier. Aus Dingen, die mich persönlich nichts angingen, hielt ich mich grundsätzlich raus. Das sollte man schon beachten, wenn man alleine reist. Die beiden Brasilianer vögelten dann später die beiden verrückten Spanierinnen im Schlafsaal nebenan. Das war das erste Mal, dass ich aktiv von Sex im Hostel mitbekam. Normalerweise ist Sex im Schlafsaal ein absolutes Unding und gilt als total respektlos. Das passte nicht zum generell superhöflichen, respektvollen und freundlichen Vibe in einem Hostel.

Mittlerweile war ich schon seit über 2 Wochen in Porto.

Es war langsam, aber sicher an der Zeit weiterzuziehen! Also entschied ich mich, von Porto im Norden Portugals weiter nach Lissabon in den Süden zu reisen.

3 Stunden für sagenhafte 9,99€ fährt man mit dem Flixbus von Porto nach Lissabon, eine äußerst angenehme Fahrt.

Auf den ersten Blick gefiel mir Lissabon außerordentlich gut.

Eine faszinierende Stadt mit historischer Vergangenheit, direkt am Meer gelegen.

Außerdem ist Portugal generell viel billiger als Deutschland, das war sehr positiv.

Als ich alleine durch Lissabon schlenderte, wurde ich innerhalb einer Stunde 8-10 Mal von irgendwelchen Drogendealern angesprochen: „Hello, hello, you want some Cocaine or Marihuana?" Selbst direkt neben der portugiesischen Polizei wurde mir Kokain angeboten. Das machte mich fassungslos, warum unternahm die Polizei nichts? Bis ich dann erfuhr, dass Kokain in Portugal legal ist. Betäubungsmittel wie Kokain, Marihuana und Heroin waren in gewissen Mengen völlig legal in Portugal. 2 Gramm Kokain in der Tasche können in Deutschland bis zu fünf Jahre Gefängnis bedeuten, in Portugal war es gestattet. Interessant, ich wusste nicht, dass selbst EU-Staaten solche laschen Drogengesetze haben können. In meiner soliden Unterkunft in Lissabon traf ich auf eine Frau aus Costa Rica. Sie fiel mir direkt beim Frühstück auf, sie war äußerst attraktiv. Ich beobachtete, wie sie immer alleine da saß und darauf wartete, bis irgendein Typ zu ihr an den Tisch kam und sie ansprach.

Die Männer waren sehr gut aussehend und total charmant, sie blockte aber ständig jede Unterhaltung ab und wirkte unvorstellbar arrogant. Am folgenden Morgen tauschten wir beide intensive Blicke aus, und sie deutete mit ihren Augen an, dass ich doch rüber zu ihr kommen sollte. Ich grinste nur zurück, grüßte sie dann per Mussolini-Handbewegung und schüttelte mit dem Kopf. Auf die arrogante, selbstverliebte Prinzessin aus Costa Rica hatte ich morgens um 8 noch keinen Nerv.

Eines Nachmittags lag ich erschöpft nach dem Training im Schlafsaal, als plötzlich eine Frau mit großem Koffer hereinkam. „Die sieht aber gut aus", dachte ich mir. Leider kam 2 Sekunden später dann ein Mann durch die Türe, sie unterhielten sich angeregt auf Kroatisch – was für ein Downer. Da hat sie direkt ihren Freund im Schlepptau, schoss es mir umgehend durch den Kopf.

Abends an der Bar saß sie dann alleine da, ich setzte mich neben sie und wir kamen langsam ins Gespräch. Sie war Kroatin aus Rijeka und studierte Medizin. Ich fand Gefallen an der Frau. Allerdings nahm ich immer noch an, dass sie mit ihrem Freund unterwegs ist, also schaltete ich nicht direkt auf Angriffsmodus um. Bis dann im Laufe des Abends der kroatische Mann an die Bar kam. Zu meinem großen Glück wurde er mir als ihr Bruder vorgestellt – ich lachte mich innerlich kaputt. Nach einer Stunde zog ihr Bruder wieder ab, und wir unterhielten uns weiter bis tief in die Nacht. Wir kamen um 2 oder 3 Uhr mitten in der Nacht wieder zurück in den Schlafsaal – und jetzt ratet mal, wer auf der Hochbettleiter saß? Kein anderer als ihr Bruder!! Er hatte die ganze Nacht gewartet, bis wir wiederkamen. Ihr Bruder saß dann so lange auf der Leiter, bis er sich ganz sicher war, dass wir beide zu 100 % eingeschlafen waren. „Du scheiß Deutscher, vögelst aber heute Nacht safe nicht meine Schwester", war bestimmt sein spontaner Geistesblitz gewesen. Mir gefiel es, wie der große Bruder sich um seine kleine Schwester kümmerte. Wahrscheinlich hätte ich an seiner Stelle genauso gehandelt. Nun wird es aber etwas unheimlich: Als ich morgens um 6 aufwachte und aufs Klo ging, saß ihr Bruder immer noch auf der Hochbettleiter, mit einem strengem, starren Blick. Ich flüsterte nur kurz: „Good Morning, my Friend" und ging dann schnell weiter ins Badezimmer.

Verständlich, ich als großer Bruder würde auch nicht wollen, dass der Plaumann meine kleine Schwester direkt im Bett neben mir knallt.

Die kroatischen Geschwister reisten 2 Tage später ab, wir blieben in Kontakt und ich besuchte sie einige Monate später in Rijeka.

Die historische Altstadt und die verschiedenen Stadien von Sporting und Benfica Lissabon hatten es mir sehr angetan.

Ich schaute einem Jugendfußballspiel von Benfica zu und scoutete den Cristiano Ronaldo, Luis Figo oder Deco von morgen.

Später machte ich einen Ausflug zu einer Burg, natürlich in kurzer Hose, mit Sportschuhen, Tanktop und mit Bandana um den Kopf gewickelt.

Übrigens entwickelte ich während meiner Reise einen absolute Liebe für Bandanas, also fing ich damit an, alle möglichen Bandanas zu sammeln und sie zu meinen Outfits zu kombinieren. Mittlerweile besaß ich eine stabile Bandana-Kollektion. Wenn ich zum Beispiel eine rote Hose und ein rotes Tanktop anhatte, wählte ich dann immer das passende rote Bandana dazu. An diesem Tag in Lissabon trug ich eine hellblaue Hose, ein hellblaues Tanktop und ein hellblaues Bandana.

Dazu setzte ich meine pechschwarze Sonnenbrille auf, hinter der ich meine Augen immer vollständig verbergen konnte. Es war mir wichtig, meine Augen stets hinter meiner Sonnenbrille zu verbergen – so konnte ich ungeniert allen schönen Frauen hinterherschauen, sie begutachten und bewerten, ob sie noch TÜV hatten oder nicht. Nachdem ich die Burg intensiv unter die Lupe genommen hatte, lief ich anschließend einen steilen Hang hinunter.

Plötzlich heftete sich ein kreischendes Pärchen an meine Fersen, und beide kamen regelrecht auf mich zugesprungen. Sie wirkten sehr wohlhabend und waren äußerst elegant gekleidet. Ich tippte auf Indien. Der Mann trug eine goldene Rolex, die Frau ein Designerkleid – das bemerkte ich sofort.

Der Mann fragte mich aufgeregt: „Excuse me, Sir, excuse me, are you the football player Erling Haaland from Manchester City?"

Ich erwiderte direkt: „Sure, how can I help you?"

Er sofort: „Can I take a picture with you?"

Ich bejahte natürlich, sofort steckte der Inder seiner Frau sein Handy in die Hand.

Die Frau war total nervös und verwackelte die ersten drei Bilder.

Ich meinte nur: „Calm down, don't be nervous, Haaland is always there for you."

Beide umarmten mich intensiv und wünschten mir viel Glück für die restliche Premier League Saison.

Danach ging ich weiter um die nächste Ecke und lachte erst einmal laut los, dann wurde mir einiges klar: Mein hellblaues Outfit von Kopf bis Fuß bestand ja exakt aus den gleichen hellblauen Vereinsfarben von Manchester City, dem Stammverein von Erling Haaland. Wahnsinn, dabei sehe ich ihm nicht einmal entfernt ähnlich.

Okay, gut, wir sind beide über 1,90m groß, wiegen beide um die 95-100kg und haben hellblonde, lange Haare. Aber der Plaumann sieht doch insgesamt viel besser aus als der alte Norweger da – das war ja fast schon eine persönliche Beleidigung für mich. Während mich in Lissabon alle für Erling Haaland hielten, wurde zeitgleich das Trainingsgelände von Manchester City gestürmt, und unzählige Fans wollten Fotos mit Erling Haaland machen, weil sie ihn für einen Thorben Plaumann hielten.

So läuft der Karren nämlich und nicht anders!

Einen Tag später lief ich an 2 Dortmund-Fans im BVB-Trikot an einer Strandbar vorbei. Sie diskutierten wie blöd, ob da jetzt gerade wirklich Erling Haaland an ihnen vorbeigelaufen ist oder nicht. Das hörte ich sogar noch 50 Meter weiter, sie waren schon ziemlich besoffen. Es war insgesamt eine sehr unterhaltsame Zeit in Portugal. Nach gut einer Woche in Lissabon entschloss ich mich, weiter in den Süden Portugals zu ziehen.

Mein nächstes Ziel war Faro an der Algarve. Es war der prachtvollste und längste Sandstrand, den ich bisher in meinem Leben gesehen hatte.

Mittlerweile war es Oktober und es waren immer noch wunderbare 25 Grad an der Algarve – ein absoluter Traum. Ein Urlaub an der Algarve im September/Oktober lohnt sich absolut, kann ich nur jedem wärmstens weiterempfehlen.

Die Algarve ist leider kein großer Geheimtipp mehr.

Viele Deutsche machen genau das Richtige und überwintern an der Algarve.

Ich hatte mich mittlerweile so gut an das Hostelleben gewöhnt, dass mir selbst der 60-jährige Italiener, der jeden Morgen barfuß und nur mit Unterhose bekleidet auf dem Lobbysofa Gitarre spielte, nichts mehr ausmachte.

Man gewöhnt sich mit der Zeit an fremde Menschen und es stört einen auch nicht mehr, dass 15-20 Leute in einem Schlafraum das gleiche Klo benutzen.

Es machte mir selbst nichts mehr aus, wenn dann mein französischer Bettnachbar mitten in der Nacht alle aufweckte, weil er sein Ladekabel verloren hatte.

Komischerweise störte es mich auch nicht mehr, wenn der Pole seine Zehennägel direkt neben mir schnitt und sie dann in seinem behaarten Bauchnabel sammelte.

Nach nur 4-5 Tagen an der Algarve wurde der Plaumann so braun, dass er bald bei der „Black Lives Matter" Community mitmachen konnte.

In Faro verbrachte ich meine komplette Zeit nur am Strand, von morgens bis spät abends. Es war perfekt, um zu entspannen, die Seele baumeln zu lassen und meine weitere Reise zu planen.

Kurz bevor ich mein nächstes Land erobern wollte, unterhielt ich mich angeregt im Hostelgarten mit einem Chilenen aus Santiago de Chile über verschiedene aktuelle politische Themen.

Er war fest davon überzeugt, dass ganz Chile von der CIA kontrolliert wird und alle wichtigen politischen Entscheidungen nur mit Erlaubnis der USA getroffen werden. Interessant, wenn mir das selbst ein waschechter Chilene so offen und unverblümt erzählte, muss ja irgendetwas dran sein.

In Portugal gefiel mir Porto am besten, gefolgt von Lissabon und Faro.
Das ganze Land hatte es mir allgemein sehr angetan.

Ich wollte auf jeden Fall eines Tages wieder nach Portugal zurückkehren.

Kapitel 5

Das nächste Land auf meiner Reise sollte Spanien werden, das passte perfekt in meine Planung, da es von Faro nach Sevilla nur zweieinhalb Stunden Fahrt mit dem Flixbus waren. Mein erster Eindruck von Spanien war ähnlich positiv wie der von Portugal, nur fiel mir direkt auf, dass die Menschen nicht ganz so freundlich und warmherzig wie in Portugal waren. Alles wirkte etwas „machohafter" und etwas rücksichtsloser als in Portugal, aber immer noch äußerst freundlich.
Dieses Mal hatte ich unfassbares Glück mit der Auswahl meines Hostels.
Es war riesengroß und hatte sogar einen eigenen Pool auf dem Dach.

Ich erinnere mich an folgende Geschichte noch genauso, als wäre es erst gestern gewesen. Mittags lag ich im Pool und schaute wie immer auf meinem Handy ein Bundesligaspiel meines geliebten VFB Stuttgarts an. Plötzlich schreit irgend ein fremder Typ lauthals von hinten: „HAALAND, HAALAND which Game are you watching?'' Es war der Tag, an dem der „Anwalt" aus Tel Aviv in mein Leben treten sollte. Wir beide kamen langsam ins Gespräch, unterhielten uns über Fußball und verstanden uns direkt blendend. Er war Israeli und stellte sich mir gegenüber als „Anwalt'' aus Tel Aviv vor. Später erfuhr ich dann, dass er gar kein Anwalt war, er hatte einfach nur mal kurz 2 Semester lang Jura studiert – in dem Fall war er ja der gleiche Studienabbrecher wie ich. Also direkt sehr sympathisch. Während unserer Unterhaltung am Pool hatte er schon eine Weinflasche in der Hand, fand ich etwas früh am Tag, aber jeder wie er will. Der Anwalt begann damit, alle möglichen Leute im Außenbereich des Hostels in ein schnelles Gespräch zu verwickeln und holte immer wieder neue Leute an den Pool. Mittlerweile war er schon ziemlich stark angetrunken. Gegen Abend zog ich mich in den Schlafsaal zurück, als dann plötzlich eine etwas beleibte junge Frau vor dem abgeschlossenen Klo wartete.

Also stand ich auf und teilte ihr mit, dass es auf dem Flur auch noch ein zweites Klo gebe und sie hier nicht warten brauche.

Sie erwiderte nur: ,,No, no thank you, the Lawyer told me, i should wait here.''

Ich verstand sofort: Keine 5 Minuten später tigerte der Anwalt in den Schlafsaal und bumste dann die beleibte Dame im Klo unter der Dusche – auch gemütlich.

Es war gegen 21 Uhr, ich hatte gerade Nudeln mit Eiern und Chorizo-Salami zu Abend gegessen. Nun wollte ich mich allmählich schlafen legen, da ich am nächsten Morgen schon um 8 Uhr in das örtliche Fitnessstudio joggen wollte, damit ich dort mein tägliches Training fortsetzen konnte. Kurz bevor ich ins Bett ging, brüllte der Anwalt auf einmal quer durch den Schlafsaal: ,,HAALAND, HAALAND, don't sleep now, tonight you are with me, let's go out, tomorrow I check out, it's my last night here." Um Gottes Willen dachte ich mir, er hatte mittlerweile eine ganze Crew von 2 Marokkanern, 1 Chilenen, 1 Kanadier und 1 Spanier zusammengestellt.

Alle starteten nun mit Überzeugungsstrategien, sie wollten unbedingt mit Haaland auf Tour gehen: „We need you as a Fighter, if we get in trouble."

Nach 10 Minuten ließ ich mich breitschlagen – warum eigentlich nicht? Sie waren ja alle mega cool drauf. Ich versicherte ihnen mehrmals hoch und heilig, dass ich absolut keinen Alkohol trinke und dass meine wilden Jahre längst vorbei sind.

Beim Vortrinken auf der Dachterrasse tranken alle, außer mir Wein oder Bier.

Alle? Nein, der Anwalt trank als Einziger Wodka pur zum Vortrinken.

Er hatte schon sein Hemd ausgezogen, seinen Gürtel aufgemacht, seine Jeanshose aufgeknöpft und wir hatten noch nicht einmal das Haus verlassen.

Als erstes gingen wir in ein Restaurant, selbstverständlich nur unter großem Protest vom Anwalt, er meinte nur immer wieder: „BURGER? No not for me, i don't wanna eat Burger tonight, i just wanna eat pussy.'' Er war genau wie ein Israeli aus den alten „Eis am Stiel'' Filmen, die man noch allzu gut aus den 80er-Jahren kennt.

Der Abend kann ja noch heiter werden, dachte ich mir.

Im Restaurant aßen wir alle Hamburger mit Fritten, der Anwalt aß als einziger nichts, stattdessen bestellte er sich lieber eine Flasche Wodka, die er dann mit meiner Cola mischte. Er war tatsächlich der einzige Mensch, den ich in meinem bisherigen Leben kennengelernt hatte, der eine Flasche Wodka im Restaurant bestellte – und sie dann einfach alleine trank. Er verpasste Geld ohne Ende.

Gegenüber am Tisch saß eine Gruppe junger Frauen ohne Begleitung.

Sie waren äußerst attraktiv und sehr schick angezogen. Das bemerkte natürlich auch der Anwalt, während er genüsslich an seiner Wodka-Flasche nuckelte.

Plötzlich stand er auf und rief den Frauen zu : ,,Let's sit all together!! All together!!''

Dann fing er aus dem Nichts heraus damit an, die beiden gegenüberliegenden Tische zusammenzuschieben. Er zog und rüttelte wie ein Irrer am Tischbein.

Die 6 Frauen kicherten und drückten wie die Bekloppten dagegen. So lange, bis dann eine Frau aufstand und zum Anwalt sagte: ,,We can't speak English, but FUCK YOU!'' Uiii, das war jetzt aber sehr deutlich. Da sitzen zwar jetzt die 6 Frauen alleine am Tisch, schön und gut, aber die 6 Männer von ihnen saßen dann bestimmt im Nebenraum. ,,Für den Anwalt schläger ich heute Abend safe nicht,'' merkte ich an. Auch die beiden Marokkaner waren sich direkt einig: ,,We don't go into Jail for the Lawyer.'' Dann drehte sich der Anwalt einfach um und suchte sich direkt die nächste Frauengruppe an einem noch weiter entfernten Tisch. Die Ladys haben seine Aktion davor natürlich mitbekommen und ihn dann gleich auf halbem Weg mit hektischen Handbewegungen zurückgepfiffen.

Stellt euch das mal vor – wie würdet ihr als Frauen darauf reagieren? Ihr sitzt mit euren Mädels nach einem langen, harten Arbeitstag zusammen in einem schönen Restaurant – und dann kommt plötzlich einer ums Eck geschossen und reißt euch einfach den Tisch weg. „Let's sit all together", eben so musste der Karren laufen – laut dem Anwalt. Wir aßen fertig und gingen weiter. Natürlich nahm der Anwalt seine Wodka-Flasche mit und lief damit durch halb Sevilla.

Mittlerweile war er schon so arg besoffen, dass er nicht mehr alleine geradeaus laufen konnte, die beiden Marokkaner stützten ihn schon seit gut 20 Minuten.

Ich dachte mir nur, mit ihm kommen wir sicherlich in keine Disco mehr rein.

Naja, das war mir ja gerade recht, dann kommen wir wenigstens früher heim.

Die Türsteher vor der Disco sahen uns schon von Weitem und fragten uns direkt, ob denn mit dem Anwalt alles okay sei? Die beiden Marokkaner antworteten nur: „Yes of course, he is not drunken, he is just tired from work." Also, er ist nicht besoffen, er ist nur müde vom schaffen. Die Türsteher lachten und ließen uns, zu meiner großen Überraschung, rein. Aber gut, Touristen bringen immer sehr viel Kohle mit, außerdem war es Sonntag und wenig los. Der Anwalt suchte sofort die Disco-Toilette auf und kotzte sich erst mal kräftig aus.

Danach war er plötzlich wieder putzmunter und bestellte sich ein Wodka-Boot. Anschließend rannte er wie ein Geisteskranker in der Disco rum und sprach alle Frauen an. Er erspähte eine Frauengruppe, die merklich auch ziemlich betrunken separat an einem Tisch saß. „Girls, girls, I have a Wodka-Boot, can I sit here?", fragte er ganz euphorisch. Die Frauen schauten sich gegenseitig an, deuteten auf mich und sagten zu ihm: „Only the tall blonde guy is allowed to sit next to us."

Ich entschied mich dagegen, wir sind als Männergruppe zusammen los und ich wollte die anderen nicht im Stich lassen, vor allem weil ich der einzige war, der nichts getrunken hatte. Die beiden Marokkaner und der Chilene waren außerdem auch schon kurz davor, sich zu übergeben. So ging das die ganze Nacht weiter, wir zogen von einem Schuppen weiter in den nächsten. Vor einer anderen Bar stand eine weitere Frauengruppe, sie müssen Models gewesen sein, da alle mindestens 1,75-1,80m groß waren. Selbstverständlich hatte der glorreiche Anwalt wieder einen hervorragenden Plan.

Er diktierte: „Guys, let's attack from different sides. Haaland and I attack from the left, the Spanish guy from the right and the Canadian guy from the back, okay?"

62

„We need to separate the group", hat er gemeint. „Nein, wir greifen jetzt nicht aus unterschiedlichen Winkeln und von verschiedenen Seiten aus die Frauengruppe an", erwiderte ich. Das konnte der Anwalt nicht fassen: „Why Haaland, why? I wanna fuck so bad and hard tonight!" „Außer dich selbst fickst du heute Abend niemand mehr, Anwalt", erwiderte ich. Wir diskutierten noch gut eine halbe Stunde lang weiter, bis wir dann irgendwann entschieden, dass wir noch schnell etwas essen und uns danach endlich auf den Heimweg zurück in unser Hostel machen wollten. Natürlich keinerlei Einsicht beim Anwalt: „No Haaland, no, I don't wanna eat pizza, I wanna eat a pussy tonight, like I told you before!" Er konnte froh sein, dass er noch nicht verhaftet worden war. Es war mittlerweile halb 6 Uhr morgens und schon fast wieder hell, aber natürlich hatte der Anwalt die nächste glorreiche Idee: „I will call my friend the Uber Driver from the Airport, i met him yesterday, he will drive us to a Stripclub." „Um 6 Uhr morgens hat in Sevilla sicher kein Stripclub mehr auf", meinte ich daraufhin zum Anwalt. Ich sprach da ganz aus Erfahrung und ausschließlich vom Hörensagen, natürlich. Das könnt ihr jetzt glauben oder nicht: Keine 5 Minuten später hörte ich nur noch quietschende Reifen und ein schwarzer, alter, rostiger Kombi kam um die Ecke geschossen. Sein Freund, der Uber-Fahrer, war Mitte 40, wog um die 150kg und hatte ein Burger-King-Menü auf dem Schoß rumfahren. Er kurbelte seine Scheibe runter und brüllte nur zu uns: „Stripclub is open!! Let's go guys, i will drive you!" Natürlich, das musste der Fahrer jetzt ja auch sagen, schließlich wollte er ja auch noch etwas Geld verdienen, außerdem waren es mindestens 30-40 Minuten Fahrt, da hatte er sicherlich morgens um 6 Uhr schon schlechter verdient. Dreimal dürft ihr raten, wer als Einziger von uns mit dem äußerst zwielichtigen Uber-Fahrer mitgefahren ist?

Richtig, der Anwalt natürlich! Ich hielt ihn zwar noch fest, aber er löste sich aus meiner Umklammerung und sprang ins Auto. Wir schüttelten alle nur den Kopf und liefen dann nochmal fast 1 Stunde zu Fuß zurück in unser Hostel.

Um kurz nach 7 Uhr waren wir endlich daheim und fielen todmüde ins Bett.

Gegen 11 Uhr wachte ich auf und machte mich schnell fertig, da ich ja in mein Fitnessstudio joggen wollte. Als ich gerade die Treppen hinunterlief, kam mir plötzlich der Anwalt mit einem verklebten, verkotzten und leicht angerissenen Hemd entgegen. Er wirkte völlig schockiert und geistesabwesend. Mit großen, empörten, roten Augen schaute er mich an und meinte bloß: „Haaland, Stripclub was closed, why didn't you tell me?" Ich konnte nicht anders und brach in lautes Gelächter aus. Was für ein wahnsinniger Typ! Anscheinend hatte er noch Ärger mit seinem Uber-Fahrer und ist dann alleine heimgelaufen. Auf dem Heimweg hat er nochmal irgendeine Pöbelei angefangen, woraufhin er sich wutentbrannt sein Hemd zerrissen hat. Was für eine irre Story, ich verabschiedete mich ausgiebig vom Anwalt, da er direkt seine Koffer packte und seinen Check-out vornahm.

Wir hatten den Plan, dass ich ihn in Tel Aviv besuchen komme, das war allerdings lange vor dem 7. Oktober, der Israel total veränderte. Das sollte das letzte Mal sein, dass ich den Anwalt sah. Bis heute habe ich nie wieder etwas von ihm gehört.

Immer mal wieder hatte ich vage den Plan, nach Israel zu reisen.

Aktuell lässt es leider die momentane politische Situation in keinster Weise zu.

Insgesamt gefiel mir Sevilla sehr gut: tolle Altstadt, leckere Tapas und einzigartige Flamenco-Tänzerinnen eben alles, was man sich so von Andalusien versprach.

Das einzige, was mir fehlte, war der direkte Zugang zum Meer.

Als der Anwalt auscheckte, war natürlich plötzlich tote Hose im Hostel. Zu meiner großen Freude konnte ich dann endlich wieder in Ruhe schlafen und mich auf mein Training fokussieren. So lange, bis dann zwei Australierinnen neben mir ihr Quartier bezogen. Sie kamen in den Schlafsaal herein und checkten zuerst einmal alle Betten durch, um zu sehen, welche Männer dort lagen. Das hatte ich in dieser Form bis jetzt auch noch nie erlebt, sie wollten Sex und das ziemlich penetrant.

Außerdem schlief neben mir ein älteres französisches Ehepaar, so um die 60 Jahre herum, schätzte ich. Sie waren unfassbar nett und entgegenkommend, die Frau war quasi meine Ersatzmama in Sevilla. Immer wenn ich aus dem Gym zurückkam, kochte sie Essen für mich – total nett eben. Die beiden neuen Australierinnen ließen absolut nichts anbrennen, man sah sie jeden Abend mit einem anderen Typen im Arm. Eines Nachts kamen die beiden total besoffen, mit 2 Typen im Schlepptau, zurück in das Hostel. Irgendwie hatten sie es geschafft, die 2 Jungs an den Security-Typen vorbei zu schleusen. Normalerweise achtet man schon sehr darauf, dass nur Hostelgäste in den Schlafsaal kamen. Sie diskutierten wild darüber, wo sie es jetzt am besten treiben könnten. Ich bekam das alles im Halbschlaf mit, während ich Kopfhörern im Ohr hatte. Eine Australierin ging dann mit einem Typen auf das Klo und drehte die Dusche auf, damit man nichts hörte. Die andere Australierin war so besoffen, dass sie ihren Typen einfach auf dem Hochbett vor allen anderen vögelte. Nach und nach wurden alle 15 anderen Leute im Schlafsaal wach. Das Gestöhne war unerträglich, so schlimm, dass das ältere französische Pärchen morgens um 4 Uhr aufstand und auf den Flur herausging – das machte den Plaumann aber dezent angry. Das französische Pärchen wirkte nicht gerade wohlhabend, war so unfassbar freundlich, und jetzt müssen sie ihren Urlaub auch noch unterbrechen, wegen irgendeiner versoffenen Australierin, die meinte, sie könne jetzt vor allen poppen. Ich ging neben das Hochbett und schaute mir die ,,Show'' an. Es war interessant, zwei wildfremde Menschen beim Sex zu beobachten. Alle anderen hatten schon längst den Raum verlassen – nur ich blieb zurück und verfolgte mit klarem, starren, konzentrierten Blick den entzückenden Akt. Am darauffolgenden Morgen suchte ich als Einziger aus dem Schlafraum das Gespräch mit den 2 Nymphomaninnen.

Mich störte es, dass das ältere französische Pärchen wegen ihnen nicht schlafen konnte. Mir persönlich war es egal, was sie machen, aber auf jemanden, der 40 Jahre älter ist, sollte man schon etwas Rücksicht nehmen, merkte ich an.

Respekt vor dem Alter ist wichtig! Ich dachte an meinen Urgroßvater, er wäre in diesem Moment sicherlich stolz auf mich gewesen. Von dort an rammelten die Australierinnen nur noch auswärts, das kann man durchaus als einen großartigen Thorben Plaumann-Erfolg verbuchen.

Ich verbrachte wieder fast eine ganze Woche in Sevilla. An einem meiner letzten Abende lernte ich eine Holländerin kennen. Sie studierte BWL und ich fand direkt Gefallen an ihrem deutschen Akzent. Es ist unfassbar witzig, wenn Holländer Deutsch reden – sehr sympathisch, also doch nicht nur Wohnwagen, Fahrräder und Käse. Ich fragte sie, was eigentlich mit ihr und ihrem Johan-Cruyff damals los war, bei der WM 1974. „Da hat Oranje ja gegen uns im Finale solide reingeschissen, oder hat das mein fotografisches Gedächtnis etwa inkorrekt in Erinnerung?"
Sie lachte und wollte wissen, was denn bei mir bloß los war bei der EM 1988 in Hamburg? Oh Gott, schlagfertig war sie also auch noch. Allein die Erinnerung an die Europameisterschaft 1988 und den einzigen Titel in der Geschichte Oranjes sorgte umgehend für große Übelkeit meinerseits. Der verdammte Marco van Basten.
Coole Frau, wir gingen zusammen aus und verbrachten den Tag zusammen, ehe sie wieder zurück nach Rotterdam musste.
Ihr Verlobter wartete schon sehnlichst auf sie, da hatte sie eben keine Zeit mehr für den Plaumann. „Koi Zeit mai -> Landwirtschaft", sagte ich zum Abschied.

Für mich ging es nun weiter, nach Málaga direkt ans Meer. Málaga war sehr ähnlich wie Sevilla, nur mit direktem Zugang zu Strand und Meer. In Málaga hatte ich dann meine erste unangenehme Erfahrung in einem Hostel. Es war eher ein kleines Hostel mit Betten für nur circa 20-25 Leute. Der spanische Chef dort spielte sich so auf wie Diktator Franco persönlich. Schon beim Check-in überprüfte er meinen Personalausweis mit einer Lupe, die er aus seiner Westentasche zückte.

Was will denn jetzt der Francisco Franco plötzlich von mir?

Er war extrem unfreundlich und wies mich dreimal darauf hin, dass keine fremden Gäste erlaubt sind und er das stündlich kontrollieren würde.

An jeder Türe hing ein Schild mit großem rotem Warnschild: YOU PAY A 100€ FINE IF YOU INVITE STRANGER PERSONS. Ich antwortete nur mit: „Aber was ist, wenn ich Shakira mitbringe? Die hat doch derzeit keinen Bock mehr auf Gerard Piqué, oder seh ich das jetzt falsch?" Keine Reaktion seinerseits, er schaute nur auf den Boden – auch gut, es kann ja jeder Mensch so sein, wie er will.

Ich war müde von der Busfahrt und ging früh ins Bett. Am anderen Morgen, kurz vor 8 Uhr, stürmte dann, wie aus dem Nichts, Francisco Franco in den Schlafsaal und riss mir die Decke weg: „I have to control if you are alone", schrie er mich aus heiterem Himmel an – in ganz schlechtem, gebrochenem Englisch.

Er zickte plötzlich rum wie der Papst im Puff. Nicht: „Urbi et Orbi", das war „Urbi et Prostitution." Für einen Deutschen sind Spanier, die Englisch sprechen, sehr schwer zu verstehen. Ich lag in Boxershorts, ohne Decke da und nahm es mit Humor.

Ganz einfach: seine Hütte, seine Regeln. Nur rattern darf er mich nicht, für das andere Ufer bin ich dann doch noch ein wenig zu sehr Hetero, merkte ich an.

„MORGÄ MITAND", so kann man natürlich auch in den Tag starten.

Um meine Reisekasse etwas aufzubessern, gab ich gegen ein kleines Taschengeld bei Bedarf immer einige Fitnessstunden und für ein paar Mark mehr schrieb ich auch noch individuelle Trainings- und Ernährungspläne.

Das funktionierte ganz gut in jedem Hostel in Europa, da heutzutage gefühlt jeder ins Fitnessstudio geht, das war früher natürlich ganz anders. Als ich noch in der Grundschule war, zu Beginn der 2000er Jahre, waren Fitnessstudios noch nicht so weit verbreitet und hatten eher noch einen verruchten Ruf.

Zum Glück änderte sich das dann allmählich, schließlich ist Sport mit Abstand das WICHTIGSTE, was ein Mensch in seinem Leben machen kann.

Mir fiel komischerweise auch auf, dass ich mich in Spanien viel sicherer fühlte als in Deutschland. Sogar nachts gegen 23 Uhr sah ich noch viele Kinder auf den Straßen lachen und spielen. Da Málaga architektonisch und kulturell sehr ähnlich wie Sevilla ist, blieb ich nur 3 Tage in Málaga und pilgerte dann ganz gemütlich weiter an der Südküste Spaniens entlang nach Almería.

Almería war relativ klein, hatte rund 200.000 Einwohner und lag direkt am Meer. Eine süße kleine Stadt mit einer einzigartigen antiken alten Festung, inklusive sagenhaftem Meerblick. Ich checkte standardmäßig in einem Hostel ein.

Sofort fiel mir auf, dass die Frau, die den Check-in durchführte, wahnsinnig attraktiv war. Sie sah ein bisschen so aus wie eine spanische Version von Scarlett Johansson, ihr Lächeln verzauberte mich auf den ersten Blick.

Ich ging direkt in die Offensive und fragte sie: „Any plans for tonight?"

Sie schaute mich total überrascht an und erwiderte dann:

„Yes i have to put my kids to bed."

Dann ich: „And after that?´´

Dann sie: „Falling in love with my beloved husband."

Ich hakte nach: „And what about tomorrow?´´

Darauf hat sie dann nichts mehr gesagt und mir einfach den Stinkefinger gezeigt.

Es war eine legendäre Unterhaltung, wir verstanden uns danach ausgesprochen gut – aber Husband ist eben Husband.

Ich bin mir ziemlich sicher, dass sie weder verheiratet war noch Kinder hatte.

Sie wollte sich einfach nicht vom Plaumann vögeln lassen, was natürlich durchaus verständlich ist. Nein heißt Nein! Jede Frau hat das Recht selbst zu entscheiden, mit welchem Mann sie Geschlechtsverkehr haben möchte und mit welchem nicht.

Der Strand in Almeria gefiel mir überhaupt nicht, er bestand aus einer Mischung von grobem Sand und Kieselsteinen – absolut furchtbar. Ein Strand muss meiner Meinung nach immer aus 100 % feinem, reinem, weißem Sand bestehen.

Während ich nachts in meinem Hostelbett eine Serie anschaute, bemerkte ich, wie sich mein Bettnachbar aus Frankreich heimlich unter der Bettdecke einen wixxte. Er dachte, ich höre ihn nicht, da ich meine Kopfhörer aufhatte – aber der wichsende Franzose war leider sehr schwer zu überhören – Koi Zeit → Schlacht von Verdun.

Am nächsten Tag unternahm ich einen Tagesausflug nach Granada, auch sehr annehmbar und natürlich wieder mit einer wunderschönen Burg mit toller Aussicht. Ich war überrascht, wie viele schöne antike Festungen und mittelalterliche Burgen es in Spanien gab. Bisher dachte ich immer, dass Deutschland in Sachen Burgen, Schlösser und Festungen die absolute unangefochtene Nummer 1 auf der Welt ist.

An einem belebten Aussichtspunkt in Granada kam ich mit einem sehr großen, schwarzen Kanadier im Toronto Raptors-Shirt ins Gespräch.

,,Ahh you are also from Germany, that is funny, cause last week i fucked a German Girl in Barcelona. I hope that is ok?´´ bellte er mich an. Ich erwiderte: „No, not okay. Refugees are not allowed to fuck German girls, but for Canada i make a exception." Er lachte sich fast tot, von dort an war sein Spitzname der „Refugee.´´ Wir tauschten uns lange und ausgiebig aus und ich gab ihm den Tipp, dass er lieber nach München aufs Oktoberfest gehen sollte, als nach Köln auf den Karneval. Zum Ende versprach ich ihm, ihn mal in Toronto zu besuchen, und fuhr dann wieder mit dem Bus zurück nach Almería. Für meine weitere Reiseplanung entschied ich mich dazu, immer nur noch 2-3 Tage in einer Stadt an der Küste zu bleiben, bis ich dann zum Schluss noch 1 ganze Woche in Barcelona und Madrid verweilen wollte. Also fuhr ich mit dem Bus von Almería nach Alicante weiter, immer schön an der Küste entlang.

Kaum angekommen, lief ich in Alicante einer „FREE UKRAINE" Demo über den Weg.

Es war spannend, wie viele Ukrainer, aber auch wie viele unzählige Russen zugleich in Alicante lebten. Etwa 250.000 Menschen aus der ehemaligen Sowjetunion leben in Spanien. Nach dem rapiden Fall des Eisernen Vorhangs und der damit verbunden Wirtschaftskrise in den 90er-Jahren entschieden sich viele Russen, nach Spanien zu ziehen, auch weil sie große Probleme mit der Einreise in die USA hatten. Jedenfalls erzählte mir das eine Russin, die seit Ende der 90er-Jahre in Alicante lebte.

Besonders in Erinnerung ist mir die Hostelchefin von Alicante geblieben.

Als ich eincheckte, saß sie gerade solide bei einem anderen Gast auf dem Schoß.

Ich war ganz überrascht, dass sie die Chefin war und keine Prostituierte.

Es war ein außergewöhnlich großes Hostel mit weit über 200 Betten, es waren aber nur 6 Gäste da, davon keine einzige Frau. 6/200 ist ja mal ein ganz saftiger Tipico Quotenboost. Wichtige Lektion: Wenn keine Frauen im Hostel sind, sagt das schon einiges über die Qualität des Hostels aus. Es war sehr verdreckt und hatte keine Küche, nur eine tragbare elektronische Herdplatte, die aber immer im Gebrauch war, weil ein deutscher Informatiker, der gefühlt seit 10 Jahren dort lebte, jeden Tag stundenlang seine 50kg Bohnen dort auskochte. So etwas hatte ich noch nie zuvor gesehen, er schleppte eimerweise Bohnen an und kochte sie dort stundenlang aus, danach verkaufte er sie auf dem Markt – was für ein erstklassiger Businessplan, dachte ich mir. Elon Musk hat auch schon angefragt – Wie läuft der Karren wohl? Ich entschied mich daraufhin, auswärts zu übernachten. Am Morgen danach kam ich total verschlafen um 7 Uhr zurück in die Hostelküche. Der Informatiker war natürlich schon wieder fleißig am Bohnenkochen und fragte mich: „Hey, du siehst aber verschlafen aus. Warst du heute Nacht noch nicht im Bett?" Darauf antworte ich: „Im Bett war ich schon, allerdings im falschen."

Nach Alicante ging es für mich weiter nach Valencia, eine wunderschöne, antike Hafenstadt, die mir persönlich viel besser als Alicante und Almería gefallen hat.

Das ehrfürchtige Mestalla-Stadion, die einmalig leckere Paella, die vielen Schiffe, die ständig am Hafen anlegten, es war sehr schön.

Also entschied ich mich, anders als in meinen vorherigen Aufenthalten mal wieder eine ganze Woche in einer einzelnen Stadt zu bleiben. Ein paar Tage vor Halloween schaute ich, wie immer live auf dem Handy, meinen geliebten VFB Stuttgart an.

Sie spielten gegen Union Berlin, es war der glorreiche Nachmittag, an dem der „Leichenbestatter" in mein Leben treten sollte. Während des Spiels setzte sich plötzlich ein großer, extrem dünner, hagerer Mann hinter mich. Er war komplett in Schwarz gekleidet und zu meinem großen Erschrecken trug er auch noch einen schwarzen Hut, als würde er gerade directly vom Friedhof her angeschlichen kommen. Daraufhin gab ihm den Spitznamen „Leichenbestatter.´´

Er war aus Berlin und sehr großer Union Berlin-Fan, so kamen wir ins Gespräch. Der Leichenbestatter war Barkeeper und hatte ein unfassbares Alkoholproblem. Jetzt, in der Nachbetrachtung, fällt mir ein, dass ich ihn nicht einmal nüchtern gesehen habe. Aufmerksam lauschte ich seiner gesamten Lebensgeschichte, wie er ursprünglich auf die „Barkeeper-Schule" gehen wollte, dann aber wegen einer Autopanne in Valencia strandete und jetzt hier voll durchstarten wollte. Wer es im Leben zu etwas bringen will, muss eben auf die „Barkeeper-Schule.´´ Er lebte aber trotzdem in ständiger Angst und musste jede halbe Stunde raus auf den Parkplatz rennen und aufpassen, dass keiner sein Auto klauen wollte, weil wir ja angeblich im Zigeunerviertel wohnten. „Die Zigeuner wollen mich ausrauben", behauptete er immer – in der Tat ein sehr merkwürdiger Zeitgenosse, aber total nett, und ich kam gut mit ihm aus. Seine Sprüche waren witzig, wenn auch etwas übergriffig.

Ich verstand außerdem nicht, warum er jedem einzelnen Bettler auf der Straße immer 5€ in die Hand drückte. Er gab dafür jeden Tag astronomische 50 Garloschen aus. Wenn ich Obdachlosen helfe, dann gebe ich ihnen Brot oder was zum Trinken in die Hand, von Bargeld halte ich wenig, weil du am Ende nie weißt, wo es landet.

Wir unterhielten uns in der Küche über unsere Lieblingsgerichte.

Ich merkte daraufhin an, dass ich das Gewürz Kurkuma gerne im Reis habe.

Einen Tag später kaufte der Leichenbestatter dann einen Monatsvorrat Kurkuma – er wirkte etwas verloren, hatte aber ein gutes Herz.

An Halloween zog ich dann mit ihm und seinem Kumpel, dem Italiener, um die Häuser. Als ich den kleinen Italiener zum ersten Mal sah, konnte ich seine politische Gesinnung direkt einschätzen. Der Italiener musterte mich kritisch von Kopf bis Fuß. Also zeigte ich ihm bei der Vorstellung direkt ein Foto auf meinem Handy, das ich im Handumdrehen gegoogelt hatte, welches Hitler und Mussolini beim Handschlag zeigte. „Germany and Italy together again?", fragte ich ihn. Er fing an zu grinsen und umarmte mich. Eine meiner Gaben besteht darin, dass ich mit allen Menschen immer gut auskomme und ich in Sekundenschnelle genau so handeln kann, wie es meinem Gegenüber gefällt, um so für ihn umgehend sympathisch zu wirken.

Ähnlich wie Oskar Schindler in Schindlers Liste kann ich sehr schnell Freundschaften schließen – egal welche politische Gesinnung sie haben.

Hätte er zum Beispiel auf mich als „Linker" gewirkt, hätte ich ihm einfach direkt in Sekundenschnelle ein Antifa-Foto gezeigt – du musst eben immer flexibel sein.

Witzigerweise trank der Italiener auch keinen Alkohol, nur der Leichenbestatter schoss sich komplett ab. Halloween in Valencia war witzig, alles spielte sich am Hafen ab und es war erstaunlich, wie viele besoffene Russen es gab.

Der Leichenbestatter pöbelte im Laufe des Abends immer irgendwelche Leute an. Er erinnerte mich stark an mein eigenes Ich mit 16 und an meine alte versoffene Jugendgang. Zum Beispiel holte er einfach seinen Schwanz raus und pisste vor vielen Passanten in den Hafen. Ein anderer Passant brüllte von hinten, was das denn eigentlich soll und dass er da doch nicht einfach hinpinkeln kann. Der dichte Leichenbestatter erwiderte nur: „Don't worry, I just feed the fish, I feed the fish."

Irgendwann verabschiedeten wir uns vom Italiener und liefen zurück in unser Hostel. Auf dem Heimweg wollte der Leichenbestatter noch ein Bauschild klauen und schrie wie blöd rum: „FUCK THE POLICE.'' Er wurde ganz schlimm aggressiv und rannte einem Streifenwagen hinterher, ich konnte ihn gerade noch festhalten.

In Spanien greift die Justiz noch anders durch als in Deutschland, bei der Guardia Civil herrschen noch härtere Maßnahmen, es kann durchaus mal vorkommen, dass sie mit Schlagstöcken auf Touristen einprügelten – einfach so um etwas Ordnung herzustellen. Ich war mir durchaus bewusst, dass unser gemeinsamer Heimweg noch dezent ungemütlich werden könnte.

Kurz vor unserem Hostel kam uns eine kleine Männergruppe von 5 jungen Arabern entgegen.

Wahrscheinlich Marokkaner, sie waren jung, im Tanktop, breit, gut trainiert, hatten einen Boxerschnitt und wirkten alle sehr besoffen.

Wir grüßten sie freundlich, liefen weiter, bis dann der Leichenbestatter ihnen aus dem Nichts hinterherrief: „Puta madre, I fuck you all, fucking bastards."

Danach sprang der Leichenbestatter um die Ecke. Jeder, der schon mal in Valencia war, kennt bestimmt die unzähligen schmalen verwinkelten Gassen in der gesamten Stadt. Plötzlich stand ich dann alleine da, gegen 5 Mann. Die Marokkaner drehten sich sofort um. Ich entschuldigte mich für meinen besoffenen Freund und wies den Leichenbestatter an, aus seinem Versteck heraus zu kommen. Er kicherte nur wie verrückt und nahm die ganze Szenerie gar nicht ernst. Die Situation schien geklärt, die Marokkaner liefen weiter, bogen gerade um die nächste Ecke ab, als dann der Leichenbestatter nochmal aus voller Inbrunst hinterhergrölte: „Only I alone can fuck whole Morocco, trust me fucking refugees." Danach rannte er einfach weg und ich stand wieder alleine da. Denen Marokkanern reichte es, sie kamen zurück und sagten zu mir: „We respect you, but we have now a big problem with your friend, if we see him again, he will get a lot of trouble.''

Ich regelte die Situation, entschuldigte mich wiederholt für meinen betrunkenen Freund und begab mich auf die Suche nach dem Leichenbestatter. Er saß dann knapp 20 Meter entfernt vor unserem Hostel auf einem Müllcontainer und kicherte nur vor sich hin. Was für eine kranke Nacht – ich war einfach zu alt für den Scheiß. In den nächsten Tagen entwickelte sich der Leichenbestatter leider immer mehr zur Klette. Er lief mir ständig hinterher, natürlich gab ich ihm eine Gratis-Fitnessstunde, das hieß aber nicht, dass er mich auf Schritt und Tritt verfolgen durfte.

Als ich ihm erzählte, dass ich als Nächstes nach Barcelona wollte, erwiderte er nur nebenläufig: „Echt?? Krass, ich will morgen auch nach Barcelona." Das war mir dann zu blöd, ich schlich mich morgens extra heimlich früher aus dem Hostel und war wieder alleine unterwegs. Ich sollte den Leichenbestatter nie wiedersehen.

Next Stop: Barcelona, eine absolut weltoffene Stadt, mit zu meiner Überraschung recht vielen Asiaten. In meinem Hostel war ich beinahe der einzige Nicht-Asiate, vielleicht war es Zufall, aber ich kam mir vor wie in Little Tokio. Im Fitnessstudio, während des Trainings, sprach mich ein Mann an. Er war weit über 2 Meter groß und wog bestimmt 130kg. Ein absolutes Viech, aber seine Muskeln waren nicht natural, das merkte ich sofort, er war komplett auf Stoff (Anabolika, Testosteron etc.). Mir wurden schon oft in diversen Fitnessstudios Anabolika oder irgendwelche Tabletten angeboten, ich lehnte immer alles dankend ab. Bis heute nehme ich keine Substanzen zu mir. Es ist der Wahnsinn, was heutzutage alles in der Fitnessbranche so rumgeht, von Steroiden über Wachstumshormone bis zu Amphetaminen.

Auch wenn die Verlockung nach schnellerem, sauberem Muskelwachstum groß ist, lasst bitte gefälligst alle die Finger davon. Die Nebenwirkungen sind viel zu riskant und das Risiko ist es einfach nicht wert. Während einer Satzpause im Training sprach mich der 2-Meter-Riese also an: „I like your Bandana, where are you from´´, meinte er. Wir unterhielten uns nur kurz.

Wenn ich ins Fitnessstudio gehe, möchte ich trainieren und mich nicht großartig unterhalten. Gegen Ende der Unterhaltung fragte er mich plötzlich, was ich heute Abend vorhabe und ob ich nicht mit ihm zusammen Abendessen gehen wollte.

OMG, erst jetzt verstand ich, er war schwul und wollte mich einfach abschleppen. In dem Fall lehnte ich dankend ab, er zog gekränkt ab und ich trainierte weiter.

Das war mir so in dieser Form im Gym auch noch nie passiert.

Barcelona war, genau wie Valencia einmalig schön und ist absolut empfehlenswert für alle Leser, die noch nie in Barcelona waren.

Im Laufe der Tage in Barcelona lernte ich eine Kolumbianerin aus Medellín kennen. Sie erzählte mir, wie schwierig es für Südamerikaner sei, ein Visum für Europa zu bekommen. Ihre Erzählungen über Medellín machten mich neugierig auf mehr. Natürlich hatte ich die Serie „Narcos" über Pablo Escobar gesehen und war sofort fasziniert von Kolumbien. Ich konnte mir allzu gut vorstellen, dass der sehr lässige, lockere Lifestyle Südamerikas gut zu mir passen würde. Vor allem der Regenwald, das tropische Klima und die unzähligen Drogenkriege machten mich schon immer extrem neugierig. Ich verabschiedete mich großzügig von der Kolumbianerin und versprach ihr, sie wieder in Medellín zu besuchen.

Allmählich war es Mitte November und ich hatte langsam genug von Spanien.

Ich entschloss mich dazu, zum Abschluss noch Madrid zu besuchen und dann nach Frankreich weiterzureisen.

Mit dem Hochgeschwindigkeitszug war ich in nur zweieinhalb Stunden von Barcelona in Madrid. Alles war sehr gut organisiert und sehr schnell, viel besser als in Deutschland. „LONG LIVE die DEUTSCHE BAHN." Viele Menschen fragen sich sicher, welche Stadt in Spanien wohl schöner ist: Barcelona oder Madrid?

Meine Antwort ist immer ganz klar: Madrid. Alleine der königliche Palast und die umliegenden Schlossanlagen sind die Reise nach Madrid wert.

In Madrid befindet sich außerdem das Santiago Bernabeu, eines der, vielleicht sogar das legendärste Stadion der Welt. Natürlich besuchte ich umgehend ein Heimspiel von Real Madrid gegen Cádiz. Das Stadion ist relativ groß und die Tribünen sind so steil angelegt, dass ich mit einer Rolltreppe zu meinem Sitzplatz hochfahren musste. Bei Spielbeginn war ich allerdings von der allgemeinen Stadionatmosphäre etwas enttäuscht. Hauptsächlich bestand das Publikum nur aus Eventfans wie mir.

Im gesamten Stadion gab es keine Ultras, wie man sie sonst so zahlreich aus der Bundesliga kennt, und natürlich aufgrund dessen leider auch keinen organisierten Fansupport. Es war eher monoton still. Passenderweise schoss dann aber Toni Kroos das 2:0. Der eine Deutsche trifft und der andere Deutsche hockt auf der Tribüne – passt doch einwandfrei. Die einzigen Kritikpunkte an Madrid sind zu einem vielleicht das etwas kältere Wetter als im Süden Spaniens. Es hatte zwar immer noch 13 Grad im November, aber eben keine 25 Grad mehr, wie in Sevilla. Hinzu kommt, dass weder Meer noch Strand vorhanden waren, da Madrid ja im Landesinneren Spaniens liegt.

Am nächsten Morgen, lernte ich im Fitnessstudio einen Türsteher von einem der exklusivsten Promi-Schuppen in Madrid kennen. Er meinte im Spaß zu mir, wenn ich bis heute Abend einen soliden Designeranzug auftreiben kann, dann lässt er mich in den Schuppen rein. Da kam mir eine Idee: Ich könnte mir ja einfach einen unfassbar teuren Anzug kaufen, das Etikett dran lassen und ihn einfach am nächsten Morgen wieder zurückbringen. Schließlich musste ich nur gut aufpassen, dass ich nicht kleckerte. Gesagt, getan, der Türsteher war baff, als ich dann piekfein und aalglatt gestriegelt im Anzug da anrückte. Er hielt tatsächlich sein Wort und ließ mich rein. Da war ich nun, alleine unter all den ganzen spanischen VIPs.

Das würde es im Amazon-Lager aber nicht geben, schoss es mir glei durch den Kopf. An der Bar kam ich dann ins Gespräch mit einem spanischen Model.

Wir verstanden uns gut und ich war kurz davor, sie aufzureißen, bis dann plötzlich ihr Freund anrückte. Obwohl „Freund" vielleicht etwas übertrieben gesagt ist, wahrscheinlich trifft Affäre oder Kurzzeitbekanntschaft besser zu. Witzig war nur, dass ich ihren Freund bereits kannte, allerdings nur von der Playstation bei FIFA 22. Ich überlegte mir spaßeshalber kurz im stillen, ob ich ihm eine zünden sollte, das wäre dann am anderen Morgen umgehend auf allen Titelseiten gestanden. Was für ein Erlebnis! Ich achtete penibel darauf, niemanden zu fotografieren, und ließ mein Handy immer in der Hosentasche. Auf keinen Fall wollte ich auffallen oder auch nur im Entferntesten den Anschein erwecken, dass ich kein ganz „gefährlicher" Super-VIP bin. Der Alkohol lief in Strömen, ein paar Gläser und Flaschen zerbrachen und einige Scherben lagen auf dem Boden herum, wie man es eigentlich aus jeder Disco so kennt. Je länger der Abend lief, desto mehr hatte ich Schiss, dass meinem Anzug etwas zustoßen könnte. Also zündete ich relativ früh den französischen und zog ab. Wie durch ein Wunder schaffte ich es, meinen Anzug am anderen Morgen in einem perfekten Zustand wie neu aus dem Regal in die Boutique zurückzubringen.

Ich flirtete mit Engelszungen, was das Zeug hielt, mit der Verkäuferin:

„Tut mir furchtbar leid, aber ich habe in einem anderen Laden einen anderen Anzug gefunden, der meine Augen besser betont", meinte ich. Sie schaute sich den Anzug an und erstattete mir tatsächlich den vollen Betrag zurück. Ich wusste, dass ich eine 14-tägige Rückgabefrist hatte, aber ob ich das Geld bar ausgezahlt bekomme oder ob ich nur einen Gutschein erhalte, wusste ich nicht. Anscheinend variiert das von Laden zu Laden – also seid vorsichtig, falls ihr das mal nachmachen wollt. Selbstverständlich bewege ich mich damit voll und ganz im Rahmen der Legalität. Wie bereits erwähnt: Ich verstoße niemals gegen das Gesetz, ich reize es nur aus.

2 Tage später ging ich mit drei Rumäninnen aus meinem Hostel gemeinsam auf Tour. Sie waren aus Bukarest und absolut asozial, allerdings im positiven Sinne.

Wir verstanden uns auf Anhieb gut, sie wollten sich einen superreichen Spanier schnappen und ich gab ihnen Tipps dafür und kleidete sie für den Abend ein.

Sie fanden, sie sähen mit meinen für sie zusammengestellten Outfits aus wie drei Nutten, ich fand aber, sie sahen fantastisch aus. Meinen Tipp, nicht mehr als 2 Gläser Sekt zu trinken, befolgten sie leider nur so semimäßig. Bevor wir loszogen, waren sie nämlich schon sternhagelvoll. „That's normal in Romania", meinten sie bloß. Den reichen Spanier haben sie dann wie erwartet nicht geschnappt, aber wir hatten jede Menge Spaß zusammen.

Der Straßenstrich in Madrid ist direkt in der Fußgängerzone, alle 5 Meter, dicht gestaffelt, stand eine andere Prostituierte wie bestellt und nicht abgeholt da und wartete auf neue Kundschaft. Jede Nutte hat genau ihr eigenes Revier und die Polizei lief immer direkt daran vorbei, scheinbar wird Straßenprostitution in Madrid nicht so ernst genommen. Kaum lief ich an den jungen Damen vorbei, schon pfiffen und schnurrten mir umgehend einige Nutten hinterher. Ich fühlte mich in der Tat sehr geschmeichelt – aber der Plaumann musste ja schon lange nicht mehr fürs Knattern zahlen. Die Zeiten waren zum Glück lange vorbei, also ging ich heim und schlief meine 8 Stunden durch. Da ich schon jahrelang keinen Alkohol mehr trank, konnte ich immer viel besser einschlafen als meine besoffenen Zimmernachbarn.

Am nächsten Morgen nach dem Training duschte ich extrem heiß in meinem Hostel, anscheinend etwas zu heiß, auf jeden Fall ging plötzlich der Feuermelder los.

Der Hostelchef, er sah aus wie der spanische Ex-Nationalspieler Charles Puyol rannte zu mir in die Dusche und brüllte wie am Spieß: „Did you smoke?"

Nein, verdammt, ich hatte natürlich nicht heimlich unter der Dusche geraucht.

Puyol glaubte mir natürlich kein Wort, sprang mit einem Satz in die Duschkabine und suchte wie auf Kokain nach Feuerzeug und Zigaretten.

Danach leerte er wie ein Wilder den Mülleimer aus.

Ich stand übrigens die ganze Zeit nackt neben Charles Puyol und schüttelte nur ungläubig mit dem Kopf.

Nach 5 Minuten gescheiterter Beweissuche entschuldigte sich Puyol dann bei mir und zog wieder ab. Das war auch so ein Zuchthausnarr.

Ein ganz normaler Morgen in einem Hostel eben.

Nach fast 2 ganzen Monaten in Spanien war es nun allmählich Zeit, ein neues Land zu erkunden. Es sollte als nächstes durch die Maginot-Linie nach Frankreich gehen.

Kapitel 6

Wenn ich die Wahl hätte zwischen Spanien und Portugal, würde ich sofort immer Portugal bevorzugen. Die Leute waren einfach netter, die Lebensunterhaltskosten viel niedriger, und es herrschte einfach ein anderer Flair in Portugal als in Spanien. Trotzdem war Spanien sehr schön, schließlich verweilte ich ja nicht umsonst so lange in Südspanien, nur wollte ich jetzt etwas Neues erleben.

Also ab in den nächsten Flixbus und auf nach Marseille. Die Busfahrt von Madrid nach Marseille war eine der schlimmsten Busfahrten in meinem Leben. Mir war furchtbar übel, da es eine extrem kurvige Strecke durch die Pyrenäen war.

Unser Busfahrer hatte die Lage aber relativ gut im Griff. An sich sind die meisten Flixbusfahrer alle total in Ordnung. Hin und wieder hat man halt mal einen Chaoten als Fahrer dabei. Ich erinnere mich zum Beispiel noch an einen Fahrer, der mal beim Einparken gegen eine Mauer fuhr. Ein anderer zersplitterte beim Abfahren aus dem Bus-Terminal, ein Außenfenster. Dann stieg er einfach aus, nahm einen Besen und schlug die zersplitterte Scheibe einfach ganz ein und fuhr weiter – man musste sich eben nur zu helfen wissen. Schwarze Schafe gibt es aber leider wie in jeder Branche überall. Außerdem fällt mir noch ein Beifahrer ein, der beim Fahren immer extrem herumgebrüllt hat. Wahrscheinlich war er besoffen oder hatte einfach so eine zarte Schraube locker. Wie es der Zufall so wollte, kippte dann ein junges Mädel vor mir aus Versehen ihren heißen Kaffee über ihn aus. Das Problem war nur, dass sie oben direkt vorne im Bus saß und der brühend heiße Kaffee direkt auf dem Kopf des Beifahrers landete. Er schrie sofort wie am Spieß – wahrscheinlich lauter als mein Uropa geschrien hat, als man ihn damals in Stalingrad angeschossen hat.

Dann rannte der Beifahrer die Treppen hoch, mit einer Hand wischte er sich den heißen Kaffee aus dem Gesicht, mit der anderen fuchtelte er wild durch die Gegend und suchte nach Beweisen – Detektive Conan.

Als das Mädchen dann zugab, dass es ihr Kaffee war, wollte der Beifahrer ihr den Rucksack wegreißen, quasi: Du schüttest Kaffee auf mich, also nehme ich dir jetzt deinen Rucksack weg. Er reagierte sehr emotional, also zogen die 2 wie die Blöden an dem Rucksack, aber leider verlor, der mit Kaffee besudelte Beifahrer auch diesen Kampf klar nach Punkten gegen ein 15-jähriges Mädchen. Geknickt und gedemütigt ließ er dann den Rucksack los und zog wieder ab. Zwischenfälle gehören eben auch zum Busfahren dazu.

Die Preise in Frankreich schockten mich direkt zu Beginn: Alles war viel teurer als in Spanien und sogar nochmal etwas teurer als in Deutschland. Statt nur 20€ für eine Übernachtung im Hostel zahlte ich jetzt plötzlich 35-40€ pro Nacht, ein furchtbarer Wucher. Direkt nach dem überqueren der Grenze fiel mir an einer Raststätte schon die hochnäsige Art der Franzosen auf. Ich wusste genau, dass der Verkäufer Englisch konnte, er bestand aber darauf, Französisch zu reden. Ging ja schon prächtig los, des hätte es aber in Vichy-Frankreich sicher nicht gegeben, gluckste ich scherzhaft vor mich hin.

Marseille war an sich sehr ansehnlich, mit einer tollen antiken Kathedrale und einer ebenso einmaligen Aussicht aufs Meer.

Allerdings kam ich mir, wenn ich durch all die Brennpunktstraßen in den Vororten Marseilles joggte, abseits der Touristenhotspots wie ein Außerirdischer vor, weil ich einfach der einzige weiße blonde Mensch war. Es war echt der Wahnsinn, wie viele Araber und Afrikaner in Marseille lebten. Ich dachte wenn ich jetzt im Senegal, oder in Algerien wäre, würden mich die Leute genau so verwundert anschauen.

Mir ist die Hautfarbe eines Menschen völlig egal, ob grün, blau oder schwarz, jeder Mensch hat es Verdient mit Respekt behandelt zu werden und zwar mit exakt dem gleichen Respekt, mit dem ich selbst auch behandelt werden wollte.

Allerdings war es trotzdem witzig, mitten in Europa, in Marseille 10 Schwarze, 10 Araber und 1 einziges Weißbrot aus Deutschland – so kam ich mir vor.

Alle waren rundum freundlich und nett zu mir. Mein Outdoorgym befand sich direkt in einem sozialen Brennpunkt von Marseille. Zu dieser Zeit wusste ich natürlich noch nicht, dass ich gerade im sozialen Brennpunkt und wahrscheinlich an einem der gefährlichsten Ort in Frankreich trainierte. Ich wusste zwar, dass die aktuelle Kriminalitätsstatistik in Marseile die höchste oder die zweithöchste in ganz Europa war, aber wie bereits erwähnt, interessiert es mich immer nur relativ wenig, was im Internet so steht. Deshalb möchte ich mir ständig selbst ein Bild direkt vor Ort machen. Nur 3 Wochen später sollte ich dann von einem Mord in den Nachrichten lesen, genau in dem Viertel wo ich immer trainierte.

Alle Araber und Afrikaner waren in Marseille immer total respektvoll zu mir, zwar nicht so übertrieben warmherzig wie die Portugiesen, aber durchaus höflich.

Wenn du deinen gegenüber respektierst, passiert einfach gar nichts, wenn du ihm aber sein Drogendeal versaust, schießt er dir eben in Marseille in den Kopf.

Damit muss man rechnen und dann läuft die Sache reibungslos.

In meinem Hostel lernte ich eine israelische Influencerin aus Tel Aviv kennen.

Sofort überraschte mich ihre hervorragende deutsche Allgemeinbildung, schließlich hatte sie ja schon weitaus mehr deutschen Städte bereist als ich.

Später, als ich ihr Instagram-Profil durchcheckte, wurde mir auch klar warum:

Sie war die Ex-Freundin eines bekannten deutschen Handballers – auch eine sehr geschmeidige Angelegenheit.

Nach nur 3 Tagen zog ich weiter von Marseille nach Nizza. Die Côte d'Azur hat schon so ihren ganz speziellen Charme, vor allem wenn man genügend Kleingeld hat.

Nizza war sehr ähnlich wie Marseille, aber mir persönlich gefiel Nizza dann nochmal einen Ticken besser. Da Nizza rein architektonisch tatsächlich noch etwas mehr meinen Geschmack traf, auch die Altstadt fand ich einen Tacken außergewöhnlicher und schöner als die von Marseille – Louis de Funès Plaumann nämlich.

Es war während der Winter WM 2022 in Katar. Leider weiß ich noch exakt wie ich das peinliche Gruppenspiel Deutschland-Japan in Nizza angeschaut habe.

Mein Gott, ich erinnerte mich an die glorreiche WM 2014 zurück und fragte mich, wie beschissen wir inzwischen geworden sind, dass wir jetzt schon gegen Japan verlieren! 2014 war eben noch eine ganz andere Ära.

In Nizza wurde ich zum ersten Mal furchtbar Krank. Was ich mir eingefangen hatte, wusste ich nicht – wahrscheinlich war es wieder Corona. Selbstverständlich bin ich, wie bereits erwähnt dreimal geimpft – also ein waschechter Vorzeigebürger!

3 Nächte lang hustete ich wie ein Verkommener alles zusammen – so sehr, dass 2 Frauen aus dem Schlafsaal ihre Sachen packten und auszogen. ,,MAHLZEIT´´, habe ich dann zum Abschied gesagt.

Am anderen Morgen, war vor unserem Hostel plötzlich alles abgesperrt mit Polizei-Absperrband. Die Chefin erzählte uns dann, dass heute Nacht ein Taxifahrer nach einem Streit vor dem Hostel angestochen wurde. Man merkte tatsächlich, das die Kriminalität in Frankreich höher war als in Spanien. Frankreich ist meiner Meinung nach aufgrund ihrer Asylpolitik, ein warnendes Beispiel für Deutschland.

Peter Scholl-Latour meinte vor Jahren einmal: ,,Wer halb Kalkutta aufnimmt, rettet nicht etwa Kalkutta, sondern wird selbst zu Kalkutta.´´

Natürlich unternahm ich, von Nizza aus, auch einen Tagesausflug nach Monaco, mit dem Zug bist du schon in sagenhaften 20 Minuten von Nizza aus in Monte Carlo.

Ich war fasziniert von Monaco, als Kind war ich schon einmal mit meinen Eltern und meinem Bruder für ein paar Stunden in Monaco, bereits damals war ich von dem ganzen Glamour, Flair und Flow der Stadt total begeistert.

Leider war Monaco, absolut nicht meine Preisklasse – jedenfalls noch nicht.

Demzufolge blieben mir 2 Optionen: Entweder in Monaco mein Glück versuchen, oder pünktlich zurück nach Nizza heizen, um mich mit der äußerst entzückenden kanadischen Kunststudentin zu treffen, mit der ich seit gestern verabredet war.

Ich entschied mich für letzteres, schließlich war das eine sichere Nummer, ganz ohne Planung und Stress.

Das Hostel war ein reines Sex-Hostel, ziemlich ähnlich wie in Sevilla, irgendwo ratterte immer jemand und man konnte vor lauter Gestöhne kaum schlafen.

Dort lernte ich auch die 2 Kunststudentinnen aus Kanada kennen, sie kamen aus Vancouver und waren wie die meisten alleinreisenden Frauen, auf der Suche nach knackigen Männer. Mit einem Brasilianer aus São Paulo zusammen, zogen wir dann zu viert um die Häuser. Das Nachtleben in Nizza ist recht annehmbar, zwar etwas weniger Trubel wie in Madrid, aber man kann schon noch etwas erleben.

Wir teilten uns auf, ich schnappte mir eine Kunststudentin und der Brasilianer die andere. Es lief gut, allerdings kam der Brasilianer seinem kanadischen Maißle nicht wirklich näher. Er erinnerte mich sehr stark an mein jugendliches 15-jähriges Ich.

Selbstverständlich wollte er sie ficken, wusste aber nicht wie er es anstellen sollte, um sie ins Bett zu bekommen. Ihm mangelte es an Charisma und Charme.

Er versuchte dann in der Disco sein Glück bei anderen Frauen, scheiterte dort leider aber auch kläglich. Das merkte die Kanadierin natürlich auch und war sauer.

Glücklicherweise waren wir nur zu viert in unserem Schlafsaal – also reichlich Platz für uns. Jedenfalls solange bis dann ein total besoffener alter Franzose, mit einer Schnapsflasche in der Hand reinkam und versuchte alles zu versauen.

Er pöbelte besoffen rum, wie ich mit 16 zu meinen absoluten Hochzeiten und fiel dann ratzfatz rückwärts von der Hochbettleiter.

Der Alte konnte keine 3 Schritte mehr geradeaus laufen, aber dafür konnte er mich immerhin noch ständig mit Herr Angela Merkel ansprechen – dies ließ sein geistiger Zustand selbstverständlich noch zu. Die Kanadierinnen nannte er übrigens immer Céline Dion. Wieder etwas dazu gelernt! Céline Dion kommt also doch aus Kanada und nicht, wie von mir immer vermutet aus Frankreich. Irgendwann suchte der alte Franzose dann das Weite, und wir waren wieder alleine.

Ich ging mir der einen Kunststudentin ins Bett, der Brasilianer und die andere Kunststudentin, redeten nicht mehr miteinander und schliefen in getrennten Betten.

Also dachte ich mir, halt mal Plaumann, jetzt wo die Sache zwischen denen beiden aus ist und der Brasilianer sichtlich komplett raus aus der Nummer ist, würde sich doch eine weitere Option für mich ergeben. In diesem Fall könnte doch der alte Plaumann auch mal die andere Kunststudentin anfunken – die fand ich eh schärfer.

Während ich also noch neben meiner Kunststudentin lag, funkte ich die andere an (obwohl sie keine 3 Meter neben mir im Hochbett lag). ,,Hey, i heard that your bed, is much better than our bed, can i figure it out?´´, schrieb ich ihr.

Natürlich dachte, ich morgens um halb 5, leider nicht mehr soweit ums Eck, dass die andere Kunststudentin, meiner Kunststudentin, umgehend einen Screenshot von meiner Nachricht schickte. Sie drehte komplett durch und stieß mich aus dem Bett.

Plötzlich lag ich nackt auf dem Boden, nur noch mit einem übergezogenem Kondom bekleidet. Ich lachte – es war sowieso meine letzte Nacht, und zum Glück hatte ich all meine Sachen schon komplett fertig gepackt und im Luggage Room unten neben der Lobby verstaut.

Die Kanadierin versperrte mir die Tür und fing an, zu diskutieren. Das ganze Drama war mir dann letztendlich zu blöd. Also ging ich auf den Balkon raus, schmiss meine restlichen Sachen einfach runter auf die Straße und kletterte dann herunter.

Das war dann im wahrsten Sinne des Wortes ,,Über den Dächern von Nizza" – wie in dem berühmten alten Hollywood Film mit Cary Grant.

Tja, wieder einmal ein waschechter Klassiker aus der Thorben Plaumann-Pipeline!

Mein Gott, ich hatte bisher in 2 Monaten auf meiner Reise, mehr erlebt als in den gesamten 27 Jahren meines Lebens zuvor.

Allerdings wurde ich mit Frankreich nicht wirklich warm, die hochnäsige Art der Franzosen gefiel mir nicht, außerdem war es mir etwas zu teuer.

Auch das Essen war nicht so gut wie in Portugal und in Spanien.

Croissant, Baguette und viel Käse eben, aber das, war dann schon fast alles.

Auf Schnecken und Austern, war der Plaumann auch nicht so besonders scharf.

Demzufolge entschied ich mich weiter nach Italien zu prügeln!

Kapitel 7

Neues Land, neues Glück. Schnurstracks fuhr ich mit dem Flixbus von Nizza weiter

nach Turin. Leider war Turin gar nicht mein Fall, sehr vermüllt und dreckig.

Außerdem war es extrem kalt, klar schließlich liegt Turin ja im Norden Italiens und

die Temperaturen sind fast so beschissen wie in Deutschland. Mittlerweile war es

auch schon Dezember geworden und hatte 8 Grad in Turin. Italien hat eindeutig ein

Müllentsorgungsproblem, viele schmissen ihren Abfall einfach, direkt mitten auf die

Straße. Rein preislich gesehen, war ich aber wieder etwas mehr happy, es war viel

billiger wie in Frankreich, zwar nicht so billig wie in Portugal aber immerhin ein

Fortschritt. Auch an der italienischen Küche hatte ich viel mehr Gefallen. Pizza,

Pasta und meine geliebte Spinata-Salami, dazu Ciabatta Brot – einfach ein purer

Genuss auf ganzer Ebene. Kulinarisch war Italien ein Traum, aber eben nicht Turin.

Demzufolge zog ich nach 2 Tagen Dauerregen in Turin direkt weiter nach Mailand.

Mailand gefiel mir dann auf Anhieb viel besser, alleine der Mailänder Dom ist schon

die Reise wert und eine absolute Offenbarung. Zum Shoppen ist Mailand ein reines

Paradies, es gibt viele spezielle Geschäfte und Klamotten die es eben nur in Mailand

gibt. Mein Bettnachbar war US-Amerikaner, großer New England Patriots Fan und

ehemaliger College-Fußballer. Er war witzigerweise am gleichen College wie der

heutige US-Nationalspieler und Ex-BVB-Spieler Christian Pulisic. Wir freundeten uns

umgehend an und schauten gemeinsam das letzte Gruppenspiel der WM 2022

Deutschland versus Costa Rica an. Das Desaster war perfekt, wir schieden zum

zweiten mal in Folge nach der WM 2018, in der Gruppenphase aus, demzufolge

erlitt ich fast einen kompletten Nervenzusammenbruch. Was zur Hölle war nur los

mit uns Deutschen, wir sollten schließlich den Anspruch haben, in jeder einzelnen

gottverdammten Sportart dieser Welt als Gewinner nach Hause zu gehen.

Man gewinnt keine Silbermedaille, nein, man hat einfach Gold verloren, eine Silbermedaille bejubelt man doch nicht, warum begreift des denn keiner mehr in diesem Land? Stattdessen drehte sich bei der WM 2022 alles nur um eine läppische Regenbogenbinde – eine unfassbar peinliche, überflüssige Aktion. Ihr sollt gefälligst sportliche Leistung bringen und keine Politik betreiben, dafür hat unser Land doch genügend qualifizierte und leider noch viel mehr unqualifizierte Politiker.

Das frühzeitige deutsche WM-Aus war ein richtiger Downer auf meiner Reise und ging mir noch ein paar Tage später nach.

Außerdem lernte ich in Mailand eine Mexikanerin kennen, die bereits in vielen unterschiedlichen Hostels in Europa gearbeitet hatte. Sie gab mir die ausdrückliche Empfehlung unbedingt noch nach Budapest zu reisen. Budapest sei anscheinend die mit Abstand schönste Stadt in Europa, interessant das hörte ich nicht zum ersten Mal, in so ziemlich jedem Hostel stand Budapest immer sehr hoch im Kurs.

Zu meinem Hostel in Mailand gehörte auch eine Disco, die sich gemütlich direkt im Erdgeschoss befand. Abends, besuchte ich zusammen mit meiner mexikanischen Begleitung dann besagte Disco und war direkt vom Publikum geschockt. Es waren zu 90% schwule Männer, die miteinander in der Ecke rummachten und mich mit ihren Blicken förmlich auszogen. Das war der Mexikanerin allerdings zu viel, sie verabschiedete sich früh am Abend. Ich hingegen fand es jedoch sehr witzig und wollte mir selbst einen Eindruck machen. Das hatte ich so in meinem Leben bisher auch noch nie erlebt, erst war ich überrascht, danach fand ich es sehr unterhaltsam und freundete mich mit einem schwulen Argentinier an. Ich weiß noch, wie ich am Anfang zu ihm sagte: „You can look at me, but don't touch me."

Er rollte nur mit den Augen und fragte mich was denn nicht mit mir stimmte.

Es war wirklich meine erste Unterhaltung mit einem offensichtlich schwulen Mann. Das gab es in meiner Jugend auf dem Dorf einfach nicht.

Nach und nach kamen wir ins Gespräch, wir verstanden uns gut, er brachte noch seinen Kumpel aus Venezuela mit, der natürlich auch stockschwul war und wir 3 tanzten bis ins Morgengrauen. Man stelle sich bloß vor, wie mein 17-jähriges ich reagiert hätte, wenn es wissen würde, dass ich plötzlich mit einem schwulen Mann so gut auskommen würde.

So etwas wäre 2012 noch absolut undenkbar für mich gewesen.

Bis heute bin ich mit den 2 Schwulen befreundet und in Kontakt.

Weltoffen ist der Plaumann geworden! Die Reise veränderte mich – plötzlich hatte ich eine andere eine rationalere Sicht auf die Dinge.

Keine Vorurteile mehr: Jeder Mensch hat das Recht, so zu lieben, wie er möchte. Jeder Mensch hat das Recht, sich so zu entfalten, wie er möchte.

Nach Mailand fuhr ich weiter nach Rom.

Als ich zum ersten Mal das Kolosseum sah, staunte ich nicht schlecht, es war viel schöner und gigantischer als ich es aus dem Fernsehen kannte. Mitte Dezember in Rom – und es hatte sagenhafte 18 Grad, inklusive strahlend blauem Himmel.

Ich war direkt verliebt in Rom, also entschied ich mich das gute Wetter auszunutzen und seit geraumer Zeit, mal wieder 1 ganze Woche in einer einzelnen Stadt zu verbringen. In der Hostelküche, traf ich auf einen älteren italienischen Herr, der Schwierigkeiten damit hatte den Herd anzumachen, natürlich half ich ihm daraufhin umgehend und erklärte dem alten Herr alles ausführlich. Er war Pizzabäcker, stark untersetzt und hatte immer ein pinkfarbenes T-Shirt an. Selbst nachdem ich ihm zum vierten Mal erklärt hatte, dass ich Thorben heiße, nannte er mich andauernd Aaron. Also gut – dann war ich in Rom eben der Aaron. Der Pizzabäcker wurde mein Ersatzpapa in Rom. Er war sogar so nett und freundlich, dass er mir immer Pasta kochte und mir zusätzlich kostenlos eine Pizza meiner Wahl zubereitete.

Eines Abends fragte er mich aus heiterem Himmel, ob ich eigentlich auch Schwul sei

– so wie er – und ich nicht bock darauf hätte, mit ihm gemeinsam die Nacht zu verbringen. Ich lachte laut los und verneinte sein Angebot vehement.

Plötzlich war er ganz gekränkt und wirkte etwas zornig, weil ich nicht mit ihm auf die gemeinsame Suit wollte, die er extra für uns 2 gebucht hatte – Sexbomb Pizza. Das war sein voller Ernst – er versuchte mich mit Essen zu kaufen.

Nice, wenn´s weiter nichts ist und er immer kostenlos für mich kocht, auch ok. Nur rumfummeln wollte der Plaumann eben nicht mit dem Pizzabäcker.

Beim Frühstück lernte ich eine Kolumbianerin aus Bogotá kennen. Sie war studierte Architektin, reiste wie ich alleine durch Europa und wir waren direkt auf der selben Wellenlänge. Wir besichtigten gemeinsam den Vatikan und genossen danach den Sonnenuntergang vor dem Colosseum – es war einfach herrlich in Rom. Auch wenn die Schweizer Garde aufgrund seines Bandanas einen dezenten Hass auf den alten Plaumann schob. Ich kochte zum Abendessen meine berühmte selbstgemachte Pasta, während ich kochte, watschelte plötzlich der Pizzabäcker in die Küche und war ganz schockiert, als er mich zusammen mit der Kolumbianerin sah, fragte er mich direkt wütend: „Aaron, Aaron, why do you fuck with her and not with me?"

Man, war das peinlich, zum Glück sprach die Kolumbianerin kein Englisch und verstand nichts. Wir aßen unsere Pasta und dreimal dürft ihr raten wer sich nur in Socken mit Handy + geöffneter Übersetzungs-App zu uns unter den Tisch lag?

Niemand anderes als der alte Pizzabäcker. Er stupste mich an und hielt mir die Übersetzungsapp unter die Nase. Dort stand geschrieben: „Aaron, do you want to have a blowjob?" Das war kein Witz. Da lag jetzt wirklich ein Italiener in Socken unter dem Tisch und fragte mich, ob er mir einen blasen durfte.

Das schlimme dabei war, er war 100% nüchtern – auf den Alkohol konnte man es also nicht schieben.

Der Pizzabäcker hatte einfach ein schweres psychisches und sexuelles Problem.

Am nächsten Morgen stand ich in der Küche, hatte meine soliden Kopfhörer auf und schmierte mir gerade ein Brot. Plötzlich tätschelte mir jemand von hinten den Arsch, sofort drehte ich mich herum und rechnete mit der Kolumbianerin.

Aber nein, es war natürlich der Pizzabäcker. Ich konnte es nicht glauben, aber der alte perverse Sack hatte mir tatsächlich gerade an den Arsch gefasst.

Normalerweise hätte man ihm eine runterhauen sollen, aber er war weit über 70, so klein, so niedlich und wirkte so unbeholfen. Ich lachte nur und erklärte ihm, dass er sich gefälligst verpissen solle. Von dort an ging ich ihm aus dem Weg.

Normalerweise hätte ich direkt mit #metoo twittern anfangen sollen – oder besser gesagt, noch jahrzehntelang schweigen sollen, um dann damit irgendwann im Jahre 2064 an die Öffentlichkeit zu gehen. Leider kommt das heutzutage immer öfters vor.

Genau wie sich heute viele Schauspieler im Jahr 2025 rechtfertigen müssen, weil sie damals 1969 in Woodstock sittenwidrig gevögelt haben.

Die Kolumbianerin und ich entschieden uns dazu, noch ein paar Tage länger in Rom zu bleiben und in ein nahegelegenes Hotel weiterzuziehen. Kurz bevor ich meinen Check-Out vornehmen wollte, schaute ich nochmal schnell in die Küche.

Dreimal dürft ihr raten wer dort stand? Richtig! Der Pizzabäcker nämlich.

Er ließ sich gerade von einem ungefähr 20-jährigen Burschen erklären, wie denn genau der Herd funktionierte. Wahnsinn, das war also genau seine Masche.

Ein Hostel ist ein freier Ort, indem sich jeder Mensch so entfalten kann, wie er möchte. Aber gewisse Grenzen sollte man nicht auf keinen Fall überschreiten! Wahrscheinlich steht der Pizzabäcker heute noch mit Monokel und Zirkel in der Küche und sucht sich einen neuen Toyboy.

Im nächsten Hotel klärte mich die Kolumbianerin aus Bogotá über die aktuellen politischen Verhältnisse in Kolumbien auf. Ich gab ihr daraufhin den Spitznamen Señorita Escobar, sie war total tough und 6 Jahre älter als ich.

Mir war nicht bewusst, das selbst heute Korruption in den höchsten Kreisen in Südamerika noch auf der Tagesordnung stand. In der Nacht merkte ich, dass mein Personalausweis fehlte, oh nein jetzt hat mich Señorita Escobar ausgeraubt dachte ich mir. Kolumbianerinnen kannst du eben nie zu 100% trauen.

Ich stellte das ganze Hotel auf den Kopf, keine Spur von meinem Personalausweis, bis es mir dann wie Schuppen von den Augen fiel, er konnte nur im Kopierer liegen. Schließlich fertig man ja bei jedem Hotel/Hostel Check-In immer eine Kopie des Personalausweises an, die dann das Hotel/Hostel behält. Sofort eilte ich runter zur Rezeption und schilderte dem Nachtwärter meine Vermutung. Er hielt mich für verrückt und fragte mich, ob ich etwas getrunken hätte. Dann reagierte ich etwas emotional und schrie ihn an, er solle doch verdammt nochmal einfach den Kopierer aufmachen. Unter großem Protest und Gemaule machte er dann den Kopierer auf und siehe da, dort lag einsam und verlassen mein Personalausweis.

Mein Geistesblitz war also richtig, der Nachtwächter entschuldige sich daraufhin mehrmals und ich ging zurück ins Bett. Ein paar Tage später brachte ich Señorita Escobar auf den Busbahnhof und versprach ihr, sie bald in Bogotá zu besuchen. In Zukunft sollte sie meine Südamerika-Connection werden.

Für mich ging es nun weiter nach Florenz, eine absolut historische Stadt mit einer sehr empfehlenswerten Fußgängerzone und einer einzigartigen Kathedrale.

Dort lernte ich dann eine Japanerin kennen, ihr gab ich den Spitznamen Yoko Ono, da sie genau so aussah wie John Lennons Frau.

Yoko Ono war Köchin und zeigte mir Florenz – leider regnete es furchtbar den ganzen Tag. Für mich war es eine unfassbar große Umstellung, innerhalb von nur 10 Stunden, schnell von der äußerst radikalen, selbstbewussten kolumbianischen Art von Señorita Escobar zu der absoluten ruhigen, höflichen, zurückhaltenden Art von Yoko Ono umzuswitchen.

Dass sie sich nicht vor mir verneigte, war alles – Japaner sind eben sehr, sehr höflich und respektvoll. Yoko Ono musste eine Extraschicht in der Küche schmeißen und ich zog direkt mit dem Flixbus weiter nach Venedig, natürlich hoffte ich auf besseres Wetter dort.

Mittlerweile kannte mich fast jeder Flixbusfahrer in Italien.

Einer von ihnen meinte dann zu mir, ich würde ja öfter mit dem Flixbus fahren als er selbst – und er fährt seit 25 Jahren Bus. Er taufte mich kurzerhand auf

,,Mister Flixbus´´ – ein Titel, der bis heute an mir klebt – der flixige nämlich.

In Venedig hatte ich zum Glück richtig gutes Wetter. Es war zwar recht kalt und hatte nur 10 Grad, aber dafür schien durchgehend die Sonne.

Außerdem war es ein herrlicher Anblick, als die letzten Sonnenstrahlen des Tages auf die vorüberfahrenden Gondeln fielen. Anschließend während des einzigartigen Sonnenuntergangs färbte sich das Wasser dann rot – einfach unbeschreiblich schön.

Zugleich gefiel es mir ausgesprochen gut, dass im Dezember in Vendig einfach nichts auf den Straßen los war. Der gesamte Platz am Markusdom wirkte quasi fast wie ausgestorben, und ich war froh darüber – vor allem, weil ich viele negative Geschichten über die im Sommer überfüllten Gassen gehört hatte.

Ich war noch einer der letzten Touristen, der keinen Eintritt, für das bloße Betreten Venedigs zahlen musste. Kurze Zeit später verlangte die Regierung dann 5€ Eintritt pro Person für eine Tageskarte. Das lief so gut, dass Venedig, innerhalb von nur 2 Monaten allein durch Eintritt von 5€ pro Person sage und schreibe über 2 Millionen Euro Umsatz machte. Aktuell im Jahre 2025 kostet ein Tagesticket nach Venedig jetzt 10€. Rechnet euch das mal aus, wie viel Gewinn die Stadt dadurch jetzt macht, wenn im Schnitt 15 Millionen Besucher pro Jahr nach Venedig kommen.

Tendenz steigend, andere Städte in Europa überlegen, dass Venedig-Modell in naher Zukunft auch einzuführen.

Zum Beispiel knüpft man dir an der Stadtgrenze von Amsterdam oder Madrid dann einfach schnell 10€ ab, nur wer die zahlt darf die Stadt betreten, so einfach ist das erklärt. Das wird in den nächsten Jahre in Europa noch auf uns zukommen.

Im Hostel in Venedig lernte ich eine Kolumbianerin kennen.
Sie war auch wie Señorita Escobar aus Bogotá. Oh Scheiße, wenn die zwei sich kennen würden bin ich zu 100% ein toter Mann. Also googelte ich schnell nochmal nach, wie viele Einwohner Bogotá denn genau hatte. Okay – 8 Millionen.
Die Wahrscheinlichkeit, dass die beiden sich kannten, war nicht gerade hoch.
Das beruhigte mich sehr. Allerdings funkte, ganz egal zu welcher Tageszeit, immer ihr schwuler bester Freund dazwischen. Er konnte den Plaumann ums Verrecken nicht ausstehen. Herje, der hatte ja einen regelrechten Hass auf mich.
Das war mir dann zu blöd, also ging ich lieber weiter zu meiner Bettnachbarin – der Krankenschwester aus New York. Sie war ein riesiger Philadelphia Eagles Fan.
Glücklicherweise waren wir ganz alleine im Schlafraum. Wir kamen gerade voll zur Sache, und wer kam urplötzlich aus dem Nichts herein? Genau – die Kolumbianerin.
Sie ertappte uns auf frischer Tat – auch eine äußerst ungemütliche Angelegenheit.
Oh mein Gott, war die Alte dann angepisst auf den Plaumann.
Latinas haben ja ein unfassbares Temperament, aber sie toppte nochmal alles.
Schnurstracks packte sie ihre 7 Sachen zusammen und wechselte das Zimmer.
Sie war auf 180, würdigte mich keines Blickes mehr, und wenn wir zufälligerweise mal gemeinsam in der Küche waren, musste ich immer alle Messer im Blick haben.
Glücklicherweise wollte ich sowieso am nächsten Tag weiterziehen.

Nach einer längeren Zeit in Italien, sollte es für mich nun schleunigst weiter nach Kroatien gehen. Mein Italien Fazit fiel durchweg positiv aus.
In der Gesamtbetrachtung war Italien wirklich viel schöner als Frankreich.

Scheinbar hat Frau Meloni den Laden noch einigermaßen im Griff.

Rein kulinarisch gesehen ist Italien wahrscheinlich mit das Beste, was Europa so zu bieten hat.

Wenn ihr eines Tages mal die Wahl zwischen Frankreich und Italien haben solltet.

Dann ab gau Italy!

Erkundungstour durch Porto

Relaxen in Portugal

Outdoor Workout in Spanien

Selbst auf Reisen immer fleißig im Gym

Kapitel 8

Ich fuhr von Rom nach Rijeka und besuchte schnell die Medizinstudentin aus Lissabon wieder. Rijeka ist im Sommer wahrscheinlich absolut genial. Der Hafen ist extrem berühmt, gehörte früher einmal zu den wichtigsten Häfen Europas und sieht immer noch sehr nice aus. Aber im Dezember ist Rijeka leider sehr regnerisch und viel zu nebelig. Auf durchgehend 4 Grad Dauernebel und Dauerregen, hatte ich keinen Bock, schließlich sah ich ja nicht mal mehr meine eigene Hand vor Augen.

Also fuhr ich nach nur 2 Tagen in Rijeka weiter nach Zagreb.

Glücklicherweise war gerade am Tag meiner Ankunft das Spiel um Platz 3 Kroatien vs Marokko bei der WM 2022. Zagreb war komplett in Rot-Weiß.

Es war außergewöhnlich wie stolz die Leute im Balkan sind. Das Spiel um Platz 3 ist sportlich gesehen, jetzt ja nicht gerade der absolute Hammer und normalerweise kein Straßenfeger-Event. Trotzdem war gefühlt jeder Kroate in Zagreb beim Public Viewing, und das bei nur 3 Grad. Kroatien hat keine 4 Millonen Einwohner und trotzdem schaffen sie es, immer viele talentierte Fußballer hervorzubringen.

Es war sehr beeindruckend, wie die Kroaten ihre Helden nach vorne peitschten. Kroatien gewann das Spiel um Platz 3 und die endlosen Feierlichkeiten begannen. Mister Flixbus natürlich wie immer Vollgas mittendrin, umringt von zehntausenden feiernden, besoffenen und natürlich komplett irren kroatischen Fans.

Mitten in der Nacht hatte ich dann mal genügend „MODRIC, MODRIC''Gesänge gehört, irgendwann muss ja auch mal Feierabend sein, wahrscheinlich als einziger nüchterner Mensch in Zagreb trat ich zu Fuß dem Heimweg an.

Am nächsten Tag schaute ich dann in meinem Hostel in Zagreb, das WM Finale Frankreich-Argentinien an. Lionel Messi schaffte es tatsächlich seine eh schon legendäre Karriere noch einmal zu krönen und Argentinien wurde Weltmeister.

Dadurch ist Messi meiner Meinung nach endgültig besser als Cristiano Ronaldo – das muss ich als alter CR7-Ultra ja neidlos anerkennen.

Allgemein waren die Menschen, zwar nicht unfreundlich in Kroatien, aber viel kälter und distanzierter als in Portugal. Außerdem tranken sie Alkohol wie die Gestörten.

Ich kam nicht ganz klar mit der kroatischen Mentalität und zog relativ schnell weiter nach Bratislava in die Slowakei. Dort erlebte ich dann meine ersten deprimierenden Minusgrade. Zwei Tage vor Heiligabend lag in Bratislava bei minus 2 Grad Schnee. An sich, war Bratislava schon in Ordnung, allerdings nicht im Winter und nicht wenn du offene und warmherzige Menschen gewöhnt bist. Ohje, die Slowaken waren ja noch viel verschlossener und distanzierter als die Kroaten. Das Publikum in meinem Hostel war furchtbar, schließlich bestand es hauptsächlich aus alten rumänischen und russischen Männer. Normalerweise trage ich alle meine Wertsachen immer am Körper. In Bratislava war ich einmal, nach monatelangen durchweg sehr positiven Hostelerfahrungen kurz unaufmerksam und ließ meinen Geldbeutel, ganz kurz geschwind, vielleicht maximal 5 Minuten auf dem Bett liegen – weil ich schnell aufs Klo direkt neben an musste. Erst 2 Tage später in Budapest habe ich gemerkt, dass mir 10€ fehlten, sehr schlau angestellt, dachte ich mir. Hätte mir jemand meine Karte geklaut, hätte ich es spätestens eine Stunde später bemerkt. Es fehlte sonst absolut gar nichts, kein 50€ Schein nichts, nur ein 10€ Schein. Safe war des der alte Russe, der über mir schlief, um sich an mir wegen meines Uropas für Stalingrad zu rächen – Time for Justice nämlich.

Während des Frühstücks am anderen Morgen, kam plötzlich ein glatzköpfiger Mann im Full-Camouflage-Militäranzug herein. Er trug sogar mehrere Hoheitszeichen an seiner Uniform. Hatte ich etwas verpasst? Ist etwa der Waldemar Putin jetzt schon in die Slowakei einmarschiert oder was? Bei genauerem Hinsehen, erkannte ich aber dann, dass seine Abzeichen selbst aufgeklebt waren.

Den ganzen Aufzug hatte er wahrscheinlich bei Amazon bestellt.

Slowaken-Putin saß dann hinter mir und telefonierte die ganze Zeit auf russisch.

Als ich dann vorlief zum Frühstücksbuffet, sah ich, dass Slowaken-Putin ja gar kein Handy in der Hand hielt, sondern die ganze Zeit in seine Gabel herein telefonierte.

Damit hatte er dann aber dem Durchschnittsslowaken ja schon einiges voraus, der telefoniert nämlich nur durch einen Löffel.

Die Slowakei war nichts für mich, also schnell weiter nach Ungarn.

Es war Heiligabend und ich war direkt schockverliebt in Budapest.

Sofort verstand ich die ganzen Empfehlungen und Komplimente, die ich ständig über Budapest gehört hatte. Die beiden Stadtteile Buda und Pest werden durch die Donau getrennt und sind über mehrere Brücken verbunden. Es war atemberaubend schön und hatte 13 Grad an Heiligabend. In meinem Hostel lernte ich eine Ärztin aus Buenos Aires kennen. Sie war eine argentinische Jüdin und wir unterhielten uns lange über Politik.

Es schockierte sie sehr, als ich ihr erzählte wie sehr Antisemitismus in Deutschland zunahm und das man in Berlin, fast nicht mehr alleine mit einer Kippa auf die Straße gehen konnte, ohne verfolgt, angepöbelt oder verprügelt zu werden.

Ein großes Problem dabei ist, dass eine gewaltige Ursache des immer stärker werdenden Antisemitismus in Deutschland meistens nicht nur von deutschen Staatsbürgern ausgeht, sondern leider auch sehr oft durch zugezogene arabische Flüchtigen fabriziert wird.

Zugewanderter Antisemitismus, ist ein Thema das in Deutschland, leider noch immer viel zu wenig thematisiert wird. Wir holten uns leider mit Angelas Merkel „Willkommen" Politik, nicht nur einige Mörder, Kinderschänder und Terroristen ins Land, sondern auch einige waschechten Antisemiten.

Selbstverständlich gibt es sicherlich auch unzählige deutsche Staatsbürger, die antisemitische Parolen durch die Gegend brüllen.

Meiner Meinung nach kommt regelrechter Judenhass aber zu meist immer mehr in der Migrationsgesellschaft auf.

Das Problem dabei ist: Wenn zum Beispiel von 1 Million zugewanderten Flüchtlinge aus Afghanistan, Syrien oder Pakistan 999.000 Menschen aufrichtige, nette, liebe, ehrliche und integrierbare Bürger sind, reicht es schon aus, wenn nur 1.000 dieser Flüchtlinge, entweder Kriminelle, Kinderschänder, Drogendealer oder Antisemiten sind, um den gesamten deutschen Rechtsstaat ins Wanken zu bringen.

Leider fehlt unserem Rechtsstaat einfach das Personal. Bevor wir die Grenzen verschärfen, brauchen wir erst einmal dringend Tausende, eher Hunderttausende neue Beamte. Probleme über Probleme eben. Selbstverständlich sieht das jetzt ein arabischer oder palästinensischer Leser womöglich komplett anders – was ich durchaus nachvollziehen kann. Der Palästina-Israel Konflikt ist viel zu komplex, um ihn ausführlich in meiner Autobiografie schildern zu können. Ich kann immer nur darüber berichten was ich selbst mit meinen eigenen Augen auf deutschen Straßen gesehen habe.

Außerdem war ich äußerst schockiert als die Argentinierin mir erzählte, dass sie nach jahrelangem, hartem Medizin-Studium in Buenos Aires, als ausgelernte Ärztin ungerechnet nur um die 500€ im Monat verdiente. Damit lag ihr Gehalt aber in Argentinien im absoluten Durchschnitt. Sie war ziemlich durchgeknallt und kam auf die verrücktesten Ideen. Wir ließen den gemütlichen Heiligabend gemeinsam auf der Dachterrasse unseres Hostels ausklingen. Es war eine sternklare Nacht und wir waren ganz alleine. Plötzlich sagte sie zu mir: ,,Im 100% shure that you can't fuck me her on the roof?'' ,,You don't have the balls right?''

Gesagt, getan, am anderen Morgen lief ich die Treppen zum Frühstück hinunter, als der erste Security-Typ schon grinsend und kopfschüttelnd auf mich zukam.

Ich dachte mir nichts dabei, lief weiter, keine 10 Meter später kam der zweite Security auf mich zu, lachte und klopfte mir auf die Schulter. Allmählich verstand ich was hier vor sich ging. Als ich dann an der Rezeption vorbei lief, wagte ich einen kurzen Blick in das Nebenzimmer. ÜBERALL hingen Bildschirme an der Wand, jeder Winkel des Hostels wurde Videoüberwacht. In dem Fall hatten die Security-Typen eben ein unterhaltsames Weihnachtsfest – in der Tat ein äußerst schmackhaftes Feliz Navid. Budapest gefiel mir so außergewöhnlich gut, dass ich auch noch über Silvester in Budapest blieb. Die ganze Stadt hatte einen unbeschreiblichen Vibe der mich verzauberte. Mit der Argentinierin besichtigte ich das ungarische Parlament, besuchte mit ihr ein Thermalbad und genoss einfach die gemeinsame Zeit – bis sie nach Rom weiterzog.

An Neujahr pilgerte ich dann weiter von Budapest nach Wien.

Wien ist eine multikulturelle Stadt, in der mir extrem viele Jugoslawen und vor allem auch Araber begegneten. Schloss Schönbrunn und Schloss Belvedare sind ein absolutes MUSS für jeden Reisenden. Die vielen Kutschen, der Wiener Prater und allgemein der klassische Wiener Schmäh waren sehr amüsant.

Ich als Deutscher Schwabe verstehe in der Regel Österreicher immer viel besser als Schweizer. Das furchtbare Schweizerdeutsch war immer sehr schwer zu verstehen. Immer wenn ein Schweizer schnell sprach, hörte es sich für mich fast wie eine völlig unbekannte Fremdsprache an – diese Meinung teilt sicher auch der ,,Do you want a knife in your heart´´ Typ uneingeschränkt. Ich erkundete in 2 Tagen alles relativ schnell in Wien. Mir gefiel Richard Lugners Kaufhaus mit eingebautem Fitnessstudio sehr gut, das nutzte ich selbstverständlich voll aus.

Zum Abschied aß ich noch einen super leckeren Krapfen vor dem Stephansdom und fuhr dann direkt weiter nach Prag.

So schnell von Land zu Land innerhalb der EU zu reisen, hatte schon etwas.

Prag, die Bierstadt, war zwar nicht ganz so schön wie Wien, aber dafür viel billiger. Als ich mein gebuchtes Hostel betrat, herrschte völlige Tote Hose – niemand war weit und breit zu sehen. Es wirkte alles wie komplett ausgestorben, also überprüfte ich nochmal meine Buchung. Es schien aber alles seine Richtigkeit zu haben. Nachdem ich ganze 10 Minuten lang auf die Klingel gehämmert hatte, kam dann endlich der alte Chef, komplett nackt, nur mit einem schmalen Handtuch bekleidet, das er sich um die Hüften gelegt hatte, ganz langsam schlurfend die Treppen heruntergeschmirgelt. Er wusch sich die Hände, murmelte irgendetwas seltsames auf Tschechisch vor sich hin und gab mir den Schlüssel. Danach tigerte er wieder die Treppen hoch, zurück in sein Zimmer. Auch gut, ich verstaute noch schnell mein Gepäck und lief ihm ungefähr 5min später hinterher. Ich lief direkt an seinem Zimmer vorbei und hörte beim Vorbeigehen sehr lautes Gestöhne aus seinem Zimmer heraus. Ach so, jetzt verstand ich allmählich, wie der Hase hier läuft. Schmackhaft, wenigstens hatte er sich noch die Hände gewaschen, ging es mir danach andauernd durch den Kopf. Am anderen Morgen joggte ich auf die berühmte Karlsbrücke und beobachtete von dort aus das Geschehen in Prag. Anschließend aß ich eine tschechische Spezialität und zwar eine sogenannte „Kulajda" Suppe, die aus saurer Sahne, Eier, Pilzen und Dill bestand – sehr lecker. So und wo genau in Prag werden jetzt die berühmten Casting-Couch-Pornos produziert? Im Internet fand ich heraus, dass nächste Woche wieder einmal ein Pornocasting in Prag stattfinden sollte – Hallöle.

Ich spielte ernsthaft kurz mit dem Gedanken, ob der Plaumann solange in Prag bleiben sollte, damit er da Vollgas anrücken kann.

Nach reiflicher Überlegung entschied ich mich jedoch dagegen, und fasste stattdessen den Entschluss, auch noch nach Skandinavien zu reisen.

Kapitel 9

Demzufolge fuhr ich erst von Prag weiter nach Berlin.

Komischerweise gab es in Dresden eine spontane Kontrolle vom Deutschen Zoll –
sonst passierte das eigentlich nie. Ich bin in meinem Leben sicher schon 25-30 mal
mit dem Flixbus über diverse deutsche Grenzen gefahren – egal ob über die
Schweizer, französische, dänische, österreichische oder tschechische Grenze.
Von diesen 25-30 Grenzüberfahrten wurde mein Flixbus, wenn es hochkommt
vielleicht 4-5 mal kontrolliert. Trotzdem sitzen bekannte deutsche Politiker bei
Markus Lanz und behaupten jeder Flixbus wird kontrolliert – entweder durch
mobile oder stationäre Kontrollen. Ein klassisches Paradebeispiel für das Versagen
deutscher Politik. Leider völlig Realitätsfern, damit stärkt man nur die Rechten.
Es war ein komisches Gefühl, nach fast 4 ganzen Monaten wieder deutschen Boden
unter den Füßen zu spüren. Ich war schon einmal 2010 mit meiner Abschlussklasse
in Berlin – die Stadt kannte ich also noch ziemlich gut. Die Deutsche Hauptstadt ist
immer eine Reise wert, besonders das Brandenburger Tor, Checkpoint Charlie und
der Reichstag sind Pflicht. In meiner Unterkunft, traf ich auf eine Ukrainerin.
Sie war vor Putin geflüchtet und reiste mit ihrer ukrainischen Freundin durch
Europa. Ihr Verlobter kämpfte in der Ukraine für Land und Freiheit – und sie wusste
nicht einmal wie es ihm geht. Mich nahm ihr Schicksal sehr mit, genau darum ist es
richtig und wichtig, dass Deutschland die Ukraine uneingeschränkt unterstützt.
Wir müssen den Leuten helfen, koste es, was es wolle! Meiner Meinung nach tat
Deutschland und die NATO aber nur das Nötigste, um sich ein Alibi zu verschaffen.
Nicht: As long as it takes, sondern: Whatever it takes! Das sollte unser Motto sein.
Die NATO sollte geschlossen gegen Russland durchgreifen – das wäre das Einzige,
was Putin wirklich abschrecken würde: die Aussicht auf eine verheerende russische
Niederlage. Eine europäische Armee ist Pflicht!

Wir Deutschen hätten 2022, direkt nach Kriegsbeginn, gemeinsam mit der NATO die Ukraine bis an die Zähne bewaffnen sollen – selbstverständlich auch mit genügend Taurus-Raketen. Die Realität sah jedoch anders aus: 5.000 deutsche Helme und ein stetiges Zögern und Abwägen. Hier gilt es auch Donald Trump seinen furchtbaren russlandfreundlichen Kurs zu kritisieren und ihn aufs Schärfste zu verurteilen.

Trump will Russland um jeden Preis von China abspalten und nebenbei noch schnell den Friedensnobelpreis gewinnen – „stop the steal" nämlich. Fakt ist: Russland ist der alleinige Aggressor, nicht die Ukraine. Die Chance wurde vertan. Entweder wir helfen der Ukraine ganz oder gar nicht. Ich bin kein Freund von halben Sachen.

Bevor ich meinen Skandinavien-Überfall startete, legte ich noch einen kurzen Zwischenstopp in Hamburg ein. Ich war zum ersten Mal in Hamburg. Eine schöne Hafenstadt, aber zu kalt und viel zu windig für mich. Die Reeperbahn, die größte Partymeile auf der Welt, sollte man aber schon einmal gesehen haben – vor allem den Penny-Markt, der durch ein Spiegel TV Youtube-Video berühmt wurde.

Auch durch die Herbertstraße sollte man mal durchgelaufen sein. Für Frauen und Minderjährige ist der Zugang streng verboten, auch fotografieren und filmen war strikt untersagt. Dort sitzen halt dann Prostituierte nackt auf einem Hocker im Schaufenster und manche versuchen dich sogar aufs Zimmer zu ziehen.

Es war recht amüsant, aber eher lasch. Es stürmte und regnete wie verrückt, und generell war an diesem Abend eher wenig los auf der Reeperbahn.

Mein Hamburger Hostel war eigentlich gar kein offizielles Hostel, sondern eine einfache Wohnung mit 5 Hochbetten – mitten im Wohnzimmer.

Die Scheibe der Eingangstür war komplett eingeschlagen und zersplittert.

Auch die Türklinke der Zimmertür war mit einem Waschlappen umwickelt, damit sie 24/7 offen sein konnte. Es kam mir schon alles sehr komisch vor.

Der Chef war Vietnamese und nannte alle anderen Hostelgäste, inklusive mir, nur „meine Kinder." Er verhielt sich 1:1 wie der Asiate aus dem Film „Hangover."

Abends kochte ich gerade Spaghetti in der Küche, als plötzlich der Vietnamese in einem Ghostbuster-ähnlichen Anzug mit einem riesigen Schlauch in der Hand hereinkam – und während ich noch kochte, einfach das Abflussrohr aufschraubte.

Meine Spaghetti köchelten zwar noch, aber eure Majestät Mr. Flixbus musste fast kotzen und rannte aus der Küche – der Vietkong hat nur noch meine Rücklichter gesehen. Was ist des für ein miserabler Gastgeber? Er hatte einfach den Schuss nicht gehört. Mein Gott, war ich angeekelt. Ich ließ also meine Spaghetti stehen, ging ins Fitnessstudio und holte mir dann anschließend einen Döner.

Als ich wieder heimkam war der Abfluss zu – schön und gut.

Dafür rupfte der Vietkong jetzt ein totes Huhn, einfach so mitten in der Küche. „Meine Kinder, Essen ist gleich fertig", hat er gemeint. Da hat dann selbst der Plaumann die weiße Fahne gehisst. Die Tunnelratte reizte mich gewaltig.

Zum Glück sollte meine Skandinavien-Überfahrt schon früh am nächsten Morgen starten. Demzufolge fuhr ich erst mit dem Bus von Hamburg nach Lübeck, dann weiter mit der Fähre nach Dänemark – um von dort aus mit dem Bus weiter bis nach Kopenhagen fahren zu können.

Es war Mitte Januar, hatte -5 Grad und in ganz Kopenhagen fegte ein unfassbar stürmischer Wind durch die Straßen, noch viel heftiger als in Hamburg.

Natürlich wusste ich, dass Dänemark teurer ist als Deutschland, und sogar nochmal deutlich teurer als Frankreich. Aber dass es preislich so übertrieben war, schmeckte mir ganz und gar nicht. Im Hostel in Kopenhagen lernte ich dann eine junge Chilenin kennen. Sie war Journalistin und recherchierte gerade in Kopenhagen für eine neue Story. Durch sie erfuhr ich, wie sehr Chile politisch abhängig von den USA ist, aber trotzdem eines der reichsten Länder Südamerikas darstellt.

Hauptsächlich aufgrund ihres riesigen Kupfervorkommens war es wirtschaftlich viel weiter entwickelt als andere südamerikanische Länder. Interessant war auch, dass sie mir die gleichen Dinge über die Tätigkeiten der USA in Chile erzählte, wie der andere Chilene einige Monate davor in Faro.

Kopenhagen im Januar ist aber leider absolut nicht weiterzuempfehlen – viel zu windig und zu kalt. Während des Joggens, entlang an der Küste Kopenhagens wurde ich regelrecht fast weggeweht – irgendwann ist dann auch mal Feierabend.

Das Fischbrötchen schmeckte mir zwar außerordentlich gut, aber Wind und Dauerregen machten mich zunehmend depressiv.

Relativ schnell zog ich weiter nach Schweden.

Ich fuhr mit dem Zug über die berühmte Öresundbrücke – eine lange Brücke die Dänemark und Schweden über das Meer verbindet. In nur einer halben Stunde war ich von Kopenhagen in Malmö. Es war gigantisch, du fährst quasi mit dem Zug durch das Meer. Mein Ziel sollte aber nicht Malmö, sondern Stockholm werden.

Ich staunte nicht schlecht, als ich in Stockholm aus dem Flixbus ausstieg, mein erster Eindruck war ähnlich wie der von Marseille, extrem viele Araber.

Ich war baff, das war ja wie in Mekka. Wo waren denn bitte nur die ganzen geilen, blonden Schwedinnen geblieben? Alle Araber waren wie immer extrem nett zu mir.

Es war saukalt in Stockholm, hier waren es -10Grad und es lag sogar etwas Schnee.

Schweden ist ein bargeldloses Land, du kannst nur mit Karte zahlen – das ist auch die Zukunft für ganz Europa. Früher oder später wird in Deutschland auch das Bargeld abgeschafft, ich sehe Schweden da als absoluten Vorreiter.

Leider war Schweden nochmal etwas kostspieliger als Dänemark und bisher das teuerste Land, in dem ich jemals war.

Die Stadt an sich ist recht schön, die Schweden an sich sind ein total nettes und sympathisches Volk. Im Januar in Stockholm wurde es immer sehr schnell dunkel, was nur ungefähr 7 Stunden Licht am Tag bedeutet .

Am meinem ersten Tag in Stockholm wurde ich davon total überrascht: Als ich am Palast vorbei durch die Stadt joggte, begann es plötzlich zu dämmern. Es war kurz nach 15 Uhr und ich war total verblüfft. Eine Schwedin aus Göteborg erzählte mir, dass ich mich nicht beklagen sollte, schließlich würde in manchen Ortschaften in Schweden im November die Sonne um 10 Uhr aufgehen und um 13 Uhr schon wieder untergehen. Ursprünglich hatte ich noch den Plan, nach Norwegen und Island weiterzureisen, diese Pläne zerschlug ich dann aber wieder umgehend in Stockholm. Es war mir zu windig, zu kalt, zu dunkel und vor allem viel zu teuer. Skandinavien war ein ziemlicher Reinfall, ich fühlte mich in Portugal, Spanien und in Italien viel wohler. Eines Tages werde ich sicherlich nach Schweden und Dänemark zurückkehren – aber dann nur im Hochsommer, wie als Kind mit meinen Eltern in den Schulferien.

Also ging es über Kopenhagen per Fähre zurück nach Hamburg und von dort aus fuhr ich mit dem Flixbus, nach Amsterdam. Zwischendurch übernachtete ich in Bremen, um einmal kurz abschalten zu können, schließlich waren es um die 15 Stunden Fahrt. In Amsterdam angekommen, hatte ich direkt am Busbahnhof meinen ersten Schock: Es gab tatsächlich viel mehr Fahrräder als Menschen in der Stadt. Wirklich, an jeder Ecke standen oder lagen dutzende Fahrräder herum. Das Klischee stimmte also, nur noch die Wohnwagen fehlten. Gefühlt war ganz Amsterdam stoned. Mir schmeckte der ständige Grasgeruch in der Luft ganz und gar nicht. Meine Unterkunft lag direkt mitten im Rotlichtviertel. Abends war einiges los. Je später es wurde, desto mehr Menschen liefen durch das Rotlichtviertel. Nur vom Fenster aus konnte ich ein Handgemenge zwischen einem Türsteher und 2 Freiern beobachten. In Amsterdam stehen alle Frauen im Rotlichtviertel in den Schaufenstern und bieten dort ihre Dienste an. Ich konnte die unzähligen Frauen in den diversen Schaufenster gar nicht mehr zählen, von allen Nationalitäten war etwas dabei – Multiple Choice Plaumann also.

Das war vielleicht ein Erlebnis, selbst wenn ich morgens um 9 Uhr nur kurz in die Bäckerei gegenüber gehen wollte – standen schon die ersten Frauen hinter ihren Schaufenstern und pfiffen mir zu. Eine Prostituierte kam sogar mal heraus und versuchte, mich reinzuziehen. Die Einheimischen in Amsterdam hatten schon lange ein Problem mit ihrem Rotlichtviertel, es gab einfach zu viel Ärger und viel zu viele Pöbeleien mit Touristen. Nach langem Hin und Her und zahlreichen Protesten entschloss sich die Stadt dazu, das Rotlichtviertel im Stadtzentrum zu schließen und nach außerhalb zu verlegen. Das wird allerdings noch ein paar Jahre dauern.

Bis dahin möchte ich meinen treuen Lesern noch eines empfehlen: „Bitte nutzt Amsterdam solange aus, wie ihr könnt, und nagelt herum, bis sich die Balken biegen.´´

Direkt nach Amsterdam zog ich weiter nach Belgien, nach Brüssel um genau zu sein. Direkt am Bahnhof in Brüssel standen schon die nächsten Nutten geschmeidig im Schaufenster und präsentierten sich stolz. Scheinbar ging man in Holland und in Belgien viel offener mit Rotlicht-Themen um, als es in Deutschland der Fall ist.

Brüssel ist hochmodern, besteht aus vielen Wolkenkratzer, außerdem hat ja bekanntlich auch die EU ihren Hauptsitz in Brüssel. Der königliche Palast und das Rathaus sind sehr empfehlenswert. Allgemein ist eigentlich alles an Brüssel sehr nice. Nach dem Training im Park, joggte ich zum Grote Markt und aß dort die berühmten belgischen Pommes Frites. Sehr lecker, aber nicht außergewöhnlich besser als die Fritten in Deutschland, fand ich. Es war mittlerweile Anfang Februar, leider konnte ich wegen des Krieges nicht mehr nach Kiew und Moskau reisen.

Ich wollte außerdem unbedingt noch nach England, besaß aber noch keinen Reisepass. Der Brexit war natürlich ein Riesenfehler. In meinem Hostel in Brüssel arbeitete ein schwarzer Barkeeper, der ein Auge auf 4 reifere Damen geworfen hatte und gerade dabei war, sie aufzureißen. „How long ist this Bar open?", fragte eine der älteren Damen den sehr jungen, dynamischen schwarzen Barkeeper.

„For you as long as you want. You can stay with me for the whole Night", erwiderte er. Irritiert schauten die älteren Damen auf den Boden – also nicht schnackseln.

Ich beobachte die Szenerie aus der Distanz und lachte aus allen Rohren.

Langsam neigte sich meine Europareise dem Ende hinzu. Ich fühlte mich langsam satt von all den unzähligen Eindrücken. Als ich von Brüssel weiter nach Paris fuhr, saßen 3 junge Araber vor mir im Bus. Alle schon gut betrunken, witzig drauf, aber total friedlich.

Eine blonde, junge, attraktive Frau stieg in den Bus ein, wahrscheinlich kam sie aus Skandinavien. Die 3 Araber pfiffen ihr laut hinterher und winkten ganz hektisch:

„Hey Baby, what's up, you wanna sit here?"

Oh Gott, was für Vollidioten, das Einzige, was der Achraf Hakimi-Verschleiß heute Abend noch fickt ist sich selber, dachte ich mir. Die Schwedin lachte nur und ging dann zügig weiter. Ich war mittlerweile ein ausgebuffter Profi.

Sofort stand ich auf, nahm ihr den Koffer ab und verstaute ihn im Gepäckfach.

Mit ruhiger, sachlicher Stimme bot ich ihr meinen Nebenplatz an.

„You are from?", fragte ich sie.

„From Sweden", antwortete sie.

„Ahh, I was in Sweden. Where in Sweden are you from?", erwiderte ich.

„Stockholm."

„Ahhh, ok, but not all girls from Stockholm are so good looking like you."

Und so weiter und so fort, so kamen wir ins Gespräch.

Ich schaute auf mein Handy und sah, dass wir noch exakt 2 Stunden im Bus vor uns hatten, bis wir in Paris waren.

Hieß für mich, ich hatte noch genau 2 Stunden Zeit, um alles über sie zu erfahren und sie so gut wie möglich kennenzulernen.

Lange rede, kurzer Sinn: Am Ende mussten sich die 3 Araber wieder gegenseitig einen wixxen, und der Plaumann verbrachte 3 wunderschöne Tage in Paris.

Paris die Stadt der Liebe, wunderschön, aber sehr, sehr teuer.

Wir unternahmen das übliche Touristen-Standard-Programm: Champs-Élysées, Eiffelturm, Louvre, Arc de Triomphe etc.

Danach zog sie weiter nach Genf und ich blieb noch einen weiteren Tag in Paris.

An meinem letzten Tag in Paris joggte ich dann wiedereinmal durch einen Park, als ich aus einiger Entfernung einen Streit zwischen einem Schwarzen und vermutlich seiner arabischen Freundin beobachtete. Sie schrien sich gegenseitig an und der Schwarze würgte sie leicht am Hals und schüttelte sie durch. Vor mir liefen oder joggten 8-10 andere weiße Franzosen und sahen den Streit auch, keiner griff ein, alle liefen einfach weiter. Wahrscheinlich war das Standard in Paris.

Was für Streitigkeiten Araber und Schwarze untereinander hatten, interessierte den weißen Durchschnittsfranzosen nicht. Ich blieb kurz stehen und beobachtete die Situation genau. Die Frau rief nicht um Hilfe, sondern schubste jetzt auch noch den Schwarzen. Sie stritten weiter und brüllten sich wiederholt gegenseitig an, also ging ich, wie alle anderen auch einfach weiter. Aus Situationen, die mich persönlich nichts angehen, halte ich mich grundsätzlich raus – das lernte ich auf meiner Reise. Nur wenn jemand direkt vor meinen Augen um Hilfe ruft, greife ich ein.

Es war mir zu kalt in Paris, 7-8 Grad und Nieselregen. Ich entschied mich, zum Abschluss meiner riesigen Europatour, noch einmal in mein geliebtes Portugal zurückzukehren. Natürlich wollte ich meiner Lieblingsstadt Porto noch einen Besuch abstatten. Am Flughafen in Paris hatte ich genau 8kg Handgepäck frei, mein treuer Rucksack wog aber mittlerweile jetzt genau 11,2kg. Die äußert nette junge Frau am Schalter fragte mich, ob ich ein Upgrade brauche. Ich sollte nur für 3 Kilogramm zu viel Gepäck noch einmal übertrieben viel draufzahlen?

Nicht mit mir, also zog ich mir auf der Flughafen-Toilette einfach 3 Paar Socken, 4 Unterhosen, 3 Hosen, 2 Pullover und nochmal einen zweite Jacke an und wog mich erneut. Jetzt waren es laut der netten Dame 8,1kg. Verdammt, immer noch zu viel, also schnappte ich mir noch schnell einen Schal und Mütze aus dem Rucksack. Anschließend wog ich mich wieder, nun waren es plötzlich 8,2kg. ,,Heilandzack, wie geht das jetzt plötzlich?´´, keifte ich die Frau am Schalter an. Sie lachte laut los und drehte die Waage zu mir herum, es waren genau 7,8kg. Die sympathische Dame hatte mich tatsächlich die ganze Zeit verarscht. Noch nie hatte sie einen Passagier gesehen, der sich mehrmals umzog, nur um exakt auf die 8kg Handgepäck zu kommen. Sehr witzig, etwas Spaß bei der Arbeit muss man ja auch mal haben.

Also flog ich, dick eingepackt wie ein Eisbär, mit Ryanair billig von Paris nach Porto. Da war ich nun wieder, in meinem geliebten Porto, bei angenehmen 17 Grad Ende Februar. Es war undenkbar schön, ich bin einfach der geborene Sonnyboy.
Zum Baden war es zwar etwas zu kalt, aber alleine die Sonne tat mir sehr gut.
In Porto lernte ich außerdem noch 2 Schwestern aus Kasachstan kennen, die gerade frisch nach Porto gezogen waren, um hier ihre selbst kreierten 3D-Barbie-Puppen zu verhökern. Wahrscheinlich hätte Mister Jeff Bezos persönlich keinen besseren Businessplan ausarbeiten können – naja wer's braucht. ,,Kasachstan cold, Portugal hot", meinten sie immer. In der Tat waren sie äußerst intellektuelle Zeitgenossen.
Ich erholte mich ein paar Tage in Porto und beschloss danach, nach fast 6 Monaten auf Reisen, endlich wieder nach Deutschland zurückzukehren.
Noch in Porto fasste ich außerdem den Entschluss, dass mein nächstes großes Abenteuer in Südamerika stattfinden sollte. Aber zuerst wollte ich endlich wieder meine Familie sehen – schließlich vermisste ich meine Heimat schon ein bisschen.
Zum Abschied fuhr ich dann mit dem Flixbus von Porto erst nach Lissabon, dann über Madrid, Saragossa, Barcelona und Lyon zurück nach Deutschland.

In jeder Stadt machte ich auf meinem Heimweg nochmal 1-2 Tage Zwischenstopp. An meinem letzten Halt in Lyon, erlebte ich nochmal eine verrückte Geschichte: Als ich gerade aus dem Fitnessstudio kam, beobachte ich wie ein schwarzes Pärchen lautstark im Auto – bei heruntergelassener Scheibe – stritt und sich gegenseitig anbrüllte. Soweit so gut, ich dachte mir nichts dabei und lief einfach weiter, bis ich dann hörte, wie der Mann aus dem Auto sprang und die Frau plötzlich mit quietschenden Reifen davonfuhr. Der schwarze Mann rannte ihr im Vollsprint hinterher – er hatte großes Glück keine 50 Meter weiter, wurde das Auto, an einer roten Ampel zum halten gezwungen und er holte das Auto ein.

Er klopfte und schlug wie ein Irrer gegen die Autotüre und zog wie ein Wilder am Türgriff. Die Ampel sprang auf Grün, die Frau fuhr weiter – der Mann klammerte sich einfach am Türgriff fest und ließ sich rasant auf allen Vieren mitschleifen.

Danach bog das Auto, samt dem mitgeschleiften Mann, um die Ecke ab, und ich verlor das Pärchen aus den Augen. Verdammte Scheiße, das ist jetzt nicht gerade wirklich passiert, dachte ich mir. Das war ja wie im Film – mitten am Tag, gegen 15 Uhr, in der Innenstadt in Lyon. Was sagst du jetzt dazu Charles de Gaulle?

Natürlich möchte ich niemanden unter Generalverdacht stellen, aber bei den meisten brenzligen Situationen, die ich während meiner sechsmonatigen Reise hautnah miterlebt habe, waren meistens Schwarze und Araber involviert.

Ich betone ganz bewusst die Hautfarbe und Herkunft der Täter.

Selbstverständlich sind die meisten Asylanten, aufrichtige Bürger, die ihre Steuern zahlen und sich an alle geltenden Gesetzte halten.

Der geringe Anteil an Asylanten, der dann schwerwiegende Straftaten begeht, rückt leider alle aufrichtigen, netten und ehrlichen Asylanten in ein schlechtes Licht und stellt sie somit unter Generalverdacht. Dennoch muss man leider erwähnen, dass auch viele Terroranschläge in Deutschland von Flüchtlingen, vorwiegend aus Afghanistan und Syrien begannen wurden.

Ungern möchte ich an Aschaffenburg, München, Magdeburg und Solingen erinnern. Das waren alles furchtbar schreckliche Taten, die mich auch heute noch fassungslos machen. Genau aus diesem Grund brauchen wir in Deutschland endlich schärfere Asylgesetzte. Wir brauchen in Deutschland eine konservative, keine rechtsradikale Politik, um endlich unser Migrationsproblem in den Griff zu bekommen. Statt ständig irgendwelche Durchhalteparolen zu propagieren, sollten wir das Problem endlich anpacken und uns meiner Meinung nach hier an unserem dänischen Nachbar orientieren. In Dänemark gibt es das sogenannte Ghettobildungs-Gesetz, bei dem Wohnsiedlungen aufgelöst, umgesiedelt oder abgerissen werden, wenn der Migrantenanteil über 30% beträgt. So wahrt man die dänischen Werte und ihre Identität. Dänemark wird von einer sozialdemokratischen Regierung regiert, die jahrelang extrem schwache Umfragewerte hatte, dann aber einen extrem harten Kurswechsel durchgeführt hat, um die rechtsradikale Partei, die lange die Oberhand hatte, zu verkleinern. Das gelang ihnen so sensationell gut, dass Stand heute die rechtsradikale Partei zwischen 4-5% liegt – politisch im absoluten Niemandsland. Genau so ein ähnliches Modell brauchen wir in deutschen Großstädten auch.

Vor allem in Berlin gibt es Siedlungen, in denen der Migranten-Anteil so hoch ist, dass sich die deutsche Polizei kaum noch alleine hineintraut.

Kinder sprechen in der Schule nur Arabisch, und dann wird von deutschen Lehrer verlangt, dass sie bald auch noch Arabisch als Fremdsprache unterrichten sollen.

Wir müssen in Deutschland schleunigst wieder die Kontrolle über die Migrationspolitik zurückbekommen, falls wir jemals so etwas wie eine Kontrolle hatten. Nicht falsch verstehen, wir brauchen unbedingt Migranten in Deutschland, vor allem als Fachkräfte, in der Pflege. Aber wir müssen erst einmal wieder zweifelsfrei feststellen können, wer in Gottes Namen alles in unserem Land ist. Und vor allem, wer alles noch da ist, obwohl er schon seit Jahren nicht mehr da hätte sein dürfen.

Wir brauchen einfach eine klare Übersicht. Für alle top integrierten Muslime in Deutschland tut es mir ausdrücklich leid, dass sie dadurch leider auch extrem unter Generalverdacht gestellt werden. Es ist nur ein ganz kleiner prozentualer Anteil unintegrierbarer Asylanten, die so ein schlechtes Licht auf all die tollen Menschen werfen, die Deutschland tagtäglich voranbringen und vor allem als Fachkräfte so bitter nötig sind.

Integration ist wunderbar und dringend notwendig in Deutschland, eines meiner Lieblingsessen ist Döner, aber zu viel Allahu Akbar ist halt auch nichts.

Zurück nach Lyon: Interessanterweise erzählte ich in meinem Hostel, meinem ebenfalls schwarzen Bettnachbarn die Geschichte des schwarzen Pärchens im Auto. Danach erklärte ich ihm meine Asyl-Sichtweise. Grundsätzlich spreche ich die Dinge immer so an, wie ich sie sehe – egal wer, vor mir sitzt. Ich rechnete mit einer großen Beschimpfung seinerseits, dass er seine schwarzen Brüder in Schutz nehmen und mich als Nazi beschimpfen würde. Erstaunlicherweise stimmte er mir aber in allen Punkten zu. Er war Masterstudent und wollte als schwarzer Franzose nicht mit den asozialen schwarzen Franzosen, die sich mittags an der Autotüre durch die Gegend ziehen lassen, in Verbindung gebracht werden.

An meinem letzten Tag, bevor ich zurück nach Deutschland fahren wollte, joggte ich zum Abschluss bei Sonnenuntergang an der Rhône entlang.

Von Weitem sah ich schon, wie ein alter weißer Franzose mit der Schnapsflasche in der Hand herumfuchtelnd jeden Passanten und Jogger auf das Übelste beleidigte.

Als ich an ihm vorbeijoggte, schaute er auf den Boden und sagte nichts.

Kaum war ich an ihm vorbeigejoggt, hörte ich, wie er in meine Richtung spuckte.

Er hat mir doch jetzt nicht gerade ernsthaft in den Nacken gespuckt?

Sofort drehte ich mich um und überprüfte meine Jacke. Er hattte mich zum Glück nicht getroffen. Schnurstracks lief ich zurück und wollte ihn zur Rede stellen.

Heilandzack, er kann mir doch nicht einfach hinterherspucken!

Als der Obdachlose sah, dass ich mich umdrehte, rannte er weg und versteckte sich hinter einer Mauer. Ich musste anfangen zu lachen und joggte dann weiter.

Nach 50 Metern drehte ich mich nochmal um – jetzt sprang der Obdachlose hinter der Mauer hervor und erschreckte ein ahnungsloses Pärchen.

Wie besoffen kann der Penner sein?

Mittlerweile fand ich die ganze Szene unfassbar witzig. In dem Fall setzte ich mich auf eine Bank und beobachtete den Obdachlosen beim Rumpöbeln und Leute erschrecken. Leider kam keine 10 Minuten später die Polizei und führte ihn ab.

Auf dieser Welt gibt es gute und schlechte Menschen, aber keine guten und schlechten Hautfarben.

Eiffelturm im Winter

Immer flexibel unterwegs

Backpacker-Ausrüstung

Mister Flixbus @ work

Kapitel 10

Erschlagen von unzähligen Eindrücken, unfassbaren Erlebnissen und mit jeder Menge neuer Lebenserfahrung kehrte ich nach fast 6 Monaten endlich nach Deutschland, nach Hause zurück. Family und Freunde in Deutschland waren natürlich unendlich happy, dass ich endlich wieder da war.

Ich kam aus dem Erzählen gar nicht mehr heraus – so viele unterschiedliche Dinge hatte ich erlebt und gesehen. Falls ihr liebe Leser, ebenfalls – so wie ich – auf der Suche nach euch selbst sein solltet, dann müsst ihr unbedingt eine Weltreise unternehmen. Das kann ich jedem ausdrücklich empfehlen! Ihr lernt auf einer Reise viel mehr als in jeder Schule – vor allem, wenn ihr alleine reist und keine Rücksicht auf andere nehmen müsst. Es war die Sucht nach neuen Erfahrungen, die mich antrieb, ich konnte gar nicht mehr aufhören zu reisen. Zurück in Deutschland fing ich wieder an, bei Amazon zu arbeiten, und begann konsequent zu sparen. Außerdem verbrachte ich viel Zeit mit meiner Familie und schaute Fußball. Besonders der deutsche Amateurfußball hat es mir sehr angetan.

Es ist einfach herrlich, so ein Kreisliga A-Spiel mit einer verkohlten ,,Rote´´ auf einem holprigen Sportplatz zu genießen.

Das Ehrenamt sollte viel mehr wertgeschätzt werden in Deutschland!

Meine nächstes großes Ziel sollte nun Südamerika werden.

Für Südamerika plante ich etwas mehr Budget ein als für Europa, da ich viel fliegen musste. Flüge sind eben extrem teuer und Südamerika ist einfach fast doppelt so groß wie ganz Europa, da komme ich mit meinem Flixbus nicht weit.

Eines meiner großen Probleme war, dass ich gar kein bis wenig Spanisch sprach.

In Südamerika ist Englisch, wenig bis gar nicht verbreitet – das attestierte mir jeder Südamerikaner, den ich auf meinem Eurotrip getroffen hatte.

Natürlich war ich aber auch nicht besonders scharf darauf, eine neue Sprache zu lernen, da meiner Meinung nach Deutsch die total unangefochtene Weltsprache Nummer 1 ist – gluckste ich immer scherzhaft vor mich hin.

Der Plaumann muss kein Spanisch lernen – alle Südamerikaner müssen einfach Deutsch lernen, so schnell war das Ding wieder gelaufen. Dann könnte ich einfach in Caracas eine Maultaschensuppe bestellen und keiner würde blöd: „¿Qué?" fragen.

Für meinen Südamerika-Überfall, brauchte ich einen ausgeklügelten Plan.

Welche Länder ich in Südamerika bereisen wollte, hing auch von meinen jeweiligen ortsansässigen Connections ab. Ich hielt fast mit allen Frauen, die ich auf meiner 6 Monate langen Europareise kennengelernt hatte, weiterhin den Kontakt.

Es benötigte durchaus ein gewisses Organisationstalent, da sie teilweise in unterschiedlichen Zeitzonen lebten. Von Madrid, über Bogotá bis nach Tokio – alles war dabei. Ich gab mir wahnsinnige Mühe, keine meiner geliebten weiblichen Errungenschaften zu vernachlässigen. In den sozialen Medien, vor allem auf YouTube schaute ich mir unzählige Südamerika-Videos an – einfach nur, um eine geraume Vorstellung davon zu haben, was mich so erwarten würde.

Schließlich sollte es zum ersten Mal in meinem Leben auf einen anderen Kontinent gehen.

Mein 10kg Rucksack hatte perfekt für meinen Eurotrip gereicht – ich hatte sogar noch ein T-Shirt übrig im Rucksack, das ich nie benutzt habe. Alle meine Klamotten wusch ich immer selbst mit Seife im Waschbecken und hängte sie anschließend zum Trocknen in dem Hostelgarten auf. Das klappte immer hervorragend – also: REPEAT!

Nach reiflicher Planung entschied ich mich dazu, meine große Reise in Bogotá zu beginnen. Hier hatte ich Señorita Escobar als Connection, die mich umgehend in die kolumbianische Kultur einführen konnte. Das war perfekt, da ich kein Spanisch sprach und ich natürlich wieder alleine unterwegs war.

Knapp nach einem halben Jahr in Deutschland, war ich startklar und ready für meinen einzigartigen Südamerika-Überfall. Zu beginn flog ich wie geplant von Madrid nach Bogotá. Nur 330€ zahlte ich für den zehneinhalb Stunden langen Direktflug – ein absolutes Schnäppchen. Im Vorfeld hielt ich mehrere Wochen lang sämtliche Billigflieger-Airlines im Blick und schlug dann genau im richtigen Moment zu. Den einzigen Fehler, den ich am Anfang machte, war, dass ich nachmittags 17 Uhr Ortszeit in Bogotá landete. Ich war todmüde und vom Jetlag geplagt, da es immerhin ganze 7 Stunden Zeitunterschied waren.

Kleiner Tipp von Mister Flixbus: Versucht immer, nachts im Zielland zu landen – dann könnt ihr direkt ausschlafen. Macht bitte nicht den gleichen Fehler wie ich und landet nicht nachmittags. Mein Fehler war, dass ich dann direkt ins Bett gegangen bin und daraufhin um 1 Uhr nachts Ortszeit wieder aufgewacht bin.
Toll – und was machst du dann? 2 ganze Tage habe ich gebraucht, bis ich meinen Schlafrhythmus wieder einigermaßen im Griff hatte.

Als ich in Bogotá landete, hatte ich direkt meinen ersten Kulturschock:
Kaum einer vom Flughafenpersonal sprach Englisch. Zum Glück holte mich Señorita Escobar direkt vom Flughafen ab, es herrschte das unaufhaltsame Verkehrschaos in Bogotá. Alle fuhren herum, wie es ihnen gerade so in den Kram passte.
Die ganzen Motorräder regten mich sehr auf, sie saßen teils zu 3 oder zu 4 auf einem Motorrad oder auf einem alten, klapprigen Roller.
Jeder hupte wie verrückt herum, nichts ging richtig vorwärts, wir brauchten 50min für eine 6km Fahrt zu meiner Unterkunft. Allgemein war ich sehr schockiert, wie dreckig und asozial Bogotá auf den ersten Blick wirkte.

Da unten in Südamerika, tausende Kilometer von zu Hause entfernt, war ich wie ein Außerirdischer. Völlig egal an welchem Ort in Bogotá ich mich aufhielt, sofort war ich die unangefochtene Attraktion Nummer 1. Schon alleine auf dem 50 Meter langen Fußweg von Parkplatz zu Hotel, brüllten mir die ersten Kinder hinterher: „Gringo, Gringo, Dollar, Dollar please!" Meine erste Nacht verbrachte ich in keinem Hostel, sondern in einem Hotel im Stadtzentrum. Zimmerpreis: 15€ pro Nacht für ein Kingsize Bett mit Smart TV, Bad/Dusche/WC und Frühstück inklusive. Wahnsinn! Diese extrem billigen Preise in Kolumbien gefielen dem Plaumann natürlich umgehend ausgesprochen gut – so lässt es sich Leben.

Am nächsten Mittag aß ich mit Señorita Escobar gemeinsam in einem typischen kolumbianischen Restaurant zu Mittag. Ich bezahlte nur 2,50€ für ein Mittagessen, inklusive Vorspeise, Hauptgang und Nachtisch. Die Limonade konnte man so oft nachfüllen, wie man wollte. Das machte mich regelrecht sprachlos – für das gleiche 3-Gänge-Menü mit Getränk würde man in Deutschland locker 25-30€ zahlen. Allerdings waren die Preise in den bekannten, größeren Restaurants und Fast-Food-Ketten in Kolumbien, fast genau so hoch wie in Europa.

Zum Glück hatte ich ja die richtige lokale Connection – Mr. Flixbus @ work.

Am Abend war ich auf meine erste kolumbianischen Familienfeier eingeladen – genauer gesagt zum Kindergeburtstag von Señorita Escobars vierjährigem Cousin. Da hatte der Plaumann ja aber mal so gar keinen Bock drauf.

Aber wenn ich Señorita Escobar weiterhin vögeln wollte, musste ich mich eben auch mit ihrer Familie gut stellen. Nur verstand ich nicht, warum alles so schnell gehen musste. Meinetwegen hätte ich ihre Familie doch auch erst nächstes Jahr kennenlernen können – das eilt doch nicht, Herrgott.

So ernst war die Geschichte auf noch nicht, dass man direkt an meinem ersten vollen Tag in Bogota den kolumbianischen Schwiegereltern vorgestellt wird.

Kolumbianer sind an sich total locker, witzig, freundlich und feiern ständig.

Meiner Meinung nach fast etwas zu offenherzig und freundlich, auch die ständige Feierlichkeiten waren nicht so mein Fall. Irgendwas hatten sie eben immer zu feiern. Der Kolumbianer erfand quasi immer selbst einen Anlass, um saufen zu können.

Ein weiteres Thema, das mich über meine gesamte Reise durch Südamerika hinweg begleiten sollte, war die ständige Unpünktlichkeit. Es war unfassbar, völlig egal ob Verabredung, Busfahrer, Mittagessen oder Friseur – man kam immer zu spät.

Eine halbe Stunde bis Stunde waren noch so sehr im Rahmen, dass man nicht einmal ankündigte, zu spät zu kommen. Señorita Escobar und ich waren sage und schreibe 3 Stunden zu spät, weil wir noch die Geburtstagstorte für ihren Cousin besorgen mussten. Das Haus ihrer Tante gefiel mir, es war etwas klein, hatte dafür aber einen schönen Garten. Dabei muss man erwähnen, dass Häuser in Südamerika generell viel kleiner sind als das typische deutsche Einfamilienhaus.

Viele Kolumbianer auf dem Land lebten noch in Hütten, im Dschungel, in Zelten am Straßenrand oder in gemütlichen selbstgebauten Minihäusern – oft sogar ohne festes Dach. Wer in Kolumbien ein eigenes Haus nach europäischen Standards besaß, mit funktionierendem Bad, Küche, Wohnzimmer, TV und Waschmaschine, zählte nicht zur Oberschicht sondern fast schon zu den Superreichen.

Im Garten ihrer Tante hatte sich bereits die ganze Familie versammelt – etwa 15 Leute warteten gespannt auf uns.

Sie hatten einen großen Stuhlkreis gebildet, und in der Mitte des Stuhlkreises waren noch 2 Stühle frei. Kruzifix, ich dachte erst, ich sehe nicht richtig. Was zur Hölle? Was soll jetzt der Scheißdreck? Wo war ich hier nur gelandet? Das war ja wie im Film: ,,My Big Fat Greek Wedding.´´ Nun gut, wir setzten uns also in die Mitte des Stuhlkreises, und ihre Familie begann sofort damit, mich über alle möglichen Dinge auszufragen – natürlich alles auf Spanisch. Keiner in der Familie sprach auch nur ein Wort Englisch, nur ihr Vater und ihre Tante sprachen etwas gebrochenes Englisch.

Ich verstand nur die Hälfte, die andere Hälfte übersetzte mir Señorita Escobar.

Ihr Vater wollte umgehend wissen, ob ich katholisch sei, denn in Südamerika spielt der Glaube eine enorm große Rolle. Mehr als 500 Millionen aller Katholiken leben in Südamerika. Ohne Südamerika könnte der Papst also direkt einpacken.

Ich war leider seit meiner Konfirmation nicht mehr in der Kirche und glaube auch persönlich nicht an Gott, sondern selbstverständlich nur an den einzig wahren allmächtigen Thorben Plaumann. Der Herrrrrr, euer Gott! Das würde ich meinen treuen und geliebten Lesern auch umgehend nahelegen. Anstatt an einen Jesus Christus, Allah, Buddha oder Gott zu glauben, wäre es durchaus sinnvoller einen Thorben Plaumann-Schrein zu errichten – und mich, die einzig wahre Gottheit, 24/7 demütig anzubeten. Mich gibt es nämlich wirklich!

Nachdem ich die ersten Fragen gekonnt beantwortet hatte, schloss mich ihre Familie in die Arme und hieß mich herzlich willkommen in der kolumbianischen Familie. Der Alkohol floss in Strömen und im Hintergrund lief ständig lautstark südamerikanischer Reggaeton. Alle waren total fußballbegeistert und sprachen mich auf das legendäre 7:1 der deutschen Nationalmannschaft bei der WM 2014 an – das hatte sogar in Kolumbien großen Eindruck hinterlassen.

Das Abendessen bestand aus Mais, Reis und Hähnchen. Zur Vorspeise gab es Ajiaco, welches das Nationalgericht von Kolumbien ist. Ajiaco ist eine Suppe, die natürlich hauptsächlich aus Hühnerfleisch besteht. Ich sollte in den nächsten Monaten soviel Hähnchen essen wie nie zuvor in meinem Leben. Hähnchen, Reis und Mais – das aß man im Dreischlag in Kolumbien. Schon um 21 Uhr verabschiedeten wir uns von der Feier. Alle aus ihrer Familie hatten mich umgehend ins Herz geschlossen.

Sie wollten mich gar nicht mehr gehen lassen, lag aber wahrscheinlich eher hauptsächlich daran, dass sie alle randvoll besoffen waren.

Bogotá hat knapp 9 Millionen Einwohner, liegt auf 2.600 Meter Höhe und hat durch seine Lage am Äquator keine ausgeprägten Jahreszeiten. Das Klima war im Schnitt das ganze Jahr über konstant – meist hatte es immer so zwischen 15-18 Grad.

Das gefiel mir nicht, vor allem war es immer bewölkt, zu kalt für ein T-Shirt, aber auch zu warm für eine Jacke.

Wie immer machte ich mir selbst ein Bild von der Stadt, indem ich jeden Tag einen anderen Fleck der Stadt abjoggte. Mir war bewusst, dass Südamerika wirtschaftlich deutlich schlechter aufgestellt ist als Europa – aber ich war mir nicht im Klaren darüber, dass die Armut der Durchschnittsbevölkerung so offensichtlich zu sehen sein würde. Überall lagen verstümmelte Obdachlose auf den Straßen herum.

Diejenigen die noch aufrecht sitzen konnten, verkauften Obst am Straßenrand.

Kolumbianer aus der Mittelschicht, hatten einen Saftladen und verkauften dort ihre frisch gepressten Obstsäfte. An jeder Straßenecke fand man irgendeinen Saftladen.

Die ortsansässige Müllabfuhr bestand aus einem Mann, der alleine eine Art Kutsche vollgepackt mit Müllsäcken hinter sich herzog. Mangels Pferd spannte er sich eben selbst in das Pferdegeschirr ein und zog den ganzen Karren alleine, nur mit seiner eigenen Manneskraft. Sofort hatte ich unfassbaren Respekt vor diesem Mann.

Was er tagtäglich für Torturen auf sich nahm, verdiente nichts als meinen vollen Respekt und meine uneingeschränkte Anerkennung. Genau solche Menschen sind das Herzstück unserer Gesellschaft!! Der Umgangston auf den Straßen war etwas rauer als in Europa, ich hatte sofort den Eindruck, dass jeder nur um sein eigenes Überleben kämpfte. Wenn einer auf der Straße lag, ging man einfach direkt weiter.

Einmal joggte ich von Weitem an einem alten Mann vorbei, der einfach so auf dem Bauch, mitten auf der Hauptstraße lag. Alle Passanten liefen an ihm vorbei, sogar die Rollerfahrer stiegen ab und schoben ihr Moped um den alten Mann herum – keiner unternahm etwas. Bis heute weiß ich nicht, ob der alte Mann tot war oder einfach nur schlief. Ein Menschenleben war in Kolumbien eben nicht viel wert.

Südamerika war kein anderer Kontinent für mich, es war eine andere Welt.

Am anderen Morgen wollte ich kurz in den Supermarkt gegenüber huschen, als plötzlich ein ausgewachsenes Pferd samt 15-jähriger Reiterin neben mir stand. Ich staunte nicht schlecht – das Mädchen hatte keinen Helm auf und keine Reitkleidung an. Sie trug eine ausgewaschene Jeans und Flip-Flops und ritt einfach so mitten durch die Stadt. Alle Autos hielten an, dann band sie das Pferd vor dem Supermarkt an, kaufte Obst und ritt dann wieder davon. Hier gilt also: Pferd vor Karre. Das war Kolumbien! Bitte macht nicht den gleichen Fehler wie ich und denkt, ihr könnt einfach so über einen Zebrastreifen laufen. Keiner, absolut kein Autofahrer, hält in Kolumbien an einen Zebrastreifen an. Es schien so, als sei der Zebrastreifen nur zur Dekoration aufgemalt worden. In Europa gilt das Recht: „Fußgänger immer zuerst." In Südamerika gilt das Recht: „Derjenige der am rücksichtslosesten und schnellsten fährt hat immer Recht." Daran musste sich der Gringo-Plaumann noch gewöhnen.

In Bogotá waren Bürgermeisterwahlen.
Natürlich war ich, als politisch affiner Mensch, mittendrin im Wahlkampf.
Ich informierte mich ausgiebig über alle unterschiedlichen Kandidaten. Mir gefiel ein konservativer Kandidat am besten, er war in den Umfragen kurz vor der Wahl auf Platz 2. Señorita Escobar erzählte mir aber, dass sie den Grünen Kandidaten wählen werde. Das überraschte mich total, schließlich war der Grüne Kandidat mit 4% in den Umfragen abgeschlagen auf dem letzten Platz. Sie erwiderte nur, dass der Grüne Kandidat, der einzige sei, bei dem sie wusste, dass er zu 100% nicht korrupt sei. Das konnte ich nicht glauben, selbstverständlich kannte ich all die korrupten Pablo Escobar-Stories aus den 80er-und 90er-Jahren. Aber das Korruption, auch noch im Jahr 2023 an der Tagesordnung stand, überraschte mich voll und ganz. Davon bekam man in den europäischen Medien eben kaum etwas mit.

Mittlerweile war ich seit einer Woche in Bogotá, und wir verbrachten viel Zeit zusammen. Unser Tagesablauf sah in der Regel immer wie folgt aus:

Morgens begann ich den Tag, indem ich in einen Outdoor-Fitnesspark joggte und dort trainierte. Señorita Escobar arbeitete als Architektin – in ihrem Büro oder war auf der Baustelle. In der Mittagspause joggte ich zu ihr und holte sie ab, dann gingen wir zusammen Mittag essen. Sie ging danach wieder zurück zur Arbeit.

Ich erkundete dann alleine die Stadt. Abends verbrachten wir dann die gemeinsame Zeit im Hotel, gingen in eine Bar, oder schauten einfach zusammen Fußball.

Es war eine wunderbare, unbeschwerte Zeit. Wir hörten laut Alberto Barros und dachten nicht an morgen. Unser gemeinsames Lieblingslied war aber Quédate von Quevado. Selbst heute, einige Jahre später, denke ich immer sofort an Kolumbien, sobald ich diesen wunderbaren Song höre.

Nur eines machte mich stutzig: Wenn wir zusammen in den Supermarkt gingen, fragte mich Señorita Escobar immer gleich am Eingang, was ich denn alles so brauche. Ich erwiderte dann zum Beispiel einfach: Reis, Nudeln, Soße – eben die allgemeinen, üblichen Dinge. Statt dann gemeinsam in die Pasta-Abteilung zu laufen, pfiff Señorita Escobar einen Mitarbeiter her, gab ihm meine Bestellung durch und ließ sich dann von dem Mitarbeiter in die jeweilige Abteilung führen.

Als wir dann in der Nudeln-Abteilung ankamen, holte der Mitarbeiter verschiedene Pasta-Sorten aus dem Regal und stellte mir sie mir alle einzeln vor.

Da war ich aber baff – das war nämlich sicher nicht der Standard in Kolumbien.

Alle anderen Leute liefen ganz normal alleine durch den Supermarkt.

Allmählich wurde mir klar, welchen Status ihre Familie in Bogotá hatte.

In meinem Hotel kamen eines Morgens 2 ganz aufgeregte Mitarbeiterinnen mit Handy in der Hand samt geöffneter Übersetzungs-App auf mich zugestürmt.

Oh mein Gott dachte ich mir, sofort rechnete ich mit dem Schlimmsten – ich dachte an einen Einbruch im Hotel oder an einen Diebstahl.

Nein, die beiden aufgeregten, stürmischen Frauen wollten nur wissen, ob ich Rührei oder Spiegelei zum Frühstück haben wollte – schließlich war dies eine sehr strikte Anweisung von Señorita Escobar. Sie hatte schon alles im Hintergrund geregelt.

Bis heute weiß ich nicht genau, was ihr Vater beruflich macht.

Als ich ihn mal danach fragte, sagte er nur zu mir: ,,I'm a Busineesman."

,,Ah, interesting, which kind of Business?''   ,,Business."   Ich verstand sofort.

Tagtäglich herrschte in Bogota das reinste Verkehrschaos.

Die Stadt war so sehr durch unzählige Autos verstopft und überschwemmt, dass es tatsächlich gesetzliche Fahrverbote gab.

Mal galt das Fahrverbot für alle Fahrzeuge mit geraden Kennzeichen von 6 – 8:30 Uhr. An einem anderen Tag galt dann das Verbot für alle Autos mit ungeraden Kennzeichen von 15 – 19:30 Uhr. Die Polizisten kontrollierten stets sehr fleißig alle Nummernschilder, und sobald sie auf ein Auto mit ungeraden Kennzeichen trafen, zogen sie es aus dem Verkehr. Das löste aber nicht das Problem, da sich dann viele Kolumbianer einfach einen alten verschrotten Zweitwagen mit einem anderem Nummernschild zulegten. Das ist kein Witz, du musst immer darauf hoffen, ob dein Kennzeichen gerade oder ungerade ist. Ein großes Paradebeispiel dafür wie total verblödet und zurückgeblieben die allgemeine kolumbianische Politik ist.

Señorita Escobar war – wie viele Latinas – unfassbar temperamentvoll und hatte immer so ihre alltäglichen Launen. Wenn sie abends nach der Arbeit zu mir ins Hotelzimmer kam, meinte sie nur zu mir: ,,Dusch dich. Danach haben wir Sex, und danach muss ich im Homeoffice weiterarbeiten. Auf jetzt, du hast genau 5min."

Alles Klar – da wusste ich immer direkt wo ich war. Einen Dreier mit ihrer Schwester hat sie mir zu meiner großen Überraschung aber stets verwehrt – das hielt ich ja für einen größeren Skandal als damals 1972 die Watergate-Affäre.

126

Sie arbeitete 6 Tage die Woche, regulär 50-55 Stunden, und anschließend immer noch im Homeoffice weiter.

Als sie mal per Videocall mit Arbeitskollegen eine PowerPoint-Präsentation für die Stadt zwecks neuer Bauprojekte ausarbeitete wunderte ich mich, warum auf einer Folie immer eine Hakenkreuzfahne erschien. Das war dann das Werk ihres frechen Arbeitskollegen. Scheinbar ging im ganzen Geschäft die Story herum, dass jetzt der Deutsche in Bogotá ist. Ihr war es extrem peinlich, dass ihre Kollegen mich mit Naziflaggen verspotteten. Ich hingegen fand das allerdings äußerst witzig – ein typisches Klischee eben.

Mein Hotel hatte einen eigenen Parkservice. Komischerweise wollte Señorita Escobar aber nie darauf zugreifen und parkte immer etwas außerhalb.

Darauf angesprochen meinte sie nur, dass leider nicht jeder Parkservice in Bogotá vertrauenswürdig ist. Anscheinend konnte man auch den dort ansässigen Securitys nicht vollständig trauen. Die Securitys trugen zwar alle Uniformen mit einem offiziellen Abzeichen: „SEGURIDAD PRIVADA", also eine private Sicherheitsfirma die in etwa vergleichbar mit dem Ordnungsamt in Deutschland ist.

Heißt also übersetzt: In der Regel eher ein bisschen zurückgeblieben und leider vielleicht etwas zu unterbelichtet, um Polizist zu werden. Waffen durften sie auch keine tragen, nur patrouillieren und Präsenz ausstrahlen. Ihre allgemeinen Stärken bestanden anscheinend aber mehr im Wegsehen und selbstverständlich auch im Weglaufen. Natürlich gehörte das annehmen von Schmiergelder auch zu ihrer beruflichen Tätigkeit. Auf sie war also eher kein Verlass, aber rein dekorativ waren sie ganz nett. Dagegen ist das Ordnungsamt in Deutschland ja ein absoluter Traum.

Nach 2 Wochen in Bogotá ging es für Mister Flixbus dann weiter nach Medellín. Señorita Escobar schenkte mir zum Abschied ein Kolumbien-Armbändchen, und ihr Vater persönlich, fuhr mich auf den Flughafen und verabschiedete sich von mir.

Ich hatte noch Unterwäsche von Señorita Escobar bei mir im Hotelzimmer liegen, die sie aber unbedingt wieder zurückhaben wollte, also versteckte ich sie heimlich hinten im Kofferraum.

Der Flug von Bogotá, der Hauptstadt Kolumbiens, nach Medellín dauerte nur knapp 1 Stunde und kostete mich mit 10kg Handgepäck unvorstellbare 25€ – genau so muss das laufen. Die Sicherheitskontrollen am Flughafen in Bogotá sind aber total übertrieben: Ich musste jedes Mal meine Schuhe ausziehen und hatte insgesamt 3 Kontrollen. Zuerst gibt es eine Standardkontrolle, bei der dein Handgepäck auf dem Fließband durchleuchtet wird – also ganz klassisch. Dies wurde vom ganz normalen Flughafenpersonal erledigt, genau so, wie es auf allen Flughäfen dieser Welt üblich ist. Danach musst du nochmal die gleiche Kontrolle über dich ergehen lassen, allerdings dieses mal durchgeführt vom regulären kolumbianischen Militär. Nachdem du dann endlich am Gate bei deiner Airline eingecheckt hast und gerade voller Vorfreude durch den Tunnel in das Flugzeug laufen willst, stehen dann plötzlich die Drogenfahnder da. Bevor du dann schlussendlich in deinen Flieger einsteigen durftest, kamen dann die Drogenspürhunde, und jeder Einzelne wurde nochmal abgetastet – mit dem Rücken zur Wand. Das war das waschechte Pablo Escobar-Trauma.

Der Flughafen in Medellín liegt knapp 1 Stunde vom Stadtzentrum entfernt.

Eine Fahrt mit dem Airport-Shuttlebus in das Stadtzentrum kostete umgerechnet 2€ pro Person. Ich werde es nie vergessen, wie ich in der Abenddämmerung zum ersten mal die Lichter von Medellín erblickte. Ein atemberaubendes Erlebnis, da Medellín in einem Tal liegt und ich dann in großen Schlangenlinien mit dem Bus, ganz langsam ringsherum ins Stadtzentrum heranpirschte. Ich stieg aus dem Bus aus und befolgte eines meiner großen Rituale. Der erste Eindruck einer mir völlig unbekannten Stadt ist mir persönlich immer der wichtigste. Um alle Eindrücke detailliert aufsaugen zu können, lief ich immer die Strecke vom Flughafen, Bahnhof oder Busbahnhof direkt zu Fuß in meine Unterkunft. Egal, wie spät es war, egal, in welchem gefährlichen Ghetto-Vorort ich mich befand. Meine goldene Regel hieß: LAUFEN! Einzige Vorgabe: Die Distanz sollte nicht länger sein als 5km. Schließlich hatte ich immer meinen 10kg schweren Rucksack dabei. Ich befolgte mein Ritual schon 6 Monate lang während meiner kompletten Europareise, es klappte immer einwandfrei und ich sparte so zusätzlich immer etwas Kleingeld für den Transport. Mein Hostel war 3,5km vom Busbahnhof entfernt, also perfekt zum laufen.

Kaum 500 Meter hatte ich zurückgelegt, als ich sah wie ein vielleicht 10 jähriges Mädchen einem etwa gleichaltrigen Jungen hinterher rannte. Als sie ihn eingeholt hatte, schlug sie ihn zu Boden und trat solange auf den Jungen ein bis er sich nicht mehr regte. Alle liefen weiter, keiner interessierte sich für die Probleme anderer Menschen. Das war also Medellín.

In meinem Hostel waren zu meiner Überraschung, viele Deutsche und Österreicher. Auf ihre alltäglichen Jam-Sessions hatte der Plaumann aber keinen Bock – großartig musikalisch war ich schließlich noch nie. Es war außerdem unerträglich heiß und hatte leider keine Klimaanlage.

Anders als Bogotá auf 2.600 Meter Höhe, liegt Medellín nur auf knapp 1.500 Meter und war viel tropischer und wärmer als Bogotá.

Zwischen Medellín und Bogotá besteht eine große Rivalität, fast sogar schon ein leichter Haas. Medellín sieht sich als wahres Herz und wahrhaftige Hauptstadt Kolumbiens, natürlich ist da Bogotá ganz anderer Meinung. Es hatte 30 Grad und ich joggte durch die Stadt, danach fand ich einen Outdoor Park indem ich trainieren konnte. Keine 10 Minuten später liefen plötzlich 15-20 Jungs – wirklich Burschen vielleicht 15 oder 16 Jahre alt – im Camouflage-Anzug mit Maschinengewehre, so groß, dass sie sie kaum selbst tragen konnten, durch den Park an mir vorbei.

Es war eine ganz normale Militärpatrouille, wie sie mir auf dem weiteren Verlauf meiner Reise durch Südamerika noch unzählige Male über den Weg laufen sollte.

Wahnsinn, nirgendwo in Kolumbien war die Militärpräsenz so hoch wie in Medellín. Das war der Pablo Escobar-Komplex wie er leibt und lebte.

Ich besichtigte die berühmte Communa 13, das ehemalige Viertel von Pablo Escobar. Entgegen der ausdrücklichen Empfehlung des Touristenführers, sonderte ich mich schnell von der Reisegruppe ab und machte mich alleine auf den Weg. Also lief ich einfach ganz alleine durch die Barrios, immer weiter den Hügel nach oben, bis tief in die hintersten Ghettos hinein. Alles wirkte fast wie ausgestorben, die Escobar Zeiten waren schließlich schon lange vorbei. Die ehemals so gefährlichen Barrios, in denen in den 80er-90er Jahren noch jeden Tag Bandenmitglieder und Polizisten erschossen wurden, waren zur totalen Touristenattraktion geworden. Natürlich stand ganz tief in den Ghettos immer noch Mord auf der Tagesordnung. Hauptsächlich waren Unstimmigkeiten zwischen rivalisierenden Gangs oder geplatzte Drogengeschäfte die Ursachen für Mord. Wenn du dich aber aus allem heraus hältst, gibt es absolut gar nichts zu befürchten. Ich war sogar überrascht, wie nett die ganzen Gangster zu mir waren. Sie freuten sich einfach, dass ein großer, blonder Gringo zu ihnen hoch ins Ghetto joggte. Schließlich hatten sie noch nie in ihrem Leben, einen weißen, blonden Mann gesehen. Sie grüßten mich schon von Weitem mit: „Gringo, Gringo, dangerous, crazy, crazy."

Ich lachte nur und grüßte sie alle per Old Shatterhand-Gruß. Euphorisch spielten wir zusammen Fußball – mit einem Ball, der nur aus Lumpen bestand. Natürlich schoss der wahre Haaland 2 Tore. Gegen Abend verabschiedete ich mich und joggte zurück in mein Hostel. Schließlich mussten sie wahrscheinlich wieder irgendjemand foltern, oder gegen die Polizei prügeln – was man halt tagtäglich so treibt als Ghetto Bewohner in Medellín. Not my Cup of Tea, dachte sich dann der Plaumann.

Mein Magen hatte sich mittlerweile gut an die kolumbianische Küche gewöhnt. Anfangs hatte ich zwar noch etwas Durchfall.

Mittlerweile vertrug ich aber alles fast einwandfrei. Es gab immer dreimal am Tag Fleisch: Morgens: Schwein mit Eier. Mittags: Huhn mit Reis und Mais.

Abends: Kuh mit Kartoffeln. Wer Fleisch liebt, liebt Kolumbien!

Außerdem fiel mir extrem auf, dass fast nirgendwo Regenbogenfahnen hingen.

Es gab kaum vegane Produkte im Supermarkt, besser noch, wahrscheinlich hatte jeder zweite Kolumbianer überhaupt gar keine Ahnung, was ein Vegetarier überhaupt sein sollte. Keiner hatte etwas von Gleichberechtigung, geschweige denn von einem #metoo gehört. Auch, was Gendern bedeuteten sollte, wusste natürlich keiner. Oh Gott, einige Kolumbianer konnten nicht einmal lesen oder schreiben. Kolumbien wirkte allgemein etwas in der Zeit zurückgeblieben. Es kam einem ein bisschen so vor wie Deutschland in den 80er-Jahren, alles war viel lockerer und entspannter.

Medellín, sein ganzer Stolz, war die neu gebaute Metro. Es war die einzige Metro, in ganz Kolumbien. Sonst fuhren im ganzen Land weder Zug noch Straßenbahn – und das bei 52 Millionen Einwohnern im Land. Wahnsinn, die Infrastruktur in Kolumbien war eine einzige Katastrophe, aktuell wird immerhin in Bogotá eine Metro gebaut. Also kaufte ich mir immer ein Metro-Ticket für 2€ und fuhr so durch ganz Medellín. An meinem vierten Tag in Medellín fragte mich der Fahrkartenverkäufer, warum ich eigentlich immer eine neue Monatsfahrkarte bei ihm kaufen würde.

Der Einzelfahrschein kostete nämlich nur 20 Cent. Ich hatte vergessen, dass ich in Südamerika bin und nicht in Europa. Es war alles total billig und preiswert, ganz nach meinem Geschmack. In Kolumbien bekommst du wenigstens noch etwas für dein Geld! Señorita Escobars Einführung damals in Bogotá war absolut goldwert.

So war ganz Medellín ein sehr leichtes Spiel für mich. Allmählich fand ich mich in Südamerika bestens zurecht und verstand Kultur und Menschen immer mehr. Eines Tages schaute ich in der Hängematte liegend ein Spiel meines VFB Stuttgart auf dem Handy an, als plötzlich eine kolumbianische Schulklasse im Hostel eincheckte.

Anstatt auf ihre Lehrerin zu hören und an der Rezeption zu warten, rannten sie lieber schnurstracks kreischend auf mich zu und umarmten mich herzlich in der Hängematte. Es war schließlich der erste große, weiße, blonde Mann, den sie in ihrem Leben gesehen haben.

Mir gefiel Kolumbien, also entschloss ich mich dazu, noch ein paar Wochen länger in Kolumbien zu bleiben und auch noch die Küstenregion zu erkunden.

Also flog ich für sagenhafte 30€ von Medellín nach Cartagena ans Meer. Als ich in Cartagena ankam, traf mich fast der Schlag. Während meines ganzen Aufenthalts hatte es durchgehend schwüle 30-35 Grad, es war abartig heiß und nochmal viel wärmer als in Medellín. Auf meinem 4,5km langen Fußmarsch vom Flughafen ins Hostel, bekam ich fast einen Hitzschlag, obwohl ich meinen Kopf mit meinem weißen Bandana bedeckt hatte und Lichtschutzfaktor 50 trug, war es unerträglich in der prallen Sonne.

Zum Glück hatte meine Unterkunft einen eiskalten Whirlpool und in jedem Zimmer hing eine Klimaanlage. Nach einem ausgiebigen Bohnen-Eintopf zum Abendessen, kam ich mit der Hostelchefin ins Gespräch. Sie war glühende Escobar-Anhängerin und vermisste ihren geliebten Pablo sehr. Ihrer Meinung nach hatte sich Pablo Escobar, im Gegensatz zu den heutigen Politiker, wenigstens um das eigene Volk gekümmert. Er hat den Armen geholfen und viele Häuser gebaut, meinte sie zu mir.

Das Escobar aber auch, ein Avianca-Passagierflugzeug in die Luft jagte, nur weil ein Informant an Board saß, der gegen ihn aussagen wollte, erwähnte sie natürlich nicht. 110 Menschen waren sofort tot – auch das war Escobars Werk.

Als ich ihr erzählte, dass ich in Deutschland noch nie einen Polizisten bestochen hatte, schaute sie mich an, als hätte sie gerade einen Geist gesehen.

Das konnte sie einfach nicht glauben: Warum bestechen wir Deutschen denn keine Beamten? Was stimmt denn nicht mit uns?

Sie erzählte mir, wie sie erst vor Kurzem einen Transito, also einen kolumbianischen Verkehrspolizisten, einfach schnell ein paar Scheine – im Wert von 3€ – zugesteckt hatte und schwupp, war ihr Strafzettel ruckzuck verschwunden.

In Kolumbien ticken die Uhren eben anders.

Mein Hostel lag ungefähr 2km vom Strand entfernt, also joggte ich jeden Morgen an den Strand. Cartagena ist bekannt für seinen wunderschönen, langen, einzigartigen Sandstrand. Schon während des Joggens riefen und winkten mir alle hinterher – das kannte ich ja bereits. Am Strand angekommen, erlebte ich allerdings mein blaues Wunder. Ich konnte keine handgestoppten 2 Minuten ruhig am Strand liegen, ohne das irgendein schwarzer Strandverkäufer mich bedrängte: „Gringo, Gringo Aqua? Cerveza? Coca Cola?" Selbstverständlich verneinte ich jedes Mal höflich, aber beim 25. Mal hatte ich langsam die Schnauze gestrichen voll. Es hatte in Cartagena fast mehr Strandverkäufer als Touristen, ich wurde 24/7 belagert. Eine etwas beleibte schwarze Frau, ok vielleicht hatte sie auch einfach nur schwere Knochen. Jedenfalls trug die besagte schwarze Dame, ein grünes T-Shirt mit dem offiziellen Aufdruck einer Massagefirma. „Außen Frau Merkel, innen ein Ferkel", hätte Bernd Stromberg jetzt dazu gesagt. Sie lief mit 3 anderen Frauen im grünen T-Shirt den ganzen Strand entlang und bot Touristen ihre Massagen an. Als sie mich aus der Ferne erspähte, kam sie direkt auf mich zu und rief schon von weitem: „Gringo! Handjob? How much?" Ach so, ist klar – so eine Massagefirma war das also. Ich gluckste vor mich hin und verneinte.

Die örtliche Polizei fuhr auf Motorrädern den Strand entlang und kontrollierte immer wieder verschiedene Strandverkäufer. Einmal hatten sie scheinbar Erfolg und führten einen schwarzen Mann in Handschellen ab. An sich war Cartagena eine wunderbare alte Stadt, umgeben von antiken Stadtmauern, direkt am Meer, mit herrlicher Aussicht. Nur konntest du als Europäer einfach nicht alleine rumlaufen.

Keine 5min war ich aus dem Haus, schon pfiff mir der erste Kolumbianer hinterher und wollte mir sein „astreines" Kokain verticken. Der Höhepunkt war, dass sie mir dann mal eines Tages zu 5 hinterherliefen, der eine hatte Gras in der Hand, der andere Kokain, der nächste Heroin und so weiter. „Gringo, Gringo, do you know that in Caragena we have the best Cocaine in the World?"

Jeder wollte mir eben seine ganz „angesagte" Ware verhökern. Mir persönlich war das alles zu viel Trubel und Theater. Zum Glück bekam ich in meinem Hostel dann einen Geheimtipp von einer etwas kleineren Küstenstadt namens Santa Marta, nur etwas mehr als 3 Autostunden von Cartagena entfernt. Anscheinend sollte Santa Marta das kleinere, beschaulichere und etwas ruhigere Cartagena sein.

Also, in dem Fall direkt in den nächsten Bus und ab gau Santa Marta.

Santa Marta lag ebenfalls direkt am Meer und war tatsächlich viel, viel ruhiger und beschaulicher als Cartagena. Der Strand war zwar etwas kleiner, aber dafür gab es tatsächlich nur knapp eine Handvoll Strandverkäufer, und die waren bei weitem nicht so penetrant. Außerdem war es nicht so überladen mit Touristen, es wirkte fast schon beinahe etwas einsam. Genau das, was ich jetzt gebraucht habe!

Mein Hostel hatte einen eigenen Swimmingpool und ich konnte endlich in Ruhe die Füße hochlegen und etwas entspannen. In Santa Marta erlebte ich dann meinen ersten tropischen Regen. Es schüttete wie aus Kübeln, ganze volle 2 Tage lang. Erstaunlicherweise hatte es aber immer durchgehend 25 Grad.

Von Santa Marta aus entschloss ich mich für einen Tagesausflug nach Minca, in die Sierra Nevada Bergketten, also mitten in den Regenwald. Schon nach 5 Minuten ging mir das saudumme Standardgelaber meines Reiseführers dermaßen auf den Sack. Außerdem hatte ich keinen Bock mehr darauf, mir ständig das pausenlose Gejammere meiner englischen Reisebegleiterin anzuhören. Heilandzack, in dem Fall verabschiedete ich mich schnell von meiner Ausflugsgruppe und der Plaumann tigerte mal wieder alleine los. Es war der grünste Ort, den ich bisher in meinem Leben gesehen hatte. Urwald und Dschungel soweit das Auge reicht. Natürlich lief ich nicht querfeldein durch den Regenwald, sondern hielt mich an den Weg. Pumas, Jaguare oder andere Raubtiere sah ich leider nicht. Ich lief fast 8km lang durch den Dschungel, besichtigte einen Wasserfall und ein kleines Dorf, voller Einheimischer. Danach lief ich wieder zurück nach Minca, meine Reisegruppe war schon ohne mich abgezogen, spielte ja keine Rolle, jede Stunde fuhr ein Bus zurück nach Santa Marta.

Mir gefiel Südamerika sehr gut, mein nächstes Land sollte nun Peru werden, doch bevor ich nach Lima weiterfliegen sollte, wollte ich unbedingt noch nach Cali. Schon alleine, wegen der Netflix Serie „Narcos" wollte ich unbedingt noch die Atmosphäre in Cali spüren und erleben. Schließlich war das Cali-Kartell das größte Pendant zu Pablo Escobars Medellín Kartell. Gesagt, getan, demzufolge flog ich von Santa Marta, für 28€ nach Cali – ich liebte es einfach so billig zu fliegen. Unmittelbar während des Landeanflugs, stellte ich direkt fest, wie grün und tropisch Cali aussah und dass es zurecht als die grünste Stadt in Kolumbien bekannt war. Mittlerweile, war mein Spanisch zwar immer noch eher grottenschlecht, aber ich verstand immerhin schon das gröbste, auch wenn ich nie explizit Spanisch lernte, schnappte ich das meiste im Alltag einfach so auf und behielt es im Hinterkopf. Cali ist hinter Bogotá und Medellín, die drittgrößte Stadt in Kolumbien. Laut damaliger Kriminalitätsstatistik war Cali, die gefährlichste und unsicherste Stadt in Kolumbien. Toll, des wird auch stimmen, dachte ich mir. Wie immer interessierten mich irgendwelche Zahlen aus dem Internet nicht, ich wollte mir mal wieder selbst ein Bild machen. In Cali steht oberhalb der Stadt die berühmte „Cristo Rey" Statue. Das wahrscheinlich berühmteste Denkmal der Stadt, ähnlich wie die noch viel bekanntere Christus-Statue in Rio de Janeiro. Von meinem Hostel aus, waren das 7,5km zu Fuß, uff ganz schön ordentlich, aber ich lief ja extrem gerne.

In dem Fall schmiss ich einfach meine Google Maps-App an und marschierte voller Tatendrang los – fast genauso enthusiastisch wie damals mein solider Uropa nach Stalingrad los ist. Wie Stalingrad am Ende gelaufen ist, wissen wir ja alle.

Auf dem Weg begegnete mir ein Rollstuhlfahrer, der einfach so, ganz alleine, mir nichts, dir nichts, über die Hauptstraße fuhr. Direkt hinter dem Rollstuhlfahrer, fuhr ein Taxi in Schrittgeschwindigkeit, mit einem Tierfell auf dem Dach und hupte wie verrückt den Rollstuhlfahrer an, dieser kam aber nicht schneller voran, weil vor ihm 2 Kinder als Clown verkleidet, mit kleinen Bällen jonglierten und so den kompletten Verkehr aufhielten. Hatte die Klapse etwa Wandertag? Nein, es war einfach ein ganz normaler Vormittag in Kolumbien. Ich beobachtete und filmte dieses entzückende Schauspiel mit meinem Handy und lief danach weiter steil den Hügel hinauf, immer weiter in Richtung Christo Rey-Statue. Nach ungefähr 4 Kilometern Marsch merkte ich, wie die Häuser um mich herum, immer heruntergekommener und dreckiger aussahen. Komischerweise patrouillierte auch kein Militär mehr durch die Straßen. Ich war ganz tief vorgedrungen in die Barrios von Cali, aber alle Einheimischen waren wieder so übertrieben freundlich und grüßten mich schon von weitem.

Fast ganz oben angekommen, sah ich eine Seilbahn, die das letzte Stück zur Cristo Rey-Statue hochfuhr. Perfekt, dachte ich mir, dort marschieren wir doch gleich mal ein. Kaum lief ich in Richtung der Seilbahnstation, rannte der erste Wachmann schon aus seinem Häuschen auf mich zu. Er war total überrascht, schockiert und ganz aufgeregt. Was ich den hier mache, fragte er mich ganz hektisch, ob mir etwas passiert sei und ob er sofort die Polizei rufen sollte.

Ich lachte nur, winkte ab und stieg in die Seilbahn. Eine ältere Frau bekam unsere Unterhaltung mit. Die besagte ältere Dame stieg dann auch zu mir in die Seilbahn ein und schaute mich ebenfalls fassungslos an. Sie wollte, dass ich unbedingt umgehend ihre Tochter anrufe – die spreche nämlich perfekt Englisch und konnte mir alles haargenau erklären – Aktezeichen XY ungelöst Plaumann nämlich.

An der nächsten Haltestelle, sprang die alte Frau plötzlich aus der Gondel, rief einen Touristenführer her und quatschte hektisch auf ihn ein, dabei deutete sie mit dem Finger immer auf mich. Auch der Touristenführer fuchtelte jetzt wild herum.

Komischerweise fuhr jetzt auch noch die Gondel nach unten ins Stadtzentrum zurück und nicht zur Statue hoch. Während wir zu 3 in der Gondel saßen, rief der Touristenführer ganz plötzlich aus dem Nichts die kolumbianische Bullerei an.

Unten angekommen, warteten schon 2 weibliche Polizistinnen auf mich – bin ich in einem schlechten Porno gelandet? Verdammte Scheiße, was war hier nur los?

Was wollten denn alle plötzlich von mir? Sperren se en Plaumann jetzt weg odr wa? Ich bin doch nur ein paar Kilometer durch die Barrios gejoggt!!

Noch nie, sagten die Cops, hätten sie einen Gringo so tief in die nur von Gangs kontrollierten, abgeriegelten Viertel vordringen sehen – und schon gar nicht allein. In dem Fall hatten sie halt nicht den dynamischen Mr. Flixbus auf der Rechnung. Selbst die Polizei traute sich ohne gepanzerte Fahrzeuge dort nicht hinein.

Toll, des wird auch stimmen, es war einfach überhaupt gar nicht gefährlich.

Wenn du deinen Gegenüber mit Respekt behandelst, behandelt er dich auch mit Respekt. Diese Erfahrung hatte ich bisher in jedem Land auf der Welt gemacht.

Der Wachmann, die ältere Dame und der Touristenführer hatten einfach unfassbare Angst um mich. Sie konnten es nicht fassen, dass mir nichts passiert ist.

Die beiden Polizistinnen boten mir sofort ihre Hilfe an und wollten mich erst einmal auf die deutsche Botschaft schicken. Erst als ich ihnen zum wiederholten Male versicherte, dass mir absolut nichts fehlte und dass ich alleine in meine Unterkunft zurückfinde, waren sie einverstanden. Die Cristo Rey-Statue war übrigens wegen Bauarbeiten geschlossen, darum fuhr die Seilbahn auch direkt wieder herunter.

Was für eine grandiose Scheiße, so viel Drama um nichts.

Naja, irgendwie aber auch witzig: Der Gringo hatte alleine in Cali überlebt.

Das war eben ein absolutes Weltwunder für die einheimischen Kolumbianer.

Eine weitere negative Erfahrung machte ich in Cali beim Geld abheben, da du in Kolumbien, häufig nur mit Bargeld bezahlen kannst, hob ich immer am ATM etwas Bargeld in der Landeswährung ab. Dabei sollte man stets bedenken: Es handelte sich um einen kolumbianischen Geldautomaten und nicht um einen deutschen.

Ich hob also ganz normal Geld ab, plötzlich erschien die Meldung: „SYSTEM ERROR" und meine Karte wurde direkt wieder ausgespuckt.

Lange Rede, kurzer Sinn: Am Ende wurde mein Geldbetrag fälschlicherweise 2-mal abgebucht. Dann musste der Plaumann halt auf die kolumbianischen Bank tigern und umgehend reklamieren – wo sind meine Reichsmark?! Meinen fehlerhaften Betrag haben sie mir dann aber erst 2 Monate später wieder zurücküberwiesen.

Bei Geldautomaten in Kolumbien ist also stets volle Wachsamkeit geboten.

Wer weiß, vielleicht fährt ja beim nächsten Mal Escobars Hand höchstpersönlich aus dem Geldausgabeschlitz heraus und schnappt sich meine Moneten.

In Cali erlebte ich zum ersten Mal die Schattenseiten Kolumbiens, nach einem Gewitter in der Nacht, herrschte plötzlich in der halben Stadt Stromausfall.

Leider kein normaler Stromausfall, so wie wir ihn in Deutschland kennen und spätestens nach knapp 5 Minuten ist der Strom wieder vollständig da.

Nein, der Stromausfall in Cali, dauerte fast 24 Stunden lang, in dem Fall zündete man halt ein paar Kerzen an und grillte im Garten das restliche aufgetaute Fleisch aus der Gefriertruhe. Für einen Kolumbianer war so ein Vorfall absolut nichts Außergewöhnliches – für mich aber der blanke Horror, denn ich war nicht nur ohne Strom, sondern auch komplett ohne Handyempfang.

Ich war nicht in einem beliebigen kleinen Dorf irgendwo in der Pampa Kolumbiens. Nein, ich war in einer verschissenen 2 Millionen-Stadt und die Trottel brauchten über 24 Stunden, um die Stromversorgung wieder vollständig herstellen zu können. Schon in Bogotá hatte ich mal 2 Tage lang kein Wasser in meinem Hotelzimmer.

Das war ja schon äußerst schwer zu verkraften, aber kann ja mal vorkommen.

Demzufolge habe ich halt meine Zähne mit Sprudelwasser geputzt und bin dann im Restaurant gegenüber aufs Klo gegangen – da war der Plaumann ja äußerst kulant + tolerant. Übrigens solltet ihr in ganz Südamerika niemals Leitungswasser trinken, da es total mit Bakterien verunreinigt ist. Immer erst abkochen oder einen Wasserfilter benutzen. Das war auch eine große Umstellung für mich, da ich in Deutschland jeden Tag mindestens 2 Liter Leitungswasser trank.

Aber jetzt in Cali war ich ganz ohne Handynetz und Wi-Fi ziemlich aufgeschmissen, schließlich wollte ich ja direkt am nächsten Morgen weiter nach Lima fliegen.

Zu meinem großen Glück, wurden die Stromprobleme im Morgengrauen, dann doch noch rechtzeitig gelöst und ganz Cali war wieder Online.

Dies beruhigte mich natürlich sehr und ich konnte problemlos nach Peru fliegen.

Der Flug Cali-Lima, dauerte dann um die fünfeinhalb Stunden und kostete mich etwas mehr als 200€. Klar, Auslandsflüge sind eben immer teurer, so schnell war die Billigfliegerei innerhalb Kolumbiens für 25 Kröten im Schnitt wieder vorbei.

Mein Kolumbien-Fazit fiel äußerst positiv aus, nicht umsonst verbrachte ich fast 2 Monate ausschließlich in Kolumbien.

Die Landschaft in Kolumbien war einfach traumhaft schön und die lässige Mentalität der Einheimischen gefiel mir ausgesprochen gut.

Kapitel 11

Mein erster Eindruck von Peru war absolut fabelhaft, ich hatte das große Glück in Lima, im Stadtteil „Miraflores", zu wohnen. Absolut einmalig schön, voller Blumen und extrem sauberer Innenstadt, es fühlte sich beinahe so an, als wäre ich wieder zurück in Europa. Man tat mir das gut, nach über 6 Wochen in Kolumbien, sah ich endlich mal wieder eine schön gepflegte Straße. Herrschaftszeiten, ich freute mich jetzt schon, wenn jemand seinen Müll nicht einfach auf die Straße schmiss und ihn halbwegs fachgerecht entsorgte. Außerdem gab es mir plötzlich ein gutes Gefühl wenn ich sah, dass jemand seine Einfahrt sauber gefegt hatte, all das war in ganz Kolumbien keine Selbstverständlichkeit. Komischerweise hielten sich in Lima alle an die Verkehrsregeln, es war nicht mal halb so viel Chaos wie in Medellín oder in Bogotá. Der Stadtteil Miraflores ist in etwa entfernt vergleichbar mit Madrid oder mit Barcelona, also absolut empfehlenswert. Sofort fasste ich den Entschluss etwas länger in Lima zu bleiben. Lima liegt direkt am Meer, auf einer Felsenklippe.

Es war deshalb immer extrem windig, und die Temperaturen lagen leider nur bei 15-19 Grad – aber die reine, frische Meeresluft war einzigartig. Insgesamt hat Lima 11 Millionen Einwohner, also mehr als dreimal so viele Einwohner wie Berlin.

Es war bisher die bevölkerungsreichste Stadt die ich besucht hatte. Außerdem traf ich in Lima überraschenderweise auf viele andere Europäer, vor allem auf Engländer und Spanier. Nach dem Training im Fitnesspark, setzte ich mich ganz kurz auf eine Parkbank, keine 5 Minuten später gesellte sich eine einheimische Peruanerin zu mir und begann mich direkt in ein Gespräch zu verwickeln. Leider war sie überhaupt nicht mein Typ, eine extrem unangenehme Situation. Also verabschiedete ich mich freundlich und suchte schnell das Weite. Einheimische Frauen waren in der Regel immer sehr offensiv, wenn sie einen europäischen Mann sahen.

Der Traum vom deutschen Pass und großem Penis war und ist allgegenwärtig.

140

An sich ist Peru ein sehr armes Land, mit schwacher Wirtschaft, viel kleiner als Kolumbien und hat mit 34 Millionen Einwohner auch deutlich weniger Population als Kolumbien. Rein preislich gesehen war Peru sogar nochmal etwas günstiger als Kolumbien – also traumhaft zum Leben für jeden Europäer. Für eine Nacht bezahlte ich 6€ für ein Bett im Gemeinschaftsschlafraum, kaum vorstellbar. Das war natürlich absolut genial, da du in Europa immer so mit 15-25€ für ein Bett in einem recht ordentlichen Hostel rechnen musstest. In Peru ist der Euro eben noch was wert!

Die traditionelle indigene Bevölkerung war sehr präsent in Lima, sie saßen oft am Straßenrand und verkauften Obst, Früchte und traditionelle peruanische Kleidung. In Lima konnte ich außerdem viel häufiger mit EC-Karte zahlen als in Kolumbien, das erleichterte meinen Alltag ungemein.

Während meines Aufenthalts erfuhr ich vom großen Entführungsdrama rund um den kolumbianischen Fußballnationalspieler Luís Díaz, dessen Eltern im Norden Kolumbiens von linken Rebellen der ELN entführt und verschleppt wurden.

Díaz selbst spielt in England beim FC Liverpool und ist einer der berühmtesten und unantastbaren Volkshelden in Kolumbien. Die ELN führt nun schon seit über 60 Jahren einen regelrechten Guerilla Krieg gegen die kolumbianischen Regierung, in dem Fall entführt man einfach mal schnell die Eltern des größten Volkshelden, nur um Kolumbien massivst zu schaden und natürlich um etwas Lösegeld erpressen zu können. Diese Nachricht erweckte in mir eine Mischung aus Trauer und regelrechter Wut. Ich stellte mir vor, was bloß in in Deutschland los wäre, wenn plötzlich die Eltern unseres Volkshelden Toni Kroos von irgendwelchen gestörten deutschen Guerillarebellen entführt würden, nur um damit dem eigenen Vaterland zu schaden.

Rund 2 Wochen später konnte das kolumbianische Militär zum Glück Luís Díaz seine Eltern aus den Händen der Rebellen wieder unbeschadet befreien.

Ich wollte noch etwas mehr über Peru erfahren, also flog ich innerhalb Perus weiter von Lima nach Cusco. Die Stadt Cusco liegt auf 3400 Meter Höhe, für einen Gringo-Europäer war es zu Beginn eine große Umstellung. Die Luft war sehr, sehr dünn und ich brauchte erst einmal etwas Zeit um mich zu akklimatisieren. Natürlich lief ich auch in Cusco, auf 3400 Meter Höhe, wieder knapp 4 Kilometer lang mit meinem 10kg schweren Rucksack vom Flughafen bis in meine Unterkunft. Der Hostelchef war halb Russe und halb Peruaner, er hatte einen sehr harschen, lauten Ton drauf. Ich dachte erst Josef Stalin ist jetzt als Indianer wiedergeboren worden.

Am Anfang staunte ich nicht schlecht, als der Indianer plötzlich anfing extrem laut auf Russisch zu fluchen. Er war sehr engagiert in einer Art russischen Community in Cusco, jeden Abend kamen irgendwelche Russen mit Wodka-Flaschen vorbei und becherten was das Zeug hielt. Geschlafen habe in Cusco nicht viel, da ständig irgend ein besoffener Russe, mitten in der Nacht „Bljad" oder andere komische russische Schimpfwörter herumbrüllte. Wie hätte da wohl der Uropa Plaumann reagiert? Wahrscheinlich hätte er seinen Karabiner direkt durchgeladen.

Ich nutzte Cusco als Basislager für meine große Machu Picchu-Tour. Machu Picchu, das alte, antike, weltberühmte Inka Dorf, war eines der 7 neuen Weltwunder und ist ein absolutes MUSS für jeden Peru-Touristen. Von Cusco aus kannst du entweder mit dem Zug, oder mit dem Bus nach Machu Picchu-Dorf fahren.

Der Bus war mit 15€ die eindeutig preiswertere Option, also entschied ich mich für den Bus. Der Inka Zug, der auch noch durch das Tal der Inkas fuhr kostete alleine nur für die Hinfahrt 60€. Es sollte die verrückteste und gefährlichste Busfahrt in meinem Leben werden. Sage und schreibe 7 Stunden lang fährt man in einem Kleinbus, unter ständigem Geholpere durch die Berge.

Richtige geteerte Straßen gab es leider kaum, es war furchtbar nebelig und die meisten Straßen waren auch noch einspurig.

Heißt jedes mal wenn uns ein anderes Fahrzeug entgegenkam, mussten wir wieder einige Meter zurückfahren. Unser Busfahrer beherrschte, sein Handwerk zum Glück einwandfrei. Auch wenn er absolut rücksichtslos fuhr und einmal fast ein spielendes Kind überfuhr, das plötzlich aus dem Urwald über die Straße rannte. Aber so muss man in dieser gottverdammten Gegend eben fahren. Manche Straßenabschnitte lagen direkt an einem Wasserfall, der Busfahrer kannte die örtlichen Gewässer aber so gut, dass er unbeschadet genau immer über die seichtesten Stellen fuhr.

Ein Franzose, der eine Reihe vor mir saß kotzte plötzlich los, sogar darauf war der Busfahrer bestens vorbereitet und reichte ihm eine Plastikwanne nach hinten.

Nach 7 Stunden Höllenfahrt waren wir endlich da und das sogar noch halbwegs lebendig. Von dort an, sollte man dann noch die letzten 12km nach Aguas Calientes, auch bekannt als Machu Picchu-Dorf zu Fuß zurücklegen. Der Fußweg war total überfüllt mit Touristen, du läufst tatsächlich 12km an den Zugschienen entlang und musst immer extrem wachsam sein, ob ein entgegenkommender Zug kommt.

Überall hingen zwar Schilder herum, die das Spazieren direkt auf den Gleisen verboten, aber daran hielt sich kaum einer. Ich lief in kurzer Hose und Tank-Top locker über die Gleise und hatte einen wahnsinnigen Spaß daran, jedes Mal dem einfahrenden Zug in letzter Sekunde auszuweichen – Satan und Ischariot nämlich.

Angekommen in Machu Picchu-Dorf, war ich direkt von dem Vibe und der Aura dieses kleinen, mystischen Dorfes mitten im Urwald begeistert.

Zu meiner Überraschung hatte Machu Picchu-Dorf knapp 4.000 Einwohner – mir kam es viel kleiner und weniger bevölkert vor. Hauptsächlich viele unterschiedliche Hotels und Hostels waren hier ansässig.

Ich als spontan Urlauber, hatte natürlich keine Eintrittskarte für Machu Picchu.

Tipp von mir: Wenn ihr Machu Picchu wirklich besichtigen wollt und nicht nur Machu Picchu-Dorf, solltet ihr Online 4-6 Monate vorher euer Ticket reservieren.

Vereinzelt, kann man aber auch noch einige Rückläufer direkt vor Ort kaufen, also versuchte ich mein Glück – aber natürlich gab es keine Karten mehr.

Man vertröstete mich direkt auf den nächsten Morgen, ich sollte einfach so früh wie möglich kommen, dann sei die Chance am höchsten. Morgen war aber Samstag und mein geliebter VFB Stuttgart spielte. Mein ganzes Leben lang hatte ich noch NIE ein einziges VFB-Spiel verpasst, und sicherlich fang ich jetzt nicht für ein paar alte Indianer-Steine damit an. Also übernachtete ich im Hostel, stand morgens um 5 Uhr auf und was war? Richtig, es gewitterte und regnete mal wieder sehr stark, wie so oft in Südamerika. Der Strom funktionierte gerade noch, aber anscheinend wurde irgendein Funkmasten durch das Gewitter beschädigt. Also kein Internet und kein Empfang, was für ein furchtbarer Scheißdreck. Zu allem Überfluss schüttete es nach dem Frühstück immer noch wie aus Eimern. Ich geriet extrem in Panik, nicht das ich mein VFB-Spiel noch verpassen werde. Also begann ich damit, durch das ganze Dorf zu laufen, um irgendwo doch noch Wi-Fi zu finden. Tatsächlich nur ein einziges Hotel in Machu Picchu Dorf, verfügte noch über eine halbwegs funktionierende Internetverbindung. Sofort stürmte ich in die Lobby und fragte den Rezeptionisten nach dem Wi-Fi Passwort. Es handelte sich um einen lebensnotwendigen Notfall aus Deutschland, sagte ich zu ihm. Umgehend gab er mir das Passwort durch, ich setzte meine Kopfhörer auf und 5min vor Anpfiff war ich dann schlussendlich Online. Um mich herum checkten ständig unzählige Leute ein und aus und ich saß einfach im Schneidersitz auf dem Boden und fluchte laut über einen Fehlpass von Deniz Undav. Selbst nach dem Spiel regnete es immer noch sehr stark, so scharf war ich dann auch nicht auf das alte Indianer-Dorf. Irgendwann in meinem Leben werde ich sicherlich nochmal mit Eintrittskarten vorbeikommen. Also entschied ich mich dazu schnellst möglichst wieder den Rückzug nach Cusco anzutreten. Die Rückfahrt nach Cusco war zwar aufgrund des Regens nochmal ein solider Drahtseilakt. Glücklicherweise überstand ich aber alles ohne nennenswerte Zwischenfälle.

Den einzigen Zwischenfall erlebte ich dann am nächsten Morgen in Cusco, meine Beine waren von oben bis unten verstochen und juckten wie blöd.

Man, waren die Moskitos aggressiv, mein großer Fehler bestand wahrscheinlich darin, dass ich bei 30 Grad wie immer in der kurzen Hose herumgesprungen bin. Ich lief immer mit kurzer Hose herum, auch schon 6 Wochen lang quer durch Kolumbien, nie passierte mir irgendwas, selbst im Sierra Nevada Dschungel wurde ich nicht verstochen. Nice, wahrscheinlich waren die Machu Picchu-Moskitos eben speziell Inka mystisch und hatten eine besondere Power.

Von Cusco aus unternahm ich in den nächsten Tagen noch einige Wanderungen in der Umgebung und erkundete alles. Die Landschaft in Peru ist schließlich einmalig schön und perfekt zum wandern. Überall begegneten mir unzählige Alpakas, Katzen und Straßenhunde. Es ist ein wahnsinnig großes Problem, wie viele obdachlose Straßenhunde und Straßenkatzen es in ganz Südamerika gibt, quasi an jeder Ecke wartete ein bettelnder Hund, auf ein paar Brotkrümel. Das gibt es so extrem in dieser Form in Europa nicht, außerdem ließen sich die Straßenhunde von nichts aus der Ruhe bringen oder erschrecken. Entweder lagen sie mitten auf der Straße herum, oder sie jagten bellend irgendwelchen vorbeifahrende Autos hinterher. Manchmal bissen sich die Köter auch gegenseitig, einfach so rein aus Langeweile.

Insgesamt gefiel mir Peru ganz ordentlich, aber nicht ganz so gut wie Kolumbien.

Also entschied ich mich dazu, direkt das nächste Land zu erkunden, es sollte nach Bolivien gehen.

Welcome to the Jungle

Alone durch Cali

4km Marsch in das nächste Hostel

Spaß mit Einheimischen

Kapitel 12

Gesagt, getan, also fuhr ich mit dem Bus knapp 14 Stunden lang von Cusco aus nach La Paz, in die Hauptstadt Boliviens. Der Grenzübergang von Peru nach Bolivien war ein absolutes Chaos. Zuerst mussten alle Passagiere aus dem Bus aussteigen und dann erst einmal über 1 Stunde in einer riesigen Warteschlange, irgendwo mitten in der Pampa, warten. Nachdem die Schlange endlich etwas voran kam, musste man sich selbst mit QR-Code auf dem Handy registrieren und unterschiedliche Formulare ausfüllen. Das Problem dabei war, dass du mitten in der Pampa kaum Empfang hattest – und zu meinem großen Unmut fiel gerade an dem Tag, an dem ich die Grenze überqueren wollte, das Wi-Fi fast komplett aus. Nur noch das offizielle Wi-Fi der Zollmitarbeiter funktionierte. In dem Fall musste dann eine einzelne, leider total überforderte Mitarbeiterin eben auf ihrem eigenen privaten Handy alle Daten und Formulare eintippen, die jeder Passagier ihr einzeln diktierte. Ein total unsägliches Theater, die arme Frau tippte wie wild auf ihrem Handy herum. Mein Gott, haben die denn da keinen Laptop?

Oder warum scannen sie nicht einfach schnell den Reisepass ein – so, wie es sonst auch in Europa üblich ist. Ganz einfach: Vor an die Schranke laufen, Reisepass auf den Scanner auflegen, in die Kamera schauen, warten bis die Türe aufgeht – und einfach durchlaufen. Fertig. Das war alles. Erledigt in 2 Minuten. Ich wünsche euch noch einen guten Flug – so lief das an fast jedem Flughafen in Europa. Aber nein, an der peruanisch-bolivianischen Grenze mahlen die Mühlen anscheinend anders. Endlich war ich an der Reihe. Also ging ich vor, und gab der jungen Dame meine Personalien durch – sie tippte fleißig alles auf ihrem Handy ein. Anschließend wollte sie meinen Aufenthaltsgrund wissen, wie lange ich in Bolivien bleiben wollte, wie viel Bargeld ich dabei hatte und so weiter und so fort. Bei einer der letzten Fragen stürzte dann ihre App ab, und ich durfte alles nochmal von vorne diktieren.

Das ist eben typisch Südamerika! Willkommen in der Dritten Welt!

Das dauerte dann insgesamt, sage und schreibe, nochmal weitere 2 Stunden, bis schließlich alle 50 Passagiere aus meinem Bus endlich ihre Personalien vollständig angegeben hatten und regelmäßig registriert waren. Selbstverständlich bekam ich innerlich fast die Krise, aber gut alles muss ja seine Ordnung und Richtigkeit haben.

In ganz Südamerika sind die Grenzen eben komplett dicht. So etwas wie einfach schnell mal von Deutschland aus nach Frankreich oder nach Österreich rüberheizen, bei offenen Grenzen ohne Kontrolle wie es eben im Schengen-Raum so üblich ist, gibt es in Südamerika nicht. Schlussendlich konnte ich damit aber ganz gut leben, die langen und äußerst nervenaufreibenden 3 Stunden Verspätung, nahm ich dafür trotzdem gerne in Kauf. In Bolivien wusste man dann wenigstens genau, wer aus welchem Grund in das Land einreisen wollte – anders als in Deutschland.

La Paz liegt auf atemberaubenden 4.000 Metern Höhe und ist die höchstgelegene Hauptstadt der Welt. Die offizielle Hauptstadt Boliviens ist allerdings Sucre, der Regierungssitz befindet sich jedoch in La Paz, deshalb hat Bolivien gewissermaßen 2 Hauptstädte. Da ich schon 1 Woche in Cusco, auf 3.400 Meter Höhe unterwegs war, viel mir die Akklimatisierung sehr leicht – ich merkte quasi kaum einen Unterschied. La Paz besteht fast nur aus roten Ziegelsteinhäusern, total urig und sehr altmodisch.

Eines wunderschönen Morgens saß ich in einem Café im Stadtzentrum von La Paz, als mich plötzlich eine junge attraktive Frau ansprach:

„Die schönsten Frauen aus der Welt, sind Polinnen und Indianerinnen" sagte sie zu mir, aus heiterem Himmel. Ich war ziemlich baff und fragte sie nur: „Ok cool, aber warum genau sollte mich des jetzt jucken?" Darauf erwiderte sie: „Darf ich mich vorstellen, mein Name ist Pocahontas Kowalski." Ich musste laut lachen und das Eis war direkt gebrochen. An diesem Tag trat Pocahontas in mein Leben, ich fand der Spitzname passte perfekt zu ihr – Hallöle Pocahontas.

148

Sie hatte pechschwarze Haare, Modelmaße und Torpedo-Titten, also genau nach meinem Geschmack. Einmal Latina, immer Latina!

Pocahontas zeigte mir anschließend sehr ausführlich La Paz, selbstverständlich revanchierte ich mich umgehend großzügig bei ihr.

In La Paz gab es natürlich, wie fast überall in Südamerika, weder Zug noch Metro. Die ganze Stadt ist durch ein riesiges Seilbahnnetzwerk verbunden.

Jede Seilbahnlinie hatte eine andere Farbe – ganz simpel: Zuerst fuhr man mit Linie Lila nach Punkt A , stieg dort in Linie Grün um und gelangte so schlussendlich zu Punkt B. Eine Einzelfahrt kostete nur 25 Cent – sehr nice.

Pocahontas raste immer wie von der Tarantel gestochen mit dem Auto durch ganz La Paz – als würden alle Straßen der Stadt ihr allein gehören.

In Bolivien fährt man quasi immer nur mit einer Hand am Lenkrad, die andere Hand wechselt dann stetig zwischen Handy und Hupe hin und her. Generell gibt es in Südamerika, wenige bis gar keine Alkoholkontrollen. „Offiziell" gilt in Bolivien sogar die Null-Promille-Grenze im Straßenverkehr, aber natürlich nur auf dem Papier.

In der Umsetzung sieht die Sache, dann wieder ganz anders aus. Pocahontas fuhr zum Beispiel schon Auto seit sie 14 ist, es interessierte in Bolivien niemanden.

Die bolivianischen Polizei ist zwar äußerst bemüht, ständig Präsenz auszustrahlen, wirklich eingreifen, tut sie aber äußerst selten. Einmal fanden wir weit und breit keinen Parkplatz, also parkte Pocahontas einfach mitten auf der Straße, sofort hupten alle anderen Autos um uns herum und brüllten wie verrückt.

Umgehend kamen 2 bolivianische Polizisten mit MPs auf uns zu, das gefiel natürlich Pocahontas überhaupt gar nicht, schließlich wollte sie doch einfach mitten auf der Straße parken. Sie schrie die Polizisten an und zeigte ihnen unverzüglich ihren Personalausweis. Die beiden Polizisten schauten kurz auf den Personalausweis, erkannten den Namen, schauten sich gegenseitig an und liefen dann einfach weg.

Sagen wir mal so, Pocahontas ihre Mutter bekleidet eine sehr hohe politische und juristische Position in La Paz. Als einfacher Streifenpolizist konntest du schließlich nicht, die Tochter deiner Chefin verhaften – obwohl es natürlich völlig verdient gewesen wäre. Wie Señorita Escobar stellte mir auch Pocahontas, umgehend ihre gesamte Familie vor. Mir ging das natürlich alles mal wieder viel zu schnell, aber Familie wird in Südamerika eben sehr groß geschrieben. Ich staunte nicht schlecht, als sie mir ihre Mutter und ihre Schwester vorstellte. Ihre Mutter war der General in der Familie – nie war ein Spitzname zutreffender. Pocahontas ihr Vater, war schon sehr früh gestorben, also war ich der einzige Mann im Haus. Das sehr schmackhafte Abendmahl bereitete dann meine Wenigkeit zu, es war an der Zeit meine berühmte Pasta mit selbst gemachter Spezialsoße aufzutischen, die hatte ich nämlich schon in unzähligen Hostels auf der Welt gekocht. Das kam natürlich bei den 3 Damen des Hauses sehr gut an und sie lobten meine Kochkünste ausdrücklich. Nach dem Abendessen ging ich mit Pocahontas auf ihr Zimmer, bis der General postwendend einschritt. „Vergiss es Gringo, du schläfst auf der Couch", hat sie mich direkt laut angebellt. Auch gut, dachte ich mir, schließlich habe ich ja schon überall auf der Welt geschlafen. Am anderen Morgen gingen Pocahontas und der Plaumann dann ab gau Wellnesshotel, damit wir etwas Ruhe vom General hatten.

Bolivien war mit nur 12 Millionen Einwohner bisher das kleinste Land in Südamerika, das ich bereiste. Zusammen mit Venezuela zählt Bolivien auch zu den mit Abstand ärmsten Ländern in ganz Südamerika. Knapp 60% der Bevölkerung Boliviens sind indigener Abstammung und zählen sich zu den Aymara und Quechua-Stämmen. Also mehr als jeder zweite Bolivianer ist Indianer, um es mal vereinfacht auszudrücken. Bolivien war nochmal etwas billiger als Peru, ich aß einen großen, fettigen Hamburger für 80 Cent, mit Pommes hätte er mich 1,80€ gekostet. Wahnsinn, ich liebte einfach die extrem billigen Preise in Bolivien.

150

Das tat so unfassbar gut, da ich mich ja als alter knurriger Querulant, jedes Mal in Deutschland über die ständigen Preiserhöhungen im Supermarkt aufrege. Alles wird stetig teurer in Deutschland, und in Bolivien bekam ich ein Bett in einem Hostel mit Frühstück inklusive für sagenhafte 5€ pro Nacht – einfach ein regelrechter feuchter Traum. Auf der anderen Seite, ist natürlich die Wahrscheinlichkeit, dass dir jemand ohne Vorwarnung in den Kopf schießt, in Bolivien wesentlich höher als im ruhigen Deutschland. Wenn du aber die richtigen Kontakte hast, passiert dir persönlich absolut gar nichts, auch nicht in den gefährlichsten Brennpunkten.

In diversen Hostels auf meiner Reise quer durch ganz Südamerika erfuhr ich durch Erzählungen, wie andere Touristen überfallen oder ausgeraubt wurden.

Mir ist zum Glück nie etwas passiert – Lucky Luke Plaumann nämlich.

Nach einer tollen Woche in La Paz, wollte ich weiter nach Chile pilgern.

Ich verabschiedete mich ausgiebig von Pocahontas und ab ging es in den nächsten Bus von La Paz nach Arica an die chilenische Küste. 14 Stunden sollte die Busfahrt ursprünglich dauern, hieß erfahrungsgemäß musste ich in Südamerika also mit 15-16 Stunden rechnen. Bei allen Busfahrten in Südamerika müsst ihr in der Regel, immer mit 1-2 Stunden Verspätung rechnen. Organisation, Pünktlichkeit und leider auch Bildung sind nicht gerade die Stärken Südamerikas. Naja, dafür konnten sie aber mehr saufen und rummurksen als jeder Europäer – hat ja auch was. Im Bus wurde Gratis-Cola und Fanta aus Glasflaschen serviert – so richtig schön oldschool. Ich wunderte mich außerdem warum der Busfahrer ohne auszusteigen vor einem Restaurant wartete. Nach 20 Minuten, kam plötzlich völlig aufgelöst eine Frau aus dem Restaurant in den Bus gerannt und verteilte Lunchpakete an alle. Auch das Essen war wie die Cola im 15€ billigen Gesamtpreis inbegriffen. Das leibliche Wohl, ist dem Südamerikaner eben wichtiger als Pünktlichkeit und Ordnung. Mittlerweile waren wir schon 17 Stunden unterwegs, wir kamen nur äußerst langsam voran, da wir von den Bergen auf 4.000 Meter in La Paz auf 2 Meter Höhe nach Arica ans Meer herunterfuhren. Es ging also immer extrem steil bergab, und unser Busfahrer musste auch noch Nebel und Gegenverkehr berücksichtigen.

Um 1 Uhr in der Nacht hielt der Busfahrer plötzlich an und brüllte nur noch: „Buen provecho Amigos!" Also Guten Appetit Freunde! Total verrafft, stieg ich aus dem Bus. Wir standen mitten in der Wildnis an einer Raststätte, die extra nachts um 1 Uhr nochmal für uns aufgemacht hatte, weil der Busfahrer unbedingt noch seinen legendären Alpakaburger essen wollte. Ich dachte erst ich sehe nicht richtig, wir sind doch jetzt schon 3 Stunden zu spät, warum muss der Busfahrer jetzt auch noch essen gehen. „Imposible en Alemania", sagte ich zum Busfahrer und er solle doch bitte schleunigst weiterfahren. Er ließ sich natürlich nicht aus der Ruhe bringen und verspachtelte genüsslich seinen Hamburger, während ich angepisst vor dem Lokal auf und ab ging. Verdammte Scheiße, so lief der Karren eben in Südamerika!

Andere Länder, andere Sitten. In dem Fall musste der treue, alte Gringo-Plaumann selbstverständlich alle üblichen südamerikanischen Bräuche respektieren, obwohl ich sie natürlich nicht nachvollziehen konnte.

Du musst die Welt nicht verstehen, du musst dich darin zurechtfinden!

Mit über 4 Stunden Verspätung kam ich dann endlich in Arica an.

Gleich zu Beginn schockierten mich die völlig überzogenen Preise in Chile.

Arica liegt direkt an der bolivianischen Grenze und plötzlich sollte ich, für ein viel schlechteres Hostel, statt 5€ in Bolivien jetzt 15€ pro Nacht im Chile zahlen, also genau gleich viel in Europa. Wahnsinn, ich erinnerte mich an die Journalistin aus Kopenhagen, die mir erzählte, wie wohlhabend Chile im Vergleich zu den anderen südamerikanischen Ländern sei. Nachhaltiger Bergbau boomte nach wie vor in Chile. Alleine durch die Kupferproduktion, werden jährlich Milliardenumsätze generiert, dass sorgte für ausreichend Wohlstand in der Bevölkerung – Arturo Vidal.

Die allgemeinen Lebensunterhaltungskosten in Chile sind mit circa 1.000€ im Monat, zwar immer noch niedriger als in Deutschland.

Aber absolut kein Vergleich zu Bolivien, dort betrugen die durchschnittlichen Lebensunterhaltungskosten etwa 300-400€ pro Monat. Ich tigerte in Arica durch verschiedene Supermärkte, und überall waren die Preise fast genau so hoch wie in Deutschland. Vielleicht hier und da mal 30-40 Cent billiger, aber daran musste man sich erst einmal gewöhnen. Vorbei waren meine glorreichen Zeiten, als ich ein 3-Gänge-Menü für 2,50€ verspachteln, oder einen Hamburger für 80 Cent essen konnte. Arica lag mitten in der Wüste, direkt am Meer, weit und breit lag Sand.

Vielleicht etwas vergleichbar mit Dubai, nur viel heruntergekommener, nicht ganz so luxuriös und ohne Wolkenkratzer. Das Meer und der Strand lösten in mir solche Glücksgefühle aus, wie ich sie zuvor selten in meinem Leben gefühlt hatte. Nach 18 Stunden Busfahrt direkt ins kühle Nass zu springen, war einfach einmalig. Strand und Meer sind einfach nochmal viel schöner und authentischer, als ein Swimmingpool finde ich. 2 volle Tage lang lud ich in Arica am Strand meinen Akku auf und flog dann weiter in die Hauptstadt, nach Santiago de Chile. Ich werde den Flughafen von Arica nie vergessen – er sah aus wie das Festzelt beim Neunmeter-Knallen auf dem Dorfsportplatz. Jetzt war Chile doch so ein unfassbar fortschrittliches Land, aber der Flughafen in Arica bestand aus ein paar Bierbänken und losen Festzeltplanen, da er sich gerade im Umbau befand. Herrje, solange die Flieger noch vernünftig fliegen, passt ja alles – Eurofighter Plaumann nämlich.

Santiago de Chile wirkte auf den ersten Blick total europäisch. Saubere Straßen, gut gekleidete Menschen, normale Verkehrsregeln, viel Respekt, also eigentlich das genaue Gegenteil von Kolumbien und Bolivien. In Santiago kam einfach kein richtiger Südamerika-Vibe auf, es war wie in Madrid, oder in Barcelona, dafür brauchte man nicht extra nach Chile fliegen.

Ich war völlig erstaunt wie viele Einheimische perfekt Englisch sprachen.

Hier war ich nichts Besonderes, keiner rief „Haaland", geschweige denn lief mir in Santiago keine Menschentraube voller Verrückter hinterher, die mir ihr Kokain andrehen wollten.

Im Hostel lernte ich eine Araberin aus Tunesien kennen, die aber in Frankreich lebte. Ich fragte sie gleich zu Beginn: „Do you have your TNT in the Bag, or are your fine with the C4 in your pocket?" Ouuu, das fand sie natürlich gar nicht witzig, dann war Fräulein Tunesien aber direkt pissig auf mich. Sie suchte danach ganz schnell das Weite und würdigte mich keines Blickes mehr.

Auch wenn ein Thorben Plaumann zweifelsohne eine Stufe über der Menschheit steht – wie ein Olympionike – muss man das dann eben auch mal total sportlich nehmen. Genau wie in der Bundesliga, sofort abhaken, Mund abputzen und direkt nächsten Samstag 15:30 Uhr wieder 3 Punkte anpeilen. Ganz warm wurde ich mit Santiago de Chile leider nicht, mir fehlte das Abenteuer. Es fühlte sich leider fast so an, wie ein stinknormaler Spanien-Urlaub. Wenig bis gar kein Südamerika-Feeling kam auf, und dann war auch noch fast alles genauso überteuert wie in Europa – in dem Fall: Sayonara, Pinochet. Nach nur 3 Tagen in Santiago zwitscherte ich also direkt weiter nach Buenos Aires – Habemus Papam.

Buenos Aires, die Hauptstadt Argentiniens und Geburtsort des legendären Diego Maradona. Argentinien war erst im Vorjahr Weltmeister geworden. Das spürte man immer noch, überall liefen Menschen in Argentinien Trikots herum, auch wenn kein Länderspiel war. Meine Güte hatten die Gauchos noch eine Euphorie, das war ja fast schon krankhaft.

Zufälligerweise war ich direkt am Wochenende der Präsidentschaftswahlen in Argentinien. Das Land steckte in einer furchtbaren Wirtschaftskrise.

Die Inflation war so hoch wie noch nie und lag mittlerweile bei fast 300%.

Das muss man sich erst mal vorstellen. Ich weiß noch genau wie ich dort Geld abgehoben habe und dann plötzlich ein fettes Bündel Scheine in der Hand hatte, das aber leider nur den Wert von umgerechnet 15€ besaß. Der argentinische Peso war mausetot. Ich befasste mich intensiv mit argentinischer Politik und fand direkt gefallen an Javier Milei, der in Deutschland ja nur bekannt ist als der „Typ mit der Kettensäge.'' Milei trat bei Wahlkampfveranstaltungen oft mit einer Kettensäge auf, die er kurz anschmiss und damit symbolisierte wie er den kapitalistischen Staat mit der Kettensäge zerfetzten will. Er war ultrakonservativ und wollte den gesamten Staat komplett erneuern und reformieren, in dem Fall war der „Kettensägenmann" genau ein Politiker nach meinem Geschmack.

Überraschend sehr deutlich gewann Javier Milei die Wahl und wurde tatsächlich Präsident von Argentinien.

In Deutschland konnte das natürlich keiner glauben, genau so wenig, wie man 2016 daran glaubten wollte, dass Donald Trump Präsident von Amerika werden könnte.

Die Straßen in Buenos Aires waren an diesem Sonntag Abend voll, vor allem junge Argentinier lagen sich schon seit dem Nachmittag in den Armen und betranken sich völlig hemmungslos. „MILEI, MILEI,'' hallte es durch die Gassen, die Luft roch nach Pyrotechnik und überall wehten unzählige Argentinien-Fahnen.

Es wirkte schon fast etwas nationalsozialistisch – jetzt noch deutsche Marschmusik und die nächste Revolution ist perfekt, gluckste ich scherzhaft vor mich hin.

Milei als Präsident war durchaus gewagt, aber warum nicht? Viel mehr falsch als die aktuelle argentinische Regierung konnte er ja gar nicht machen.

Und siehe da, jetzt Anfang 2025, ist die Inflation in Argentinien von 300% auf 117% gesunken, alles dank Javier Milei.

Die Kettensäge funktioniert! Nur weil jemand politisch andere, eher konservative Ansichten hat und Dinge radikal ändern will, ist er weder ein Nazi noch ein Geisteskranker und vor allem kein schlechter Mensch.

Das bringt mich wieder zu meinem persönlichen Grundsatz:

,,Die heutige Gesellschaft ist soweit nach links gerückt, dass normales Handeln als rechtsradikal eingestuft wird."

Morgens trainierte ich im Park, direkt vor dem legendären Boca Juniors Stadion – ein wahrhaftig ehrfürchtiger Anblick. Am Abend sollte in Buenos Aires das WM Qualifikationsspiel Argentinien versus Uruguay stattfinden – leider konnte ich auf die schnelle keine Karten mehr organisieren. Alles war schon monatelang im Voraus restlos ausverkauft, klar jeder Argentinier wollte Lionel Messi live sehen.

Schon nachmittags waren die Straßen in Buenos Aires randvoll mit schreienden und kreischenden Gauchos. Es war wie ein Volksfest, scheinbar schien absolut keiner zu arbeiten. Die Gauchos grillten und tanzten einfach alle hemmungslos auf der Straße herum. Gefühlt besaß jeder zweite Argentinier einen eigenen Grill und schmiss unendlich viel Fleisch darauf. Meine Güte, so eine grandiose Stimmung hatten wir in Deutschland nicht einmal 2014 nach dem WM-Sieg. Dazu muss man erwähnen, dass Argentinien vs Uruguay nur ein einfaches WM-Quali Spiel war.

Nicht einmal, wenn Deutschland fünfmal in Folge Weltmeister werden würde, würden wir Deutschen aufhören zu buckeln, nur um uns stattdessen auf der Hauptstraße zum Grillen treffen zu können.

Die Argentinier haben eben eine ganz andere Mentalität, als wir fleißigen und ehrgeizigen Deutschen. Argentinien-Uruguay, das große Nachbarschaftsduell, war ein Spiel um Leben und Tod, überraschenderweise gewann Uruguay dann 0:2 in Buenos Aires.

Es war die erste Niederlage Argentiniens seit dem WM-Triumph vor über einem Jahr. Mich beeindruckte die unglaubliche Leistung Uruguays sehr.

Wie konnte dieses kleine Land mit nur 3,4 Millionen Einwohnern, also so groß wie Berlin, ständig so viele talentierte Fußballer hervorbringen?

Meine Neugier war geweckt.

Ich wollte mehr über Uruguay erfahren, demzufolge entschloss ich mich dazu, nicht länger in Buenos Aires zu verweilen und stattdessen direkt nach Montevideo weiterzureisen.

Kapitel 13

Per Schiff reiste ich also von Buenos Aires nach Montevideo, auch ein einmaliges Erlebnis – die gesamte Überfahrt dauerte knapp 3 Stunden. Das Schiff schaukelte bei starkem Wind wie ein Blatt im Sturm. Als wir schließlich in Uruguay am Hafen anlegten, wollte ich mir nur schnell eine kalte Cola an der Tankstelle gegenüber kaufen. Ein einfaches Baguette ohne alles, kostete 2,10€ in Montevideo, das muss ein Fehler auf meiner soliden Währungsumrechnungs-App gewesen sein, immerhin bekommst du das gleiche Baguette für 90 Cent in Deutschland. Falsch gedacht, Uruguay ist mit Abstand das teuerste Land in Südamerika und viel teurer als die meisten Länder in Europa. Ganz einfach erklärt: Da Uruguay ein sehr kleines Land mit nur 3,4 Millionen Einwohnern ist und zudem wirtschaftlich sehr schwach ist, finanziert sich Uruguay hauptsächlich durch den Tourismus. Uruguay muss deshalb fast alle Produkte aus anderen Ländern importieren, das ist natürlich teuer und mit hohen Steuern verbunden. Leider steigen die Preise von Jahr zu Jahr, für eine 1-Zimmer Wohnung in einem ordentlichen Viertel in Montevideo zahlt man locker 1.000€ - 1.200€ pro Monat. Strom- und Wasserkosten nicht dazugerechnet! Wahnsinn, deshalb fuhren die meisten Bürger von Montevideo zum Einkaufen immer nach Argentinien über die Grenze rüber und deckten sie dort ausreichend mit Lebensmittel ein. Mein Hostel kostete wahnsinnige 40€ pro Nacht, keine 5€ mehr wie in Bolivien. Einfach nur noch gestört. Es ist immer noch Uruguay und nicht Dubai! Dafür war der Supermarkt in Montevideo, der mit Abstand sauberste und ordentlichste Supermarkt in ganz Südamerika, vielleicht sogar noch etwas besser organisiert und übersichtlicher als in Europa.

Wie überall in Südamerika stand auch in Montevideo bewaffnete Polizei vor der Eingangstüre. Ich kaufte mir 500g Spaghetti für 2€ und eine Tiefkühlpizza für 6€, und das war eher noch mit das billigste, was der Supermarkt so zu bieten hatte.

Geschockt von den überteuerten Preisen, joggte der Plaumann sofort weiter zum legendären Nationalstadion von Montevideo. Uruguay gewann 1930 und 1950 die Fußball-Weltmeisterschaft und das obwohl Uruguay als kleines gallische Dorf direkt zwischen den 2 großen ,,Big Playern´´des Weltfußballs Argentinien und Brasilien liegt. Wenn Uruguay einen talentierten Fußballer entdeckt, entdeckten Argentinien und Brasilien im Schnitt 15-20 genau so talentierte Fußballer zur selben Zeit.

Der uruguayische Fußballverband setzt extrem auf die eigene Jugendförderung. Dazu sind Herz, Patriotismus und absoluter Siegeswillen eine Grundvoraussetzung.

Hut ab vor Uruguay, man stelle sich mal vor die Stadt Berlin müsste jetzt plötzlich eigenständig bei einer WM antreten, einfach unmöglich.

Montevideo war wirklich wunderschön und lag selbstverständlich direkt am Meer, ausgestattet mit feinem Sand und einer endlos langen Strandpromenade.

Dazu hatte es angenehme 25 Grad und ein erfrischender Wind wehte mir entgegen. Das war natürlich äußerst angenehm, vor allem gab es auch keine Strandverkäufer wie in Cartagena. Wäre es nicht so übertrieben teuer gewesen, wäre ich sicher länger als 3 Tage in Montevideo geblieben.

Mein nächstes Land auf meinem großen Südamerika-Überfall sollte nun Brasilien werden. Ich überlegte mir kurz, ob ich auf mein weißes Tanktop, einfach mit Edding 7:1 draufschreiben sollte, entschied mich aber dagegen – schließlich waren die Brasilianer immer nett zu uns Deutschen.

Nur falls ich Neymar persönlich begegnen sollte, wollte ich umgehend meinen Edding zücken. Also behielt ich meinen Vernichtungs-Edding immer griffbereit in meiner Westentasche. Keinen anderen Fußballer auf der Welt kann ich so wenig leiden wie Neymar, man sollte ihn meiner Meinung nach aufgrund seines absurden, unsportlichen Verhaltens mal ein Wochenende in die Gitter-Suite stecken. Vielleicht wird er dann ja wieder normal!

Vinicius Jr. kommt direkt hinter Neymar auf Platz 2, ein furchtbarer Schauspieler, der dann wieder rumflennt, wenn er zurecht den Ballon d'Or nicht gewonnen hat.

Für mich ist das einfach ein lächerlicher, unsportlicher Haufen. Ich entschloss mich, meine Brasilien-Reise in Porto Alegre zu beginnen und dann immer weiter an der Küste entlang zu reisen. Der Bus von Montevideo nach Porto Alegre kostete mich unverschämte 95€ – klar, war ja eine uruguayische Busfirma. Unfassbar, ich konnte doch keine knapp 100€ für eine 12 Stunden Busfahrt zahlen, wenn ich in Bolivien und Peru für die gleiche Strecke 15 oder 20€ zahle und in Europa vielleicht 40-50€. Aber das war eben die einzige Möglichkeit nach Porto Alegre zu kommen, da es keinen Direktflug gab und ein Flug mit Umstieg in São Paulo mich 300-350€ gekostet hätte – zähneknirschend buchte ich also den Bus. Als ich dann Abends am Busbahnhof ankam, staunte ich nicht schlecht, die Busfahrer trugen alle weiße Uniformen und Schildmützen und sahen aus wie Piloten. Ich wunderte mich warum der Busfahrer von allen Fahrgästen die Reisepässe einsammelte.

Er meinte nur, er bräuchte sie für den späteren Grenzübergang nach Brasilien.

Im Bus lagen eingepackt in Folie, für jeden Passagier eine Decke und ein Kissen.

Das Abendessen wurde in einer edlen Box serviert und bestand aus Reis und Fleisch, zum Nachtisch wurde ein großer Schokoladenkuchen serviert. Naja, das war ja auch das mindeste für einen fast 100€ teuren Wucherpreis. Ich schlief zum Glück schnell ein und am anderen Morgen lief der Busfahrer herum und gab jedem seinen Reisepass zurück, wir hatten Nachts schon die Grenze überquert. Sehr schön, es sollte die einzige Grenzüberschreitung in Südamerika sein, auf der ich nicht auf dem Bus aussteigen musste.

Als ich in Porto Alegre ankam, dachte ich erst ich sei wieder in Kolumbien, alles um mich herum wirkte sehr heruntergekommen und es herrschte wieder ein sehr rauer Umgangston auf den Straßen. Kaum ausgestiegen liefen mir 3 Jungs im Ronaldinho Trikot hinterher und brüllten: „Haaland, Haaland, picture, pictue."

Oh Gott, natürlich hatten sie ein Ronaldinho Trikot an, schließlich ist Porto Alegre auch seine Geburtsstadt. Brasilien war eine ehemalige Kolonie Portugals. Aufgrund dessen ist die Amtssprache auch Portugiesisch, und nur etwa 4% der brasilianischen Bevölkerung sprechen Spanisch. Zu meiner Überraschung sprechen in Brasilien auch sehr viele Einheimische recht passabel Englisch, da es in der Schule als Fremdsprache unterrichtet wird.

Der berühmte Wochenmarkt von Porto Alegre gab mir wieder die zauberhaften Südamerika-Vibes zurück, die mir in Santiago de Chile komplett gefehlt hatten. Schon von weitem bot mir ein Straßenhändler das Geschäft meines Lebens an. Er wollte sein altes Nokia-Handy gegen mein neues iPhone tauschen. „Das ist doch ein fairer Deal, Gringo, oder nicht?" Zu seiner Überraschung gluckste ich nur vor mich hin, schüttelte mit dem Kopf und lehnte sein unwiderstehliches Millionenangebot dankend ab. Mein Gott, das war eben ein ganz gewöhnlicher Vormittag in Brasilien.

Als ich mit dem Bus nach Hause fuhr, sprangen dann einfach so 2 Rentner aufs Trittbrett, grüßten kurz den Busfahrer, fuhren 500 Meter mit und sprangen dann in ihren Flip-Flops wieder ab – natürlich ohne zu zahlen. Brasilien war bisher das größte Land, das ich bereiste, und hat unvorstellbare 250 Millionen Einwohner. Deswegen sind sie auch 5-mal Weltmeister geworden. Wer ein Einzugsgebiet von 250 Millionen Menschen hat, tut sich eben viel leichter im Talent-Scouting und in der Nachwuchsarbeit. Es war sehr, sehr heiß in Porto Algre, ständig um die 35-40 Grad. Schnell wünschte ich mir die 25 Grad und den leichten Wind Montevideos zurück. Das Essen bestand wie überall in Südamerika, hauptsächlich aus einem riesigen Stück Fleisch mit einer kleinen Beilage dazu, meist bestehend aus Reis, Mais, Kartoffeln oder einem anderen traditionellen Gemüse. Auch rein preislich gesehen war es in Brasilien wieder sehr viel günstiger als in Uruguay und in Chile. Für eine Nacht im Hostel bezahlte ich 8€ in Porto Alegre, statt 40€ in Montevideo.

Die Lebensunterhaltungskosten lagen in Brasilien für eine Einzelperson bei ungefähr 500-600€, also wieder sehr preiswert. Mir gefiel es gut in Brasilien, also beschloss ich noch eine Weile in Brasilien zu verweilen. Mein Zimmernachbar in Porto Alegre erzählte mir von Curitiba, der angeblich futuristischen und nachhaltigsten Stadt in Brasilien.

Mein Interesse war geweckt, also fuhr ich am nächsten Morgen direkt mit dem Bus weiter nach Curitiba. Schon als ich aus dem Bus ausstieg, war ich begeistert, es herrschte eine wunderbare, friedliche Atmosphäre. Alles war grün, blühte und war allgemein sehr sauber und ordentlich. Das hatte wenig mit Porto Alegre zu tun, ich dachte erst ich sei auf einem anderen Kontinent. Curitiba zählt etwa 2 Millionen Einwohner und ist nicht nur die mit Abstand nachhaltigste Stadt in Brasilien, sondern seit 2023, dank der ,,World City Smart Awards'' tatsächlich auch offiziell die nachhaltigste Stadt der Welt. Die ganze Stadt setzt auf rein ökonomischen Wachstum und auf Solarenergie. In Curitiba entstand die erste Photovoltaikanlage in ganz Lateinamerika, obwohl das Wort Anlage fast noch untertrieben ist, es handelt sich eher um eine riesige Solarpyramide, die auf einer alten Mülldeponie errichtet wurde. Nur mit dieser Solarpyramide spart Curitiba jährlich umgerechnet insgesamt 400.000€ an Energiekosten. Zuvor hatte ich in Südamerika noch nie eine Photovoltaikanlage gesehen. In der Innenstadt fahren in Curitiba viele Elektrobusse und Taxis. An über 300 verschiedenen Standorte in der Stadt gibt es kostenloses Wi-Fi, dazu war Curitiba die erste Stadt in Brasilien die einen soliden 5G Empfang gewährleisten konnte. Warum war Curitiba so innovativ und allen anderen Städte so weit voraus? Ganz einfach erklärt:

Curitiba wurde Anfang des 20. Jahrhunderts extrem abgeholzt, war sehr stark von Überschwemmungen betroffen und die Umwelt wurde massivst geschädigt.

Das änderte sich 1971, als Jamie Lerner Bürgermeister wurde und radikal alles änderte. Er hatte eine große Vision: Ganz Curitiba sollte nachhaltig werden.

Jamie Lerner startete mit einer großen Grünflächenkampagne. Am Anfang noch von vielen belächelt setzte, er voll auf die Begrünung der Innenstadt. Er ließ unzählige Parks und Gärten bauen, die auch gleichzeitig so angelegt wurden, dass sie als Hochwasserschutz genutzt werden und den Wasserabfluss der Stadt kontrollieren konnten. Auch der Eigeninitiative der Gemeinde ist es zu Verdanken, das Curitiba heute die nachhaltigste Stadt auf der Welt ist, durch die unzähligen Grünflächen verbesserten sie die Luftqualität und sie lockten außerdem dadurch massenhaft Touristen an. Ich war sprachlos, genau das war der lebende Beweis dafür, dass man durch jahrzehntelange harte Arbeit und einem ausgeklügelten Plan, auch aus einem Drecksloch in Brasilien, die nachhaltigste Stadt der Welt machen konnte.

Hut ab, Curitiba! Während meiner täglichen Joggingtour durch die Stadt entdeckte ich unzählige architektonische Wunder – alle Gebäude wirkten äußerst innovativ und modern. Wo waren nur all die Favela-Wellblechhütten und die unzähligen Ziegelsteinhäuser ohne Dach geblieben? Es schien so, als würden alle Bürger Curitibas gemeinsam miteinander einen großen Plan verfolgen. Nach dem Training genoss ich die 26 Grad im Dezember bei einer kalten Cola auf einer wunderschönen grünen Wiese in meinem Lieblingspark. Dabei beobachte ich dann genau wie jeder einzelne Bürger seinen Müll fachgerecht entsorgte – es war einfach eine total unvergesslich herrliche Zeit. Im innovativen Curitiba hatte ich außerdem nie das Gefühl meinen 10kg schweren Rucksack vorne herum tragen zu müssen.

Man erkannte die Europäer in Südamerika schon von weitem nur daran, wie sie ihren Rucksack trugen, stets schön nach vorne geschnallt, damit sie ja alle Taschen immer im Blick hatten. Auf meiner ganzen Reise schnallte ich nur einmal meinen Rucksack nach vorne, und das war auf dem Wochenmarkt in Medellín.

Ansonsten kann man seinen Rucksack meiner Meinung nach immer problemlos ganz normal auf dem Rücken tragen.

In Curitiba werde ich sicherlich irgendwann einmal wieder auftauchen.

Von Curitiba aus sollte meine Reise weiter gehen nach São Paulo.

Der riesige Busbahnhof erschlug mich fast, auch die Metro war gigantisch.

Es herrschte großes Gedränge und Gerangel auf den Rolltreppen und in den vielen Gängen. Ich hatte kein Bargeld mehr und der ATM war defekt, aus Wut und Frust schlug ich einmal gegen den Geldautomat – das bemerkte natürlich umgehend ein Polizist. „Where are you from?", fragte er mich sofort. „Of course from Germany, Mister Chief Inspector", antwortete ich. Er lachte herzhaft und führte mich ganz easy, ohne dass ich bezahlen musste, durch das Drehkreuz in die Metro: „Welcome to São Paulo", sagte er – in der Tat ein äußerst korrekter, ehrenhafter Sheriff.

São Paulo hat 12 Millionen Einwohner und ist somit nicht nur die größte Stadt in Brasilien, sondern in ganz Südamerika.

Eine absolute wahnsinnige Stadt die zu meiner großen Überraschung auch noch mit einer sehr modernen Infrastruktur glänzte.

Viele Wolkenkratzer ragten mir entgegen, als ich die Stadt erkundete.

Der Fitnesspark in São Paulo war kameraüberwacht, bot eine kostenlose Toilette, eine Putzfrau, einen Wachmann, der ständig patrouillierte, und zu meiner großen Überraschung sogar auch noch gratis Wi-Fi. Wahnsinn, das gab es ja nicht mal in Europa, dazu war alles extrem sauber und ständig wurde gefegt und geputzt.

In Deutschland pflegt kaum jemand ein Outdoor-Basketballfeld, oder reinigt täglich ein Outdoor-Gym in einem städtischen Park. Brasilien ist immerhin die achtgrößte Volkswirtschaft der Welt, es klafft aber eine riesige Schere zwischen Arm und Reich – fast so extrem wie nirgendwo sonst auf der Welt. Im Norden Brasiliens herrscht furchtbare Armut, ähnlich wie in Bolivien und in Peru, während im Süden Brasiliens hingegen alle modernen Wirtschaftsstrukturen ausreichend vorhanden sind.

So boomten Städte wie São Paulo und Curitiba, während im Norden des Landes die Leute in Favelas ohne Strom und Wasser lebten.

Gebildete Brasilianer aus dem Norden zogen so schnell wie möglich in den Süden, dies verschärfte selbstverständlich die eh schon angespannte wirtschaftliche Lage des Nordens um ein Vielfaches.

Mein Hostel in São Paulo wirkte auf den ersten Blick überaus unheimlich. Komischerweise war ich der einzige Gast. Als ich ankam, stand ich vor einer großen, verschlossenen Stahltüre und konnte mich nur per Türsprechanlage verständigen. Verdammt, es ist ein Hostel und nicht Fort Knox! Der Chef des Hostels war Asiate und ein totaler Computerfreak. Alles war hightechmäßig Videoüberwacht, sogar die komplette Küche. Aus welchem Grund auch immer, waren weit und breit keine anderen Hostelgäste zu sehen – wahrscheinlich lagen sie alle erschossen, erwürgt, mumifiziert oder vergiftet beim Asiaten im Folterkeller. In dem Fall hatte ich den 10-Mann-Schlafsaal für mich alleine – in der Tat eine sehr geschmeidige Angelegenheit. Ich weiß, bei jedem anderen Menschen würden jetzt sicher sofort die Alarmglocken schrillen – allerdings nicht bei mir, dafür war ich einfach viel zu cool. Schließlich ist doch so ein menschenleeres Geister-Hostel, ausschließlich für mich alleine, auch mal ein sehr gemütliches Erlebnis. Komisch war nur: Immer wenn ich in der Küche etwas kochte, schwenkte die Kamera unaufhörlich hin und her. Wahrscheinlich hat sich der Asiate dann gerade vor der Kamera im 64-fachen-Zoom selbstbefriedigt. Als ich aus dem Haus ging, hörte ich plötzlich hinter mir eine tiefe Computerstimme krächzen. Die unheimliche Stimme aus dem Jenseits, war dann niemand anderes als der Asiate, der plötzlich über die Sprechanlage zu mir sprach: „Thorben? If you want to eat the meat in the fridge as well, no problem", meinte er zu mir mit stark verzerrter Stimme. Er hatte mich also tatsächlich während des Kochens pausenlos überwacht. Hmmm, was frisst wohl der Plaumann zum Mittag, des wollte Mister Süß-Sauer ja dann directly wissen. Bestimmt hatte Mister Süß-Sauer auch heimlich eine Kamera in der Dusche versteckt, so technikaffin wie er war, musste des ja ein Kinderspiel für ihn gewesen sein.

Ich hoffe, mein asiatischer Freund hatte außerordentlich Spaß an meinen soliden, alltäglichen Duschvorgängen – machsch mir en Nasi Goreng.

Die Avenida Paulista in São Paulo war mein absolutes Highlight – wahrscheinlich die wichtigste und berühmteste Straße in São Paulo, vielleicht sogar in ganz Brasilien. Sie ist insgesamt fast 3 Kilometer lang, umgeben von Wolkenkratzern und zahllosen verschiedenen Shopping-Malls. Jeden Sonntag wird die gesamte Straße gesperrt, die Geschäfte bleiben aber auf. Unzählige Menschen liefen dann sonntags über die Straße, genossen die Live-Musik oder einfach ein völlig unbeschwertes Shopping-Erlebnis – ganz ohne Verkehr. Es war kurz vor Weihnachten, und die komplette Avenida Paulista war feierlich geschmückt: Alles funkelte, schimmerte und glänzte prachtvoll bei 29 Grad. Eine Schülergruppe von etwa 10-15 Jungs erspähte mein Antlitz schon von Weitem. Sofort liefen sie von ihrer Lehrerin weg und rannten mit schallendem „HAALAND, HAALAND!"-Gebrüll auf mich zu. Ich machte mir einen Spaß daraus, flitzte von der Schülergruppe weg und versteckte mich im nächsten Kaufhaus. Gut versteckt hinter einem Regal, beobachtete ich daraufhin durch das Schaufenster, wie die Lehrerin mit aller Kraft versuchte, die wilden Kinder wieder einzusammeln – man, war das ein riesen Spaß.

São Paulo ist meiner Meinung nach besser strukturiert als die meisten deutschen Großstädte. Selbst die öffentlichen Toiletten waren sehr sauber gehalten, und fast alle sprachen Englisch. Die Metro funktionierte einwandfrei, der Fußball boomte – schließlich kommen mit Corinthians, Palmeiras und dem FC São Paulo, auch 3 der größten Fußballvereine Brasiliens, die regelmäßig um die bekannte und legendäre Copa Libertadores (südamerikanische Champions League) mitspielten direkt aus São Paulo. Alles war so modern, dass du fast überall total problemlos mit Apple-Pay bezahlen konntest. In Bolivien, Peru und in großen Teilen Kolumbiens konnte man ja nicht mal mit Karte bezahlen – geschweige denn mit dem Smartphone.

Als ich einem Supermarkt einkaufen ging, gab es nur noch eine normale Kasse mit einer einzigen klassischen Kassiererin.

Sonst lief alles nur noch vollständig über Selbstbedienungskassen, wie man sie auch schon vereinzelt in Deutschland kennt.

Ich scannte alle Produkte selbständig ein, verstand aber nicht wirklich alle Symbole auf dem Bildschirm, da der komplette Self-Pay-Service auf Portugiesisch angegeben war. Also drückte ich einfach wie ein trotziges Kind, so lange irgendwelche Knöpfe, bis dann die Meldung „SYSTEM ERROR" erschien.

Sofort kam ein Mitarbeiter auf mich zugestürzt und fragte mich direkt in perfektem Englisch, was passiert sei. Er schaute auf das Gerät drückte auch noch mal ein paar Knöpfe, schaute mich dann wieder an und sagte nur zu mir: „I don't know what happened here, but you can go." Ich konnte es nicht glauben, er kann mich doch nicht einfach mit randvollen Einkaufstüten abziehen lassen. Immerhin war es doch meine Schuld, dass des Drecksteil nicht mehr funktionierte. Schließlich hatte ich doch wie ein Gestörter alle Knöpfe gedrückt und nicht er. Ich bedankte mich und ging dann anschließend mit vollen Taschen nach Hause. Ein Fall, der in Deutschland unvorstellbar wäre. Welche Aldi-oder Rewe-Mitarbeiterin lässt einen völlig fremden Kunden einfach so mit vollen Einkaufstaschen gehen, ohne zu bezahlen?
Das war eine Menschlichkeit, die ich niemals vergessen werde!

Der Plaumann liebt SÃO PAULO über alles!!

In der Metro lernte ich eine waschechte Paulista kennen, also eine Brasilianerin die in São Paulo geboren ist. Natürlich fragte ich sie umgehend, über die momentane politische Lage in Brasilien aus. Sie war glühende Bolsonaro-Verehrerin, demzufolge gab ich ihr den Spitznamen „Fräulein Bolsonaro." Jair Bolsonaro war von 2019- 2022 Präsident Brasiliens, rein politisch gesehen kann man ihn durchaus eher in die rechtspopulistische vielleicht sogar in die rechtsextreme Szene einordnen.
Er gilt als großer Freund und Befürworter von Donald Trump.

Nach Bolsonaro seiner gescheiterten Wiederwahl, stürmten im Januar 2023, also fast genau 2 Jahre nach dem Sturm auf das Kapitol in Washington D.C, tausende Bolsonaro-Anhänger den brasilianischen Kongress in der Hauptstadt Brasilia.

Über 1.500 Bolsonaro Anhänger wurden daraufhin verhaftet. Fräulein Bolsonaro lobte die geringe Arbeitslosigkeit unter Bolsonaro und die stark gestiegenen Agrarproduktionen. Die katastrophale Abholzung des Regenwaldes und die über 600.000 Corona-Toten ließ sie natürlich unerwähnt. Ich konnte mit Bolsonaros Politik wenig anfangen, einige Punkte waren zwar richtig, aber die Abholzung des Regenwaldes, war ein unbezahlbarer und unverzeihlicher Fehler.

Natur muss geschützt und nicht gerodet werden! Aktuell wird Bolsonaro übrigens gerade von der Generalstaatsanwaltschaft wegen seines versuchten Staatsstreiches angeklagt. Naja, ob Brasilien jetzt wirklich glücklicher mit Präsident Lula ist, darf zumindest auch stark angezweifelt werden. Fräulein Bolsonaro kochte mir das sehr leckere brasilianische Nationalgericht Feijoada, ein Bohneneintopf mit Fleisch zu dem man Orangenscheiben aß und Orangensaft trank.

Schmackhaft wars, erinnerte mich sehr stark an die kolumbianische Küche.

Nach vollen 8 Tagen in São Paulo reiste ein Mister Flixbus dann schlussendlich weiter nach Rio de Janeiro. Witzigerweise, fuhr ich von São Paulo nach Rio, zum ersten Mal in ganz Südamerika in einem Flixbus. Auf meinen gesamten Routen davor, fuhr leider kein Flixbus. In nur fünfeinhalb Stunden war ich dann schon in Rio de Janeiro. Während meiner ganzen Südamerikareise, war ich schon an unzähligen heißen und vor allem tropischen Orten. Rio de Janeiro war aber echt nochmal die absolute Krönung mit 35-40 tropischen Grad. Es war so abartig heiß und schwül, das in meinem Hostel die Klimaanlage immer durchgehend durchlief und so kalt eingestellt war, dass ich immer in langer Hose und Pullover schlafen musste.

Als ich dann morgens aufstand und aus dem Zimmer ging, wehte mir der heiße

Rio-Wind entgegen, es war so schwül und heiß dass ich keine 5 Minuten später meinen Pullover nass geschwitzt hatte.

Wegen der Weltmeisterschaft 2014 und den Olympischen Spielen 2016 wurde Rio komplett grundsaniert und erneuert.

Zu meiner Überraschung gab es in Rio auch eine nagelneue, wunderbar moderne Straßenbahn, die direkt an der Copacabana entlangfuhr. Wenn man Rio de Janeiro im TV sieht, werden meistens nur die verarmten Favelas und die hohe Kriminalität gezeigt. Das war aber überhaupt nicht so, ich fühlte mich in Rio sehr sicher.

Die Copacabana war natürlich einmalig schön und endlos lang, mich störten aber natürlich mal wieder die unzähligen penetranten Strandverkäufer. Zwar waren sie noch nicht ganz so hysterisch und aggressiv unterwegs wie in Cartagena, aber trotzdem immer noch total nervig. Herrgott, ich will doch deine verschissene Sonnenbrille einfach nicht kaufen, egal ob du mich jetzt zum siebten, oder zum siebenundzwanzigsten Mal fragst. Lasst mich doch einfach in Ruhe am Strand liegen. Heilandzack, war das wirklich so unfassbar schwer zu verstehen?

Jeder, der Rio de Janeiro hört, wird wahrscheinlich sofort die berühmte „Cristo Redentor"-Statue in Erinnerung haben. Immer wenn ich sie im TV sah wirkte sie sehr gigantisch und majestätisch, sie hatte so etwas Unantastbares für mich.

Jetzt muss ich euch leider enttäuschen, in echt ist sie leider viel kleiner als im Fernsehen. Einfach eine stinknormale Statue, die überhaupt nicht allmächtig wirkt. Die Cristo-Statue wird einfach immer per Drohne oder Helikopter gefilmt und so für das TV perfekt in Szene gesetzt. Bei der unfassbaren Hitze versuchte ich immer erst abends, kurz vor dem Sonnenuntergang, joggen zu gehen.

Von meinem Hostel aus joggte ich ungefähr 5 Kilometer zu meinem absoluten Highlight in Rio de Janeiro: dem legendären Maracana-Stadion.

Unser unvergessliches Stadion der WM 2014, in dem wir Deutschen den Gastgeber Brasilien mit 1:7 vom Platz gefegt haben.

Das Maracana-Stadion wurde mehrfach saniert und sah wirklich prächtig aus.

Außerdem wurde es auch für unzählige andere Events genutzt.

Als ich am Maracana Stadion ankam, hingen überall noch Paul McCartney-Plakate herum, er hatte schließlich erst gestern ein Live Konzert im Maracana gespielt.

Wahnsinn, vor allem weil das Maracana-Stadion, direkt am Fuße der Favelas liegt.

Nachdem ich das Stadion ausgiebig erkundet hatte, joggte ich dann weiter hoch, tief in die Favelas hinein. Hier wurde übrigens auch der Film „Fast and Furious 5" gedreht. Wie in den Barrios in Kolumbien waren auch alle Favela-Bewohner total offenherzig, nett und winkten mir wie in Kolumbien immer direkt zu. Witzigerweise wunderten sich immer alle warum ein Gringo soweit alleine zu ihnen hochkam. „Business" antwortete ich, machte 5 Liegestütze vor ihnen und joggte dann weiter.

Es war eine herrliche Zeit in Rio, nur brauchte ich in Rio so viel Sonnencreme wie nie zuvor in Südamerika. Ohne Lichtschutzfaktor 50, komplett von Kopf bis Fuß eingecremt,würde es ein normaler Europäer keine 5 Minuten in Rio aushalten.

Die Unbeschwertheit und Lockerheit der Brasilianer gefiel mir außerordentlich gut.

An der Copacabana spielten alle Einheimischen immer Beachvolleyball und Fußball.

Sogar offizielle Punktspiele fanden einfach mitten am Strand im Sand statt.

Der Schiedsrichter kam dann mit Mofa und Flipflops zum Spiel, und los ging es.

Das wäre nichts für uns überkorrekte Deutschen gewesen, bei uns würde es heißen Belastungssteuerung, oder erhöhte Verletzungsgefahr: „Auf dem Strand spielen wir jetzt aber nicht! Bitte sofort Zähne putzen und ab ins Bett."

Das wäre die allgemeine prüde deutsche Herangehensweise gewesen.

Im regulären Linienbus in Rio de Janeiro trugen die meisten Männer nur Shorts und Flip-Flops und ließen gemütlich mit nacktem Oberkörper ihre schmackhafte Wampe herausbaumeln – der Herrgott gibt es, und der Herrgott nimmt es wieder.

Niemand achtete, darauf was andere Menschen von einem halten, man zog sich einfach immer das an, was einem gefiel.

Mein Gamechanger während meiner ganzen Südamerikatour war meine geniale Trinkflasche mit eingebautem Wasserfilter, die sich der Plaumann zuvor in meinem geliebten Deutschland in einem Online-Shop gekauft hatte.

Der Filter reichte für solide 1.000 Liter Wasser aus und ermöglichte es mir, jederzeit problemlos Leitungswasser zu trinken – ganz ohne es vorher abkochen zu müssen, um Bakterien abzutöten. Gerade in Rio war er vollkommen unverzichtbar, denn ich habe dort mehr Wasser getrunken als je zuvor.

Nach einer tollen Woche in Rio hatte ich nun die große Wahl:
Entweder konnte ich weiter nach Paraguay, Ecuador oder Venezuela ziehen.
Andererseits wartete Pocahontas aus La Paz in Mexiko-City schon auf mich.

In dem Fall entschied ich mich für Mexiko, auch aufgrund dessen, weil ich von mehreren Seiten gehört hatte, dass Ecuador, Venezuela und Paraguay jetzt nicht gerade so außergewöhnlich schön sein sollen und besagte Länder kein absolutes MUSS auf einer großen Südamerika-Reise sein würden.

Kapitel 14

An Heiligabend fuhr ich demzufolge von Rio zurück nach São Paulo und flog dann von dort aus knapp 9 Stunden weiter nach Mexico-City. Pocahontas wartete schon sehnsüchtig am Flughafen auf mich. Sie hatte Verwandte in Mexiko-City und wir verbrachten Weihnachten zusammen. Mein erster Eindruck von Mexiko war leider ziemlich miserabel, anders als in den massenhaften TikToks die ich mir im Vorfeld angeschaut hatte, war Mexiko-City sehr dreckig und etwas heruntergekommen – aber dafür wahnsinnig günstig. Die gesamte Metro im Mexiko-City war eine reine Katastrophe, die Fahrpläne passten hinten und vorne nicht mit dem überein, was Google Maps anzeigte. Die Gleis-Beschilderung war mit einem Edding auf einem DIN-A-4 großen Zettel beschriftet, der mit Tesafilm an die Wand geklebt wurde. Ich dachte, ich sehe nicht richtig – schließlich war das die Hauptstadt Mexikos und kein kleines, versifftes Kaff irgendwo im Hinterland.

Es gab kein elektronisches Fahrkartensystem. Als Fahrkarte diente stattdessen ein ungefähr fingerlanger Zettel, den du dann in einen Gelben Sack, der am Drehkreuz befestigt war, hineinschmeißen musstest. Erst danach durftest du in die Metro einsteigen – „Zättl wegschmeissä → Zugang gewährt.‘‘

Unglaublich! Es wirkte alles eher wie in einem Drittweltland.

Ich hielt Mexiko wirtschaftlich immer für ungefähr gleich stark wie Brasilien oder Argentinien. Schließlich hat Mexiko unfassbare 130 Millionen Einwohner und ist somit eines der größten Länder in Lateinamerika. Aber nein, Mexiko ist leider sehr verarmt und wirtschaftlich extrem auf die USA angewiesen, unvorstellbare 80% aller Exporte Mexikos gehen in die USA.

Dafür ist Mexiko extrem reich am Bodenschätzen und verfügt über sehr große Erdölreserven. Das Land befindet sich extrem im Wandel, viele Strukturen sollen erneuert oder reformiert werden.

Zudem möchte Mexiko noch mehr Fokus auf den Tourismus legen – immerhin arbeiten schon rund 4 Millionen Mexikaner im Tourismussektor, Tendenz natürlich sehr stark steigend.

Naja, solange sie ihr Drogen- und Kartellprobleme nicht in den Griff bekommen, bringt das leider alles relativ wenig, meiner Meinung nach. Der Kampf gegen jegliche Drogenkartelle ist meiner Ansicht nach kompletter Schwachsinn, weil er einfach niemals gewonnen werden kann. Mein Vorschlag: Alle Drogen sollten umgehend legalisiert werden und ab 18 Jahren, ganz normal im Supermarkt angeboten werden. Vorne an der Kasse, direkt neben den Zigaretten und Wodka-Flaschen, sollte dann Kokain im Regal stehen – natürlich billiger als der reguläre Straßenpreis.

Warum? Ganz einfach erklärt: Jeder Mensch ist meiner Meinung nach ab seinem 18. Lebensjahr selbst für seine eigene Gesundheit verantwortlich.

Wenn ein 18-jähriger jeden Tag eine Banane isst, passiert nichts, wenn er aber jeden Tag 1.000 Bananen essen würde, stirbt er.

Wenn ein 18-jähriger jeden Tag 1 Bier trinkt, passiert nichts, wenn er 1.000 Bier am Tag trinken würde, stirbt er.

Wenn ein 18-jähriger jeden Tag ein kleines Näsle Kokain schnupft, passiert nichts, wenn er 1.000 Nasen Kokain am Tag schnupfen würde, stirbt er.

Wenn also alle Drogen weltweit legal, günstig und ab 18 Jahren in jedem Supermarkt angeboten würden, würde natürlich darauffolgend der Straßenpreis sofort sinken – darüber bin ich mir durchaus im Klaren.

Aber, da es nichts mehr außergewöhnliches wäre, Kokain zu besitzen, würde nach und nach die Nachfrage schwinden und die Kartelle würden langsam pleitegehen.

Warum sollte ich extra zum Dealer in den Park gehen, wo ich 1 Gramm Kokain für 74€ kaufen kann, wenn im „Späti" um die Ecke das Gramm Kokain für 70€ angeboten wird? Der Dealer im Park bietet dann das Gramm für 50€ an.

Ok cool, dann reagieren eben alle Supermärkte der Welt sofort darauf und bieten ihr Kokain im Laden dann für unschlagbare 40€ an. Wenn heutzutage ein minderjähriger Kokain konsumieren möchte, dann schafft er das auch: Entweder kommt er über ältere Freunde an Kokain, geht selbst zu einem Dealer oder er besorgt es sich einfach auf dem Pausenhof. So läuft das eben 2025 – also kann man Kokain auch gleich vollständig legal im Laden anbieten. Erinnert euch an die Zeiten der Prohibition in den USA 1920-1933, was hat die jahrelange Jagd nach all den Alkoholschmugglern gebracht? Richtig! Nichts und wieder nichts, nur dass die Prohibition 1933 wieder komplett aufgehoben wurde.

Denkt mal darüber nach, wie viele Milliarden jedes Land sparen könnte, wenn sie nicht mehr völlig sinnlos dem Drogenhandel hinterherjagen müssten.

Man könnte sich endlich verstärkt dem Kampf gegen Terrorismus jeglicher Art widmen, die Pflege entlasten oder zum Beispiel die Renten erhöhen.

Und so weiter und so fort. Kartelle in Südamerika könnte man verstaatlichen, ganz ähnlich wie die Herstellung von Alkohol in einer Destille. Man baut daraufhin einfach Kokain auf staatlich geförderten Koka-Plantagen an und verkauft dann das gewonnene Kokain völlig legal als offizielles Exportgut nach Europa.

Das füllt die Staatskassen und man könnte sich endlich mal um die mangelnde Infrastruktur in Südamerika kümmern und zugleich auch die Armut bekämpfen.

So einfach ist das erklärt!

Kleiner Fun-Fact: In keinem Land auf der Welt wird so viel Coca-Cola getrunken wie in Mexiko. Im Schnitt trinkt jeder Mexikaner 160 Liter Coca-Cola pro Jahr, also unglaubliche 0,4 Liter am Tag. Das muss man sich erst mal vorstellen.

Fast einen verschissenen halben Liter Coca-Cola prügeln sich also die Mexikaner JEDEN Tag rein. Zum Vergleich: Der Durchschnittsdeutsche trinkt im Schnitt 0,09 Liter Coca-Cola am Tag, also nicht mal 100 Milliliter. Das erklärt auch, warum ich so unfassbar viele fettleibige Mexikaner auf den Straßen gesehen habe.

Eines muss man den Mexikaner aber lassen: ihr unfassbarer gutes Essen nämlich – wir wollen ja auch nicht zu negativ sein. Pocahontas und ich erkundeten ausgiebig alle Streetfood-Läden in Mexiko-City und waren direkt sehr angetan von der mexikanischen Küche, egal ob Tacos, Tortillas, Nachos oder Quesadillas – alles wirklich alles, war unfassbar lecker. Wahrscheinlich habe ich auf meiner gesamten Südamerika-Reise nirgendwo so gut gegessen wie in Mexiko. Ich verliebte mich in Tacos und begann, sie mit allen verschiedenen Soßen zu kombinieren, dazu frisch gepresster Limettensaft als Topping oben drauf – sehr empfehlenswert. Auch die originalen Tortilla-Chips schmecken in Mexiko einfach viel besser als in Deutschland. Hinzu kam, dass Mexiko absolut günstig ist, fast genauso günstig wie Bolivien oder Peru. Für unser schönes Hotel mit Kingsize-Bett, direkt im Zentrum, bezahlten wir nur 30€ pro Nacht – das sprach mich natürlich im besonderen Maße an.

Nice, in Mexiko war die Reichsmark also noch was wert! Allerdings hatte es an Weihnachten in Mexiko City nur 12 Grad – ganz anders als in Rio de Janeiro zuvor. In Mexiko nannte man mich nicht mehr Gringo, sondern Güero – aufgrund meiner langen blonden Haare. Nach Mexiko-City fuhren Pocahontas und ich mit dem Bus nach Veracruz ans Meer. Ganz bewusst mieden wir alle kartellkontrollierten Städte und Gebiete – darauf sollte man schon achten, wenn man durch Mexiko reist.

Veracruz, die Hafenstadt, war trotz ihrer 400.000 Einwohner eher verschlafen, und generell war wenig los auf den Straßen. Selbst an Silvester war eher tote Hose angesagt und zu unserer großen Überraschung gab es leider weit und breit kein Feuerwerk in Veracruz. Aus irgendeinem Grund war in diesem Jahr Feuerwerk an Silvester komplett verboten. Wahrscheinlich weil sich in den Vorjahren an Silvester zu viele Mexikaner selbst in die Luft gejagt hatten – machsch mir en Tortilla Böller. Fakt ist nur, dass es leider mein erstes Silvester war, an dem ich keine einzige Rakete am Himmel gesehen habe – und das war wirklich sehr deprimierend.

Feuerwerk gehört zu Silvester dazu!

An Neujahr unternahmen wir von Veracruz aus einen Tagesausflug nach Xalapa. Auch hier gefiel es uns nicht wirklich besonders. Rein architektonisch war es nichts Einzigartiges, außerdem regnete es die ganze Zeit und der Verkehr war furchtbar.

Ich weiß das generell in den deutschen Medien, die Einwanderungspolitik von Donald Trump eher negativ gesehen wird. Aber jeder, der selbst einmal mehrere Wochen durch Mexiko gereist ist und nicht nur die absoluten Touristenhochburgen wie Cancun oder Tijuana besucht hat, wird feststellen, dass Trump seine Politik vielleicht gar nicht so absurd ist, wie sie klingt. Als ich 2015 zum ersten Mal Donald Trump sein,, Bulid the Wall" -Gelaber im TV sah, hielt ich ihn für komplett verrückt und gestört. Er kann doch jetzt nicht ernsthaft eine große Mauer zu einem direkten Nachbarland hochziehen. Nachdem ich aber jetzt selbst in Mexiko war und die Durchschnittsmexikaner kennenlernte, wurde mir allmählich immer mehr klar, dass ein Mauerbau vielleicht gar nicht so absurd und weit hergeholt ist, wie er vielleicht auf den ersten Blick klingen mag. Sobald ein mexikanisches Kind das Licht der Welt erblickt, schaut es nicht als erstes in die Augen seiner Mutter, sondern direkt auf die amerikanische Grenze. Selbstverständlich ist das jetzt etwas überspitzt formuliert, aber viele Mexikaner denken genau so: Sie wollen lieber so schnell wie möglich in die Staaten abhauen, weil bei ihnen zu Hause nicht viel läuft und sie leider total überfordert damit sind, ihre eigenen Probleme selbstständig zu lösen.

Wenn es Flüchtlingstechnisch bei uns in Europa so weiter geht wie bisher, wage ich mal eine sehr düstere Prognose:

Ich fürchte, dass wir dann nicht in 20 oder in 25 Jahren, aber vielleicht schon in 50 Jahren wahrscheinlich gar keine andere Möglichkeit mehr haben werden, als eine große Mauer rund um Europa zu bauen.

Klingt total verrückt und absurd, ich weiß – aber lasst mich es bitte kurz erläutern.

Meiner Meinung nach wird die Völkerwanderung aus Afrika nach Europa immer stärker zunehmen.

In 50 Jahren wird Afrika noch mehr heruntergewirtschaftet und ausgebeutet sein, als es jetzt eh schon der Fall ist, sodass sich nach und nach immer mehr Afrikaner dazu entscheiden werden, nach Europa aufzubrechen. Dann wird uns gutmütigen Europäern vermutlich keine andere Möglichkeit mehr bleiben, als eine Mauer zu Afrika hochzuziehen. Schließlich sind jetzt schon Millionen Afrikaner nach Europa geflüchtet, das bekommen wir ja gerade noch so verkraftet. Aber was ist wenn in den nächsten 50-60 Jahren nicht mehr ein paar Millionen Afrikaner nach Europa wollen, sondern 100 Millionen, dann sieht die Lage nochmal dramatischer aus, als sie ohnehin schon ist. Ich hoffe natürlich, dass die von mir befürchtete dramatische Völkerwanderung ausbleibt und die Afrikaner ihre eigenen Probleme selbst gelöst bekommen.

Alle wollen nach Europa und vor allem nach Deutschland. Selbst wenn am Südpol ein Bürgerkrieg unter Pinguinen ausbrechen sollte, würden alle Pinguine nicht an den Nordpol fliehen, sondern lieber versuchen, vom Südpol nach Deutschland durchzukommen. Das Problem dabei ist, dass wir Deutschen uns leider viel zu oft ausnutzen lassen. Ich weiß noch allzu gut wie happy ich 2015 war, als die erste Flüchtlingswelle nach Deutschland kam.

Sofort spendete ich unzählige alte T-Shirts und Pullover für arme Flüchtlingskinder. Das tat ich selbstverständlich ausgesprochen gerne.

Die Schwierigkeit dabei ist nur, dass in vielen Fällen nicht eine Familie aus Syrien nach Deutschland kommt, die sich aus Vater, Mutter und 2-3, meinetwegen auch 4 Kindern zusammensetzt. Sondern immer öfters besteht eine „angeblich" ganz arg hilfsbedürftige Familie aus Syrien oder Afghanistan dann plötzlich aus 17 Brüdern. Wenn unsere deutsche Hilfsbereitschaft so schamlos ausgenutzt wird, gefällt mir das eben nicht – wir sind nicht der Wohlfahrtsstaat für alle Probleme auf der Welt.

Dennoch ist wie bereits erwähnt Integration extrem wichtig, vor allem für den deutschen Arbeitsmarkt. Es gibt zum Glück in Deutschland immer noch unzählige positive Beispiele für gelungene Integration, die sollen bei meiner Generalkritik selbstverständlich nicht zu kurz kommen. Meinen ausdrücklichen Respekt und meine Anerkennung an alle Syrer und Afghanen, die erst seit knapp 1-2 Jahren in Deutschland leben, schon perfekt Deutsch sprechen und einer Arbeit nachgehen. Ich wüsste nicht, ob ich als Flüchtling nach nur einem Jahr in Syrien schon perfekt Arabisch sprechen könnte, wahrscheinlich würde ich gnadenlos scheitern.

Wir sollten in Deutschland vor allem jenen Bürgern mit Migrationshintergrund, die in Deutschland geboren sind, die Sprache perfekt sprechen und seit Jahrzehnten tadellos ihre Steuern zahlen, mehr Anerkennung und Aufmerksamkeit schenken.

Ihre Väter haben schließlich als Gastarbeiter in den 60er-Jahren erheblichen Anteil, an dem Wohlstand des heutigen Deutschlands.

Mein Wunschgedanke ist, dass während der gesamten Fußball-EM oder WM, jeder in Deutschland geborene Türke, bei sich daheim ein Deutschland-Trikot und ein Türkei-Trikot im Schrank hängen haben sollte. Wenn die Türkei am Montag spielt, dann feuert ihr bis zum geht nicht mehr die Türkei im Trikot an. Wenn aber am Dienstag Deutschland spielt, dann tauscht ihr euer Türkei-Trikot schnell gegen euer Deutschland-Trikot aus und feuert wie verrückt die deutsche Nationalmannschaft an. Wenn irgendwann mal wieder Deutschland gegen die Türkei spielt, dann sollte jeder Deutschtürke in der ersten Halbzeit ein Deutschland-Trikot und in der zweiten Halbzeit ein Türkei-Trikot tragen.

Das wäre meine absolute Wunschvorstellung, der gegenseitige Respekt.

Ich erinnere mich an meinen albanischen Schulfreund, der in Deutschland geboren ist, aber albanische Eltern hat und das seit Jahrzehnten genau so handhabt.

2 Herzen schlagen in seiner Brust!

Die Wahrheit sieht aber leider anders aus:

Beim Freundschaftsspiel Deutschland-Türkei in Berlin 2023, wurde die deutsche Nationalhymne gnadenlos, hauptsächlich von Deutschtürken in unserer deutschen Hauptstadt ausgepfiffen.

Sehr schade und traurig, man stelle sich mal vor, das Spiel wäre nicht in Berlin, sondern in Istanbul gewesen und Millionen Deutsche wären plötzlich in die Türkei ausgewandert und pfeifen dann einfach dort die türkische Nationalhymne aus.

Aber mit uns Deutschen kann man es ja machen, unsere Gastfreundschaft und Gutmütigkeit lässt sich leider allzu gut ausnutzen.

So jetzt aber zurück nach Mexiko, nach Neujahr verbrachte ich noch gemeinsam mit Pocahontas ein paar Tage am Strand in Mexiko.

Bevor ich dann nach fast 5 Monaten in Mittel-und Südamerika wieder zurück nach Europa fliegen wollte.

Nach meinem Mexiko-Aufenthalt, war meine Reiselust erst einmal gesättigt.

Außerdem vermisste ich meine geliebten Maultaschen und Spätzle sehr.

In Santiago de Chile   Happy in Montevideo   Nachtaktiv

Beachworkout

Am Strand von Veracruz

Ab gau Adventure

Kapitel 15

Bevor ich aber zurück nach Deutschland fliegen sollte, wollte ich unbedingt noch die Nordküste Spaniens erkunden, schließlich hatte ich ja erst letztes Jahr schon die gesamte Südküste Spaniens unter die Lupe genommen und der Norden fehlte mir noch auf meiner Liste. Also flog ich direkt von Mexiko-City zurück nach Madrid.

Ich habe den Moment, des Landeanfluges genau noch so vor Augen als wäre es gestern gewesen. Als ich auf dem Flughafen in Madrid landete, merkte ich erst wie sehr mir Europa gefehlt hatte. Alles war so ordentlich, ruhig und respektvoll, schon auf dem Flughafen fiel mir auf wie elegant und schön alle Europäer gekleidet sind. Der spanische Beamte, der meinen Reisepass scannte, schaute beeindruckt auf die verschiedenen Stempel, die ich auf meiner Reise gesammelt hatte, anschließend schaute er durch das Plexiglas zu mir auf und sagte zu mir in fast akzentfreiem Deutsch: ,,Willkommen zurück!" Ich strahlte über beide Ohren, was für ein schöner, einzigartiger, menschlicher Gänsehautmoment.

Es sind eben die kleinen Dinge im Leben, die das Leben erst lebenswert machen.

Endgültig angekommen in Europa war ich aber erst wieder, als ich am Automaten direkt am Flughafen wieder 4,50€ für eine einfache 0,33-Liter-Flasche Coca-Cola zahlen sollte, statt 1,20€ für eine 2-Liter-Flasche Cola in Südamerika.

Dazu kostete mich die Metro vom Flughafen bis ins Stadtzentrum unverschämte 8€. Das gehört eben auch zu Europa dazu, die unfassbaren, überteuerten, gestörten Wucherpreise. Angekommen im Stadtzentrum war ich wie paralysiert von der Ruhe und Gelassenheit der Menschen um mich herum. Ich war so froh wieder in Europa zu sein, dass ich meinen 10kg Rucksack auszog, ihn auf dem Boden abstellte, meine Arme weit ausbreitete und einfach tief Luft holte und den Augenblick genoss.

Die Pointe dabei war, dass gerade absolute Rush-Hour in Madrid herrschte und extrem viel Verkehr auf den Straßen vorhanden war, aber für jemand der einmal im Stadtzentrum in Medellín war, ist die Rush-Hour in Madrid wie ein wahrhaftiger Wellness-Urlaub. Ein weiterer Trick von Glory-Mister Flixbus bestand darin, dass ich immer alle unterschiedliche METRO-Karten von den verschiedensten Städte der Welt aufhob und überall immer noch etwas Guthaben darauf hatte.

Ich habe glaube ich 20-25 verschiedene METRO-Karten in meinem Geldbeutel verstaut, so konnte ich immer flexibel sein und musste nicht jedes mal eine neue Fahrkarte kaufen. Also fuhr ich dann einfach mit einem über 1 Jahr altem Guthaben völlig entspannt durch Madrid.

Angekommen in meiner Unterkunft, schlief ich sage und schreibe 13 Stunden lang am Stück durch. Als ich aufwachte, war ich urplötzlich fürchterlich krank.

Bis heute weiß ich nicht was für einen Virus ich mir eingefangen hatte. In meinen 5 Monaten in Südamerika war ich kein einziges mal krank gewesen, vielleicht lag es an den 5 Grad in Madrid, am Jetlag oder es war mal wieder Corona.

Jedenfalls hustete und schnupfte ich alles zusammen und quälte mich gerade noch so in den Schnellzug nach Gijón – Plaumann hat kein Krebs, Krebs hat Plaumann.

Gijón hat einen der schönsten Strände im Norden Spaniens – vielleicht sogar in ganz Spanien. Absolut empfehlenswert zum Surfen! Leider erholte ich mich auch in Gijón nicht von meiner Grippe – im Gegenteil: Es wurde eher noch schlimmer.

Potzblitz, was war denn das nur für ein Virus? In der örtlichen Apotheke deckte ich mich ausreichend mit Hustensaft und Halstabletten ein. Sonst verbrachte ich leider meinen ganzen Aufenthalt in Gijón im Bett. Mittlerweile war über eine ganze Woche vergangen und ich erholte mich so langsam wieder. Herrschaftszeiten, so krank war ich ja fast noch nie in meinem gesamten Leben gewesen.

Nach Gijon fuhr ich zügig weiter an der Nordküste Spaniens entlang und besuchte meinen Onkel in Bilbao. Er war schon Anfang der 2000er-Jahre nach Spanien ausgewandert und heiratete dort eine Baskin.

Wir waren gemeinsam bei einem Basketballspiel und genossen die gemeinsame Zeit. Ich war schon öfters mit meinen Eltern in Bilbao gewesen und kannte mich einigermaßen gut in der Stadt aus. Das Guggenheim-Museum in Bilbao ist ein absolutes MUSS für jeden Touristen! In Bilbao waren alle Schilder – nicht auf Spanisch und Englisch beschildert, wie es zum Beispiel in Madrid und Barcelona gang und gebe war, nein alle Ausschilderungen in Bilbao waren auf Spanisch und Baskisch geschrieben. Mir gefiel die Mentalität der Basken, sie waren ein stures, starkes Volk mit eigenem Kopf, das nicht viel vom König Spaniens hielt. Der ganze Stolz der Basken in Bilbao ist ihr über alles geliebter Fußballverein Athletic Bilbao, die Besonderheit von Athletic besteht darin, dass ausschließlich nur baskische Spieler für Bilbao spielen durften. Kein Engländer, kein Deutscher, nur Spieler die im Baskenland geboren sind, dürfen für Athletic auflaufen. Trotzdem waren sie gerade erst wieder spanischer Pokalsieger geworden und sind zusammen mit Real Madrid und dem FC Barcelona der einzige Verein in Spanien, der in der gesamten Historie noch nie aus der ersten Liga abgestiegen ist. Das alles, ist nur der exzellenten Jugendarbeit von Athletic Bilbao zu verdanken. Unglaublich! Diese Leistung ist so beeindruckend, dass man sie gar nicht oft genug hervorheben kann. Man stelle sich mal vor, beim FC Bayern München dürften nur Spieler spielen, die in Bayern geboren sind, einfach unvorstellbar und nicht einmal im Ansatz umsetzbar um konkurrenzfähig zu bleiben.

Ich unternahm einen Tagesausflug nach Santander und zog dann anschließend von Bilbao weiter nach Pamplona – die Stadt des Stierkampfes.

Die Stierkampfarena in Pamplona beeindruckte mich sofort, auch Schinken und Tapas schmeckten mir vorzüglich. Allerdings war es anders als im Süden Spaniens, immer sehr kalt im Norden. 9 Grad und Dauerregen waren eben nicht mein Fall. Bevor ich dann schlussendlich nach Deutschland zurück fahren wollte, machte ich noch kurz Halt in San Sebastián.

Das war nochmal ein absolutes Highlight, was für eine schöne Stadt!

Auf jeden Fall die mit Abstand schönste Stadt in Nordspanien, vielleicht sogar eine der schönsten Städte Spaniens. San Sebastián besitzt eine antike, wunderschöne Strandpromenade und einen noch schöneren Strand, auch Ende Januar waren hier zu meiner Überraschung extrem viele Touristen unterwegs. Falls ihr, meine treuen Leser, es mal vorhaben solltet den Norden Spaniens zu bereisen, dann geht ihr bitte nach San Sebastián – glaubt mir, es lohnt sich definitiv!

Ich wurde langsam reisemüde und fuhr nach 3 Tagen in San Sebastian zurück nach Deutschland. Davor machte ich aber noch einen letzten Zwischenstopp in Lille, oder sollte ich besser sagen in Decathlon-Stadt, selbst das Fußballstadion vom OSC Lille heißt Decathlon-Arena. Der große Sportartikelhersteller Decathlon hat nämlich seinen Hauptsitz in Lille. Während der Olympischen Spiele 2024 in Paris wurde die Fußballarena in Lille zur Basketball-Halle umgebaut, dann spielten selbst Megastars wie LeBron James und Stephen Curry in der Decathlon-Arena. Nach einer letzten Übernachtung in Lille, um etwas Kraft zu tanken für meine letzte Busfahrt, fuhr ich dann schlussendlich, voller Vorfreude die letzten Kilometer heim nach Deutschland.

Meine Family in Deutschland war natürlich überglücklich, mich endlich wieder in die Arme schließen zu können. Mittlerweile waren sie es aber alle gewohnt, dass ich immer viel in der Welt unterwegs bin und nur äußerst selten Zeit in Deutschland verbringe – traveler Plaumann nämlich.

Ein paar Wochen nach meiner großen Deutschland-Rückkehr, erfuhr ich von Pocahontas aus La Paz, dass ihre Mutter für ein noch höheres politisches Amt in Bolivien kandidieren wollte. Das politische Amt ist ungefähr vergleichbar mit dem des Justizministers in Deutschland – jedoch agiert es völlig unabhängig von der Regierung.

184

Es ist hauptsächlich dafür zuständig, alle Richterinnen und Richter in Bolivien zu ernennen und entscheidet außerdem über sämtliche Auslieferungsabkommen. Also vielleicht neben dem Präsidenten von Bolivien, eines der wichtigsten politischen Ämter des Landes.

Mir gefiel die Idee, und ich begann sofort damit mich intensiv mit bolivianischer Politik zu befassen. Ich recherchierte wie ein Besessener, las die bolivianische Verfassung und informierte mich intensiv über die kulturelle und politische Geschichte Boliviens. Bolivien war jahrhundertelang eine große spanische Kolonie, wurde aufgrund dessen natürlich extrem stark unterdrückt und ausgebeutet.

Erst seit 1809 ist Bolivien unabhängig – dank ihrem großen Freiheitskämpfer Símon Bolívar. Eine richtige funktionierende Demokratie ist Bolivien selbst heute meiner Meinung nach immer noch nicht. Schließlich war der letzte Staatsstreich in Bolivien nicht irgendwann in den 80er Jahren, sondern erst im Juni 2024. Jeder macht in dem Land eben was er will, den Eindruck hatte ich, als ich das erste mal in La Paz war. Der aktuell berühmteste Bolivianer ist wohl Evo Morales, ein ehemaliger Kokabauer und der erste indigene Präsident Boliviens, der von 2006-2019 regierte und Bolivien zum großen Wirtschaftswunder formte. Seine Methoden und vor allem seine Sozial- und Wirtschaftspolitik fanden schnell Anklang.

Erinnert ihr euch an das von mir beschriebene Seilbahnnetz in La Paz?

Das war zum Beispiel auch das Werk von Evo Morales, er genießt einen totalen Götterstatus in Bolivien. Sein politischer Stil kann man als linksgerichtet und absolut kapitalismusfeindlich bezeichnen – jedenfalls würde ich ihn so definieren.

Außerdem hatte er schon immer ein Problem mit den USA. 2012 wurde sogar für kurze Zeit Coca-Cola in Bolivien verboten, weil Evo Morales eben genug von der angeblichen ,,Kapitalisten-Brause'' hatte. Politisch lief alles fast wie geschmiert unter Morales: Die Wirtschaft boomte, die Armutsrate sank und das internationale Ansehen stieg – Evo allmächtig.

Bolivien war auf dem Weg ein echter „Big Player" in Südamerika zu werden. Solange bis sich Evo Morales 2019 dazu entschloss für eine verfassungswidrige vierte Amtszeit zu kandidieren.

In keinem demokratisch regierten Land auf dieser Welt, darf sich ein Staatsoberhaupt über die Verfassung hinwegsetzen. Das sah der unantastbare, allmächtige Evo Morales, natürlich völlig anders, und stellte sich selbstverständlich nochmal zur Wahl auf. Er gewann die Wahl zwar rechtmäßig, allerdings sahen das die Opposition und einige Wahlbeobachter der OAS (Organisation Amerikanischer Staaten) natürlich anders und warfen Morales Wahlmanipulation vor.

Kleine persönliche Anmerkung von mir: Die OAS wird hauptsächlich von den USA finanziert und vertritt meiner Meinung nach, hauptsächlich nur die Ansichten der Vereinigten Staaten. 2019 wollte Donald Trump eben keinen antikapitalistischen Präsidenten mehr in Bolivien haben, also erfand man eben das Märchen vom angeblichen Wahlbetrug. Erst Jahre später kam die OAS zum offiziellen Ergebnis das doch kein Wahlbetrug vorlag. Aber was für ein Interesse haben eigentlich die Vereinigten Staaten an einem kleinen verarmten Land wie Bolivien, mit nur 12 Millionen Einwohner?

Die Antwort lautet Lithium!

Richtig! Bolivien verfügt über das mit Abstand größte Lithium-Vorkommen der Welt. Schließlich besitzt Bolivien einen unglaublichen 23 Millionen Tonnen Vorrat Lithium, davon liegt das meiste in Uyuni, also in der Salzwüste. Bolivien gilt daher als eines der Schlüsselländer für das Gelingen der weltweite Energiewende.

Natürlich wollte sich der alte Businessmann Trump das Lithium schnellstmöglich selbst unter den Nagel reißen, wahrscheinlich erfand auch deshalb die OAS das Märchen vom Wahlbetrug. In was für einer Welt leben wir, wenn du selbst den offiziellen Wahlbeobachtern nicht mehr uneingeschränkt vertrauen kannst, auf die OAS werden wir später noch einmal zu sprechen kommen – ein furchtbarer Verein.

Militär und Polizei stellten sich nach der Wahl auf die Seite der Opposition und putschten Morales aus dem Amt. Wichtige Lektion in Südamerika: Es spielt keine große Rolle wer Präsident ist. Viel wichtiger ist, wer der aktuelle Oberbefehlshaber des Militärs ist, schließlich entscheidet er allein wann geputscht wird und wann nicht. Formell sind Generäle und Militär zwar dem Präsidenten unterstellt, wenn es aber darauf ankommt, stellen sich alle Soldaten meistens nicht hinter den aktuellen Präsidenten, sondern geschlossen hinter ihren General. Dazu kommt es noch darauf an, wer der aktuelle Oberkommandant der Polizei ist, hier gilt nämlich exakt dasselbe Prinzip wie beim Militär. Polizeichef und General standen eben beide geschlossen auf der Seite der Opposition. Falls der Polizeichef damals zu Morales gehalten hätte, wäre es wahrscheinlich zum großen Bürgerkrieg zwischen Polizei und Militär gekommen. Bolivien verfügt insgesamt über circa 70.000 Soldaten und paramilitärische Einheiten – das waren also einfach schlechte Karten für Evo. Aufgrund dessen musste er umgehend ins Exil nach Mexiko fliehen.

Es kam zu landesweiten Unruhen, bei denen es mehrere Hundert Verletzte gab und über 30 Menschen ihr Leben dabei verloren. Ein Menschenleben hat in Südamerika oft keinen hohen Stellenwert. Evo Morales, den Namen solltet ihr euch merken, er wird im weiteren Verlauf meiner Biografie noch eine große Rolle spielen.

Der aktuelle Präsident von Bolivien ist Luis Arce, er war Morales sein ehemaliger Wirtschaftsminister und galt lange als sein großer Freund und Vertrauter.
Bis sie sich zerstritten – seither sind sie erbitterte Rivalen.
Luis Arce seine Politik scheiterte auf ganzer Linie, und Bolivien steht aktuell leider wirtschaftlich so schlecht da wie seit Jahrzehnten nicht mehr.
Der Wirtschaftsaufschwung unter Morales war längst Geschichte, die Inflation kehrte zurück, und die Armutsrate stieg wieder gewaltig an. Das führte zu immer größer werdenden Unruhen und Straßenblockaden in Bolivien.

Ende Juni 2024 kam es dann zum „angeblichen" Staatsstreich in Bolivien.

Angeblich?

Moment mal – die gesamte deutsche Medienlandschaft und viele internationale Medien, sprachen doch allesamt vom eindeutigen Putschversuch von General Zuñiga, dem Oberbefehlshaber der Streitkräfte gegen Präsident Arce.

Dramatische Bilder, wie Zuñiga mit seinem Panzerwagen die Mauern des heiligen Präsidentenpalast in La Paz rammte, gingen um die Welt.

Meine Quellen bescherten mir jedoch ganz schnell ein anderes Bild der Lage.

Ganz einfach erklärt:

Bolivien befand sich in einer schweren wirtschaftlichen Krise. Die Inflation war hoch, die Proteste zogen sich durch das ganze Land, die Mehrheit der Bevölkerung forderte vorzeitige Neuwahlen, wenn nicht schnell etwas passierte, drohte ein Bürgerkrieg. Präsident Arce stand das Wasser bis zum Hals, er brauchte unbedingt, schnellstmöglich einen Erfolg – und noch viel dringender: einen Bösewicht.

Also blieb Luis Arce keine andere Wahl, als seinen alten Hassfreund General Zuñiga dazu anzustiften, einen Putsch anzuzetteln – bei dem er als großer Retter und Bewahrer der Demokratie hervorgehen sollte. Der ganze Zirkus sollte Arce etwas Luft verschaffen und die Popularitätswerte in der Bevölkerung würden wieder ansteigen. So lautete jedenfalls sein ursprünglicher Plan. Alles war total filmreif inszeniert: Die Soldaten marschierten am Präsidentenpalast auf. Zuñiga fuhr im gepanzerten Fahrzeug erst gegen den Palast, danach stieg er aus und stellte sich vor vielen Journalisten und unzähligen Kameras seinem Erzfeind Luis Arce direkt von Angesicht zu Angesicht gegenüber. Perfekt in Szene gesetzt, faltete Arce dann Zuñiga vor der versammelten Weltöffentlichkeit zusammen und brüllte ihn an. Nachdem er vom Präsidenten angeschrien worden war, setzte sich Zuñiga wieder in sein Panzerfahrzeug und ließ sich wenige Stunden später, noch am selben Abend festnehmen. So funktioniert eben Bolivien!

Schon ein krasses Gefühl, plötzlich war der Plaumann besser informiert als der ZDF-heute-journal-Auslandkorrespondent.

Es hat mich unfassbar erregt, als ich dann später die Tagesschau angeschaut habe – alle berichteten völlig enthusiastisch über Bolivien, und ein Mister Flixbus wusste dann eben sofort, wie der Karren wirklich gelaufen ist.

Selbstverständlich wird euch natürlich Luis Arce, der Präsident von Bolivien, eine völlig andere Version der Geschichte auftischen.

Ausgerechnet in dieser politisch schwierigen Lage, wollte Pocahontas ihre Mutter, der General also kandidieren. Das kann ja heiter werden...

Ich verfolgte von nun an äußerst penibel, das tägliche politische Geschehen in Bolivien von Deutschland aus weiter.

Kurz bevor der Wahlkampf anfing, traf ich Pocahontas, ihre Schwester und den General in Paris – sie wollten noch einmal richtig Urlaub machen, bevor es in die heißen Phase ging. Mein Spanisch war mittlerweile so gut, dass ich alles verstand, auch wenn mir der bolivianischen Akzent noch schwerfiel. Castellano ist da um einiges einfacher zu verstehen, der südamerikanische Akzent, ist aber furchtbar – ein einziges Rumgenuschel. Der General und ihre Schwester zogen weiter nach Österreich. Demzufolge starteten Pocahontas und meine Wenigkeit unsere große Deutschlandtour. Pocahontas war zum ersten Mal in Deutschland und sofort total begeistert. Wir reisten einmal quer durch Deutschland von Berlin, über Dresden, nach Köln, über München bis nach Stuttgart. Sie fand besonders Gefallen an Schloss Neuschwanstein und am Brandenburger Tor. Auch der Berliner Döner schmeckte ihr vorzüglich, an dieser Stelle möchte ich mich hiermit offiziell als „Dönersüchtiger´´ outen. Döner ist eine wunderbare, einzigartige Erfindung und gehört genau so zu Deutschland wie die Currywurst. Die vielen vollverschleierten Burka-Männer oder Frauen in Berlin gefielen mir wiederum überhaupt nicht.

Kopftuch? Ja gerne, ich trage auf meinen Reisen auch ein Bandana. Aber so extrem verschleiert, dass ich nicht mal mehr erkennen konnte, ob mein Gegenüber jetzt männlich oder weiblich ist, gefiel mir einfach gar nicht. Wenn deutsche Frauen in streng religiöse, arabischen Länder einreisen, sollten sie sich auch verschleiern und sich umgehend den örtlichen sowie kulturellen Bräuchen anpassen.

Warum?

Ganz einfach: weil es ein Zeichen des Respekts ist, sich so schnell wie möglich an die Regeln des jeweiligen Landes anzupassen. Natürlich erwarte ich dann im Gegenzug, dass sich alle arabischen Frauen, die nach Deutschland einreisen, dementsprechend anpassen. Leider bleibt das allzu oft nur mein persönliches Wunschdenken. Das Einzige, was Pocahontas absolut furchtbar an Deutschland fand, war natürlich die Deutsche Bahn. ,,Germany stands for discipline, but why are all the trains always late and so horrible?´´ hat sie gemeint. Da musste eure seriöse Majestät Thorben Plaumann ja herzhaft lachen: Jetzt verspottet man die Deutsche Bahn ja schon in Bolivien – so weit ist es also schon gekommen. Aber sie hatte ja völlig Recht, die Deutsche Bahn ist ja auch ein furchtbarer Saftladen, der schleunigst aufgeräumt gehört. Keiner sagt etwas gegen 5 Minuten Verspätung, aber dafür müssen die Züge ja erst einmal vernünftig laufen! Wir sind Deutschland, das tollste Land auf der Welt, also macht gefälligst das Zugfahren wieder zur Wohlfühloase! Streicht unnötige Entwicklungshilfen – schließlich interessiert sich kein deutscher Steuerzahler für den Bau eines Fahrradweges in Peru. Von dem überschüssigen Budget könnt ihr dann die Bahn komplett sanieren und generalüberholen – alles muss auf den Prüfstand!

Nehmt euch ein Beispiel an ,,renfe´´, der spanischen Bahn. Ungefähr 10-mal bin ich schon mit dem Zug durch Spanien gefahren. Natürlich durch alle möglichen Städte, mit den verschiedensten Verbindungen, egal ob von Barcelona-Madrid, Valencia-Barcelona, oder Madrid-Gijón, komischerweise waren alle meine Züge immer genau pünktlich. Kann natürlich auch Zufall gewesen sein, aber ich weiß nicht ob jemals ein Deutscher Zug in dem ich saß auf die Minute genau pünktlich war.

Seit dem furchtbaren Terroranschlag 2004 in Madrid am Hauptbahnhof Atocha, bei dem fast 200 Menschen starben, gibt es in Spanien extrem strenge Kontrollen beim Zugfahren. Viele Polizisten patrouillierten an allen möglichen Bahnhöfen, und bevor du in den Zug einsteigen durftest, musste man die gleichen Sicherheitskontrollen wie am Flughafen durchlaufen. Das hieß: Du wurdest stichprobenartig abgetastet und dein Gepäck wurde auf einem Laufband gescannt und gefilzt. Das gefiel mir, natürlich musstest du dann immer extra 10 Minuten früher am Bahnhof sein, dafür hatte man dann aber auf der Fahrt ein sicheres Gefühl. In Deutschland brauchen wir an unseren Bahnhöfen dringend die gleichen Sicherheitsmaßnahmen wie in Spanien, gerade im Jahr 2025, noch viel dringender und zügiger als jemals zuvor.

Pocahontas flog zurück nach Bolivien, und ich feilte ausgiebig an einer soliden Wahlkampfstrategie für ihre Mutter. Ich verfolgte von nun an den Plan sie zuerst zur Wahlsiegerin zu küren. Danach sollte dann der General mit meiner äußerst soliden, konservativen Politik beim bolivianischen Volk punkten und einen Evo Morales-Status erreichen. Bis sie schließlich bei den übernächsten Präsidentschaftswahlen in Bolivien selbst antreten sollte und somit der dritte weibliche Präsident in der Geschichte von Bolivien werden würde – den Plan hatte jedenfalls ich, nicht sie. Ich bin kein Politiker, habe zwar eine Fachhochschulreife, aber kein abgeschlossenes Studium vorzuweisen. 4 Semester lang hat der Plaumann mal herumstudiert, aber weder Jura noch Politikwissenschaften. Was ich aber habe, ist eine große Gabe: Ich erkenne auf den ersten Blick, was völlig fremde Menschen von mir erwarten – und was ich tun muss, um in ihrer Gunst zu steigen, damit ich sie schnell auf meine Seite ziehen kann. Jemand der solange alleine um die Welt reist wie ich, versteht die Probleme der Menschen – und weiß vor allem, wie sie zu lösen sind.

Ich sehe meine persönlichen politischen Stärken eher in der Weltpolitik und nicht auf kommunaler Ebene. Bolivien braucht meiner Meinung nach, die gleiche Energiepolitik wie in Curitiba: Auf jedem einzelnen bolivianischen Dach sollte eine Photovoltaikanlage stehen, schließlich gibt es in Bolivien unzählige Sonnenstunden, deutlich mehr als in Deutschland. Was glaubt ihr, wie sehr sich das lohnen würde! Das Problem ist nur: Wie kann sich der Bolivianer eine PV-Anlage auf dem Dach leisten, wenn er kaum genügend Geld hat, um sich Essen und Trinken zu kaufen? Da kommt meine Idee ins Spiel: die Verstaatlichung aller Koka-Plantagen und Drogenexporte. Von den Einnahmen stellt man dann auf erneuerbare Energien um, und Bolivien würde als erstes Land in Südamerika die Energiewende schaffen.

Nach dem fungierten Staatsstreich, wendete sich das Blatt leider nicht zum positiven wie ursprünglich von Luis Arce angenommen. Obwohl er viele Lithium Schürfrechte an Russland und China verkauft hatte, was ein Milliardengewinn für Bolivien bedeutete, ging es dem Land weiterhin miserabel. Evo Morales, der mittlerweile aus dem Exil zurück nach Bolivien gekehrt war, machte weiterhin unermüdlich Stunk gegen Luis Arce. Morales wollte unbedingt für die kommenden Präsidentschaftswahlen in Bolivien kandidieren, was selbstverständlich völlig verfassungswidrig ist, aber wie bereits erwähnt, interessierte das Morales ja relativ wenig. Trotz jahrelanger Abwesenheit im Exil in Mexiko und Argentinien, hat Evo Morales noch immer unzählige Unterstützer in der Bevölkerung – also rief er erneut zu landesweiten Straßenblockaden und Protesten gegen die Regierung auf. Das verschlimmerte natürlich die eh schon angespannte wirtschaftliche Situation nochmal um ein Vielfaches. Morales selbst trat in den Hungerstreik und stachelte die eigene Bevölkerung immer weiter auf. Die Straßenblockaden waren so schlimm, dass einige Lebensmittellieferanten und Tanklaster nicht mehr durchkamen, dass bedeutete riesige Schlangen und Stau vor unzähligen Tankstellen im Land.

Einwohner in La Paz, mussten dann eben unfassbare 3-4 Stunden in einer endlosen Warteschlange warten, bis sie tanken konnten. Gegen Abend war dann das ganze Benzin aus und man musste wieder auf den nächsten Morgen hoffen.

Wenn du solche alltägliche Probleme selbst mitbekommst, wirken alltägliche deutsche Probleme dagegen total lächerlich. In Deutschland sind landesweite Straßenblockaden und 4 Stunden Wartezeit vor einer stinknormalen Tankstelle zum Glück noch unvorstellbar – aber Bolivien ist eben eine echte Scheindemokratie.

Dagegen wirken unsere deutschen Klimakleber echt harmlos.

Selbstverständlich sind alle Klimakleber Verbrecher, die nicht nur mit Geldstrafen bestraft werden sollten, sondern dringend mal ein Wochenende in den Betonpalast einwandern sollten. Eventuell werden sie dann ja wieder normal!

Wie könnt ihr es nur wagen hart arbeitende deutsche Arbeiter, die nichts anderes wollen, als ihre Familien zu versorgen, von ihrer Arbeit abzuhalten, indem ihr euch wie Besessene auf die Straße klebt? Generell ist die deutsche Klimapolitik absolut falsch und überflüssig, da es klimatechnisch nicht 5 vor 12 ist, sondern meiner Meinung nach schon längst 10 nach halb 1 ist. Freunde! Was bringt es uns, wenn wir Deutschen jetzt plötzlich damit anfangen, uns penibel an alle Klimaziele zu halten, wenn dann aber zum Beispiel Länder wie China und die USA komplett darauf scheißen und weiterhin CO_2 in Massen produzieren?

Die USA ist aktuell wieder aus dem Pariser Klimaabkommen ausgetreten, alleine China ist für über 30% aller CO-Emissionen der Welt verantwortlich – während wir Deutschen für nur ca. 1,5% aller Emissionen verantwortlich sind.

Das muss man sich mal vorstellen.

Der weltweite Klimaschutz bringt absolut nichts, wenn nicht alle führenden Industrienationen geschlossen dahinterstehen und mitmachen. Eines der ersten politischen Zeichen von Trump war die Wiedereinführung des Plastikstrohhalms.

Während wir Deutschen noch mit unseren Papier-Strohhälmchen daran scheitern, unsere Capri-Sonne zu durchstechen – zum Glück soll das jetzt auch demnächst wieder rückgängig gemacht werden. Meiner Meinung nach, haben wir den Kampf für eine saubere und nachhaltigere Umwelt schon lange verloren, aber nicht in den letzten 20 Jahren, sondern schon 1914 nach dem Ende der hochindustriellen Phase. Hätte schon im Jahr 1914 der erste weltweite Klimakrisengipfel stattgefunden, selbstverständlich unter Teilnahme aller führenden Industrienationen, hätten wir die weltweite Klimakatastrophe vielleicht noch aufhalten können.

Ob wir jetzt im Jahr 2025 ein paar Plastikstrohhalme mehr oder weniger benutzen, macht hingegen die Kuh auch nicht mehr fett. Es ist eine düstere Prognose, aber glaubt es mir, wer einmal die Müllentsorgung in Südamerika erlebt hat, sieht die Dinge anders. Dort gibt es keine Mülltrennung, nein man schmeißt einfach alles in eine Tonne, selbst Glasflaschen, es interessiert eben niemand.

Einfach alles zusammen schmeißen, rohe Eier auf Glühbirnen, darauf ein gerupftes Huhn und oben drauf noch eine Flasche Wein und auf die Flasche Wein schmeißt man dann noch ein paar Kopfhörer drauf. Dann wird es eben irgendwo im Wald entsorgt, wo es keinen stört. In Peru war es am extremsten, alleine Lima produziert pro Tag rund 8.000 Tonnen Abfall, natürlich gibt es weit und breit kein Recycling.

Nur in Chile, Uruguay und in Teilen Brasiliens wurde der Müll einigermaßen – aber immer noch mangelhaft, getrennt und entsorgt. Aber wir treuen Deutschen achten natürlich darauf Plastik, fein säuberlich von Papier zu trennen und wehe einmal landeten aus Versehen Eierschalen im Restmüll, dann ist aber Polen sofort wieder offen – die gehören nämlich selbstverständlich in die Bio-Tonne.

Wenn nicht alle Länder an einem Strang ziehen, ist es leider total sinnlos.

Gut möglich, dass Trump mit seinem Motto „Drill, Baby, Drill" vielleicht gar nicht so unrecht hat, vielleicht sollten wir Menschen die Erde solange ausbeuten, solange es die Erde noch gibt, weil retten können wir sie schon lange nicht mehr.

Ob die Erde jetzt noch wie von Experten prophezeit, rund 1,75 Milliarden Jahre bestehen bleibt, oder nur 400-500 Millionen Jahre, macht meiner Meinung nach auch keinen großen Unterschied mehr.

Natürlich sollte sie nicht in den nächsten 300-500 Jahren explodieren – das wäre äußerst ungemütlich für unsere Nachfahren, aber das bekommen selbst wir rücksichtslosen, rohstoffraubenden Menschen nicht mehr hin.

Zu allen von mir politisch angesprochenen Themen sei gesagt:
Es handelt sich hierbei ausschließlich um meine eigene, persönliche Meinung.
Ich skizziere quasi verschiedene, teils exotische Szenarien, über die es sich dann wunderbar diskutieren lässt. Selbstverständlich respektiere ich jeden Leser, der eine andere politische Meinung hat – schließlich bin ich ja ein großer Demokrat!
Ich möchte mit euch in den Dialog treten!

Meine Wahlkampfstrategie für Bolivien, war schon fast fertig ausgearbeitet, als ich erfuhr das die Wahlen, bereits zum dritten mal aufgrund der politischen Lage verschoben wurden.
Mein Gott, warum konnte sich die Bananenrepublik nicht wenigstens ein einziges mal an einen feststehende Termin halten.

Ich blieb also auf Standby und verfolgte nach wie vor tagtäglich sorgfältig das bolivianische Politikgeschehen von Deutschland aus.

Kapitel 16

Als dann endlich ein endgültiger Wahltermin festgelegt wurde, flog der Plaumann schnurstracks zurück nach La Paz.

Die Pointe kommt aber erst jetzt: Als ich landete, holte mich Pocahontas samt Fahrer vom Flughafen ab und erzählte mir erst einmal, dass die Wahl erneut um 2 weitere Wochen nach hinten verschoben wurde.

Ich lachte nur noch – schließlich konnte mich in Südamerika absolut nichts mehr überraschen. Pocahontas ihre Mutter, der General nahm mich herzlich in Empfang und stellte mich umgehend dem Personal vor. Von nun an hatte ich Zugang zu 2 Fahrern, Haushälterin/Köchin, einem Gärtner, 2 Sekretärinnen und einem Hausmeister. Einen eigenen Butler mit weißen Samthandschuhen, hatte leider nur ihre Patentante. Alle nahmen mich total offen, warmherzig und herzlich in Empfang und umarmten mich zur Begrüßung sehr ausgiebig. Nähe und Zusammenhalt wird in Südamerika sehr groß geschrieben. Selbstverständlich mussten Pocahontas und ich nach alter bolivianischer Tradition immer in getrennten Zimmern schlafen, nur verheiratete Pärchen durften im gleichen Bett schlafen – große Anordnung vom General. Ich war Gast in ihrem Haus, also respektiere ich natürlich ihren Wunsch.

Es war schon ein seltsames Gefühl am Anfang. Als ich morgens aufstand und in den Garten ging, um meinen Kaffee zu trinken, mähte der Gärtner gerade den Rasen. Als er mich sah, hörte er plötzlich auf zu mähen und verneigte sich vor mir.

Das war mir dann fast schon etwas peinlich. Während ich frühstückte, machte die sehr nette Haushälterin unverzüglich mein Bett. Daran musste man sich echt erst einmal gewöhnen.

Leider gibt es in Bolivien keine Umfragen, also wussten wir überhaupt nicht, wo wir prozentual standen. Komischerweise waren alle im Hause Pocahontas unfassbar siegessicher – ich war als einziger eher skeptisch.

Der General erklärte mir schon, dass ich nach dem Wahlsieg, bei ihrer Ansprache an das Volk, direkt vorne in der ersten Reihe neben ihr stehen sollte – nun mal langsam mit dem jungen Gaul, dachte ich mir. Ich persönlich fand die anderen Kandidaten mindestens alle auf gleichem Niveau. Der konservative Gegenkandidat gefiel mir natürlich am besten, aber auch der rechtsradikale „Marktschreier" Kandidat war, aufgrund seiner einfachen und direkten Sprache, sehr gefährlich.

Meine Wahlkampfstrategie war auf einen konservativen Kurs ausgerichtet, der General verfolgte aber eher eine Angela Merkel „Wir schaffen das" Politik, da war ich natürlich ganz anderer Meinung. Die Jahre der gutmütigen „Alle Menschen sind gleich" und „Wohlstand für alle" Politik sind leider lange vorbei.

Heute dreht sich der Zeitgeist leider eher wieder mehr nach rechts, und dieser aktuelle weltpolitische rechte Zeitgeist lässt sich meiner Meinung nach, nur mit konsequenter konservativer Politik aufhalten und ändern.

Davon war ich fest überzeugt und richtete meinen gesamten Strategieplan zum Wahlsieg dementsprechend danach aus. Der General war sehr begeistert darüber, wie gut ich mich inzwischen schon in der bolivianischen Politik auskannte.

Durch Pocahontas hatte ich jetzt außerdem einen ganz anderen Freundeskreis. Alles um mich herum bewegte sich, selbstverständlich nur noch in ganz gehobener bolivianischer Gesellschaft.

Ehe ich mich versah, gehörten plötzlich Senatoren-Kinder und sogar die Tochter eines berühmten bolivianischen Ex-Präsidenten zu meiner Clique.

Auch den Sohn eines Goldminenbesitzers stellte man mir vor.

In Deutschland muss der Plaumann im Amazon-Lager buckeln – und in Bolivien hängt der Plaumann dann mit der Tochter vom Präsidenten herum.

„Impossible is nothing!" Während meiner Rückkehr nach Bolivien dachte ich oft an alte depressive Corona Zeiten in Deutschland zurück.

Schließlich hätte ich damals nicht einmal im Traum daran gedacht, dass ich nur 4 Jahre später plötzlich Wahlkampfmanager in Bolivien werden sollte und mit der Tochter vom Präsidenten unterwegs bin. Die Zeit rast an einem vorbei – und ehe man sich versieht, ist sie vorbei. Was hätte mein 17-jähriges Ich im Jahr 2013 wohl im Vollsuff dazu gesagt, wenn es gewusst hätte, wo ich 2024 plötzlich stehen würde? Wenn man nur Kapitel 1 meines Buches lesen würde, könnte durchaus die Vermutung nahe liegen, dass ich mit Ende 20 eher hinter Gittern oder in der Ausnüchterungszelle rumhängen würde – und nicht in der bolivianischen Politik. Life is what you make of it!

Eines Abends war ich zu Gast auf einer Hausparty in einer Penthouse-Wohnung. Gastgeber war ein besagter Senatoren-Sohn. Es war eine der beeindruckendsten Wohnungen, die ich jemals in meinem Leben betreten hatte: Panoramablick über ganz La Paz, riesige Fenster, 24/7 Rezeption und Sicherheitskräfte, die rund um die Uhr den gesamten Wohnkomplex bewachten.

Dazu eine traumhafte Lage im besten Wohnviertel, sogar einige Fußballer wohnten in der Nachbarschaft. Ich staunte nicht schlecht, sofort fragte ich den Senatoren-Sohn, wie viel Miete er denn monatlich dafür zahlt. Das muss doch safe ein halbes Vermögen sein! „It is a little bit expensive, but im fine with it", erwiderte er. Es waren umgerechnet 350€ Monatsmiete, inklusive Nebenkosten.

Heilandzack, und der Plaumann zahlt in Deutschland fast das Doppelte für seine poplige 1-Zimmer-Studentenbude – natürlich ohne Rezeption und Wachpersonal, von Panoramablick ganz zu schweigen. Außerdem wohnt Jamal Musiala auch nicht in meiner Nachbarschaft.

Mir gefiel La Paz nach wie vor ausgezeichnet. Das meiste kannte ich ja schon von meiner ersten Bolivienreise, vor allem der Hamburger für unschlagbare 80 Cent ist sehr lecker und unverzichtbar – Spachtelweltmeister Plaumann nämlich.

Von nun an sah mein genereller Tagesablauf immer wie folgt aus:

Aufstehen um 5:30 Uhr.

Frühstück um 6 Uhr.

Danach wartete mein Fahrer schon, um mich ins Fitnessstudio zum Frühsport zu fahren. Von dort aus ging es schnurstracks ins Büro zum General, sie teilte mir umgehend die Aufgaben für den Tag ein.

Mittagessen musste dann schnell gehen, es gab fast immer Fastfood.

Danach begleitete ich den General zu unzähligen Wahlkampfveranstaltungen, Fototermine, etc – Jetset Plaumann nämlich.

Abends ging es dann immer auf diverse Benefizveranstaltungen, oder Charity Events, manchmal stand auch nur ein einfaches Abendessen mit Freunden und Unterstützern an. Ich hatte noch nie so viele unterschiedliche Hände geschüttelt und Wangen geküsst wie in Bolivien, sicherlich waren es mehrere Hundert Leute gewesen, die man mir vorstellte. ,,Hola, como estas?", grüßte ich sie immer alle. Danach sprach ich rasch irgendwelche Filmzitate auf Spanisch nach – das funktionierte einwandfrei und ich kam direkt gut an. Außerdem hatte ich seit meiner Bolivien-Rückkehr längst Bandana und Tanktop gegen Hemd und Anzug eingetauscht – seriös isch er gwordä.

Alle wollten eben ihren ,,Haaland" sehen, es gab absolut gar keinen Ausländerhass gegen mich, natürlich zeigten hin und wieder auf der Straße einige Einheimische mit dem Finger auf mich und lachten mich aus, vereinzelt riefen mir andere auch noch ,,Gringo" hinterher, aber das nahm ich alles sehr sportlich. In der Tat war aber die große Mehrzahl aller Bolivianer extrem freundlich und sehr stolz darauf, dass jetzt ein großer blonder Europäer hier bei ihnen lebte, in ihrem, für deutsche Verhältnisse, eher heruntergekommenen Dritte-Welt-Land. Sie waren alle extrem respektvoll und wollten ständig Fotos mit mir machen. Ich stelle mir das gerade in Deutschland vor: Was wäre, wenn ein paar Glatzen aus dem Osten einfach zu einem afghanischen Flüchtling hingehen und ihn fragen würden, ob sie ein Foto mit ihm machen dürfen?

Tretet miteinander in den Dialog und begegnet euch mit Respekt!

Gegen halb 1 bis 1 fiel ich dann immer todmüde ins Bett und schlief sofort ein. Allerdings nie länger als 4-5 Stunden, da direkt um 5:30 Uhr am anderen Morgen, selbstverständlich der ganze Spaß wieder von vorne anfing.

Genau diesen Tagesablauf hatte ich so 6-7 Tage in der Woche, wir befanden uns ja im Wahlkampf – schlafen kann man auch noch, wenn man tot ist. In Deutschland schlief ich immer 7 ½ – 8 Stunden. Aufgrund des täglichen Trainings könnte ich aber auch locker 9 Stunden schlafen. Normalerweise liebe ich es, lange zu schlafen, um meinem Körper dadurch die verdiente Ruhe und Erholung zu gönnen, die er nach täglichen 15-20 Tausend Schritten benötigte. Aber in der Politik sind konstante 8 Stunden Schlaf pro Nacht, leider illusorisch. Ich kann mir kaum vorstellen, dass es viele deutsche Politiker gibt die länger als 5 Stunden schlafen, schließlich musst du immer erreichbar sein und stehst 24/7 unter Druck. Wie bereits erwähnt, ich liebe es unter Druck zu arbeiten, wahrscheinlich auch aufgrund dessen, da ich in meinem Amazon-Lager, immer mit einem Countdown am Handgelenk durchs gesamte Lager rumgesprungen bin.

Die Fitnessstudios in La Paz sind außergewöhnlich schön, innovativ eingerichtet und extrem exklusiv. Eine Monatsmitgliedschaft kostet 55€, als ich das spitz bekam, war ich durchaus verwundert, da eine standardisierte Fitnessstudio-Mitgliedschaft in Deutschland in der Regel zwischen 25-50€ kostet. Da in Bolivien alles viel billiger ist, rechnete ich mit vielleicht 10-15€ für eine Mitgliedschaft pro Monat, immerhin konnte ich ja problemlos meinen Burger für 80 Cent und meine Cola für 90 Cent in Bolivien kaufen. Leider weit gefehlt, da Fitnessstudios in Südamerika überhaupt nicht weit verbreitet sind, gelten sie als äußerst exklusiv und sind nur für die bolivianische Oberschicht geeignet.

Komischerweise waren Hunde in allen Fitnessstudios in Bolivien erlaubt, plötzlich musste ich auf der Schrägbank dann aufpassen, dass kein Köter darunter lag.

Man stelle sich das mal in Deutschland vor: Jeder Kunde bringt einfach sein Hund mit und lässt ihn dann völlig frei durchs Fitnessstudio laufen – unvorstellbar bei uns prüden und überkorrekten Deutschen. Im bolivianischen Fitnessstudio gab es nicht nur einen großen Wellnessbereich, sondern auch ein kleines Restaurant – absolut genial! Ich war sicher schon in über 100 verschiedenen Fitnessstudios auf der Welt, aber meistens gab es höchstens einen Automaten, voll gepackt mit verschiedenen Proteinriegel. Wenn man Glück hatte, mixte dir die junge Dame an der Rezeption vielleicht noch einen frischen Proteinshake – aber warme Küche? Fehlanzeige.

Das nutzte ich natürlich immer voll aus: Nach dem Training, bevor es ins Büro ging, aß ich noch ein frisch zubereitetes Avocado-Toast mit Schinken und Eiern – oder ein Rumpsteak mit Kartoffeln und Gemüse, für sagenhafte 3€. Falls ich es zeitlich nicht schaffte, packte ich mir das Essen einfach in eine Plastiktüte ein, wie sie in jedem Restaurant angeboten wurde. Nichts wurde weggeworfen!

Alle Mahlzeiten die man nicht mehr essen konnte, packte man in Bolivien einfach ein und aß sie dann später – das hinterließ einen bleibenden Eindruck bei mir.

In Sachen Lebensmittelverschwendung, sind wir Deutschen, leider gefühlt einsamer Spitzenreiter.

Es ist traurig, wie viele Lebensmittel wir in deutschen Supermärkten, Bäckereien oder Restaurants einfach so wegwerfen, nur weil sie das Mindesthaltbarkeitsdatum minimal überschritten haben. Ich bin ein absoluter Verfechter des Containerns, also dem Retten von Lebensmittel aus den Mülltonnen von Supermärkten.

Für mich ist es unverständlich, warum Containern in Deutschland noch immer illegal ist. Die Jungs steigen doch nur unerlaubt auf das Firmengelände ein und „klauen" Lebensmittel, die ohnehin schon weggeschmissen wurden, aber noch komplett originalverpackt und meist vollkommen genießbar sind.

Außerdem habe ich von Fällen gehört, bei denen es Mitarbeitern in Bäckereien tatsächlich streng verboten war, übrig gebliebene Brötchen und Krapfen vom Vortag mitzunehmen. Die lächerliche Begründung: Man könnte dann ja ein „Motiv" haben, Ware gezielt schlecht werden zu lassen. Deshalb ist es strikt untersagt – was für ein Schwachsinn. Es ist wirklich traurig, in was für einer Welt wir leben.

Natürlich gibt es auch einzelne positive Beispiele, bei denen Supermärkten eng mit der Tafel zusammenarbeiten und ihnen einige Produkte, die ein paar Tage vor dem Mindesthaltbarkeitsdatum stehen, spenden.

Aus meiner Sicht ist das leider viel zu wenig und bei Weitem nicht ausreichend.

Du kannst natürlich auch völlig problemlos eine schmackhafte, originalverpackte Schokolade noch locker 1 Woche nach dem Mindesthaltbarkeitsdatum essen.

Hier sind wir Deutschen leider sehr penibel und überempfindlich.

Die deutsche Lebensmittelverschwendung muss schleunigst beendet werden!

An einem meiner wenigen freien Nachmittage besuchten Pocahontas und ihr neuer Wahlkampfmanager gemeinsam das WM Qualifikationsspiel der bolivianischen Nationalmannschaft gegen Paraguay. Es fand aufgrund von Bauarbeiten nicht im größeren standardmäßigen Nationalstadion von La Paz statt, sondern im neuen kleineren Ausweichstadion in El Alto. In das Nationalstadion passen knapp 41.000 Zuschauer rein, in das kleinere El Alto Stadion aber nur 22.000 Zuschauer.

Dies erschwerte natürlich die Chancen, überhaupt an Eintrittskarten zu kommen, immens. Außerdem ist El Alto zwar ein Stadtteil von La Paz, liegt aber nochmal fast 200 Meter höher als La Paz – auf 4.150 Meter. Wahnsinn, zu meinem großen Glück hatte Pocahontas ja ihre Connections, und wir kamen völlig problemlos an Karten – It´s all about Kontakte.

Andere Bolivianer hingegen campten volle 3 Tage vor dem Spiel in Zelten vor dem Stadion – das ist kein Witz.

Sie errichteten ein Zeltlager, direkt vor dem Stadion, mit Grill, jeder Menge Alkohol und warteten auf einige wenige Reseller. Das mussten knapp um die 100-150 Leute gewesen sein, so etwas nennt man aufrichtige Vaterlandsliebe.

Da das El Alto Stadion nochmal fast 200 Meter höher als La Paz liegt, fuhren Pocahontas und ich, wie fast jeder andere Fan mit der Seilbahn zum Spiel.

Natürlich machten die Bolivianer daraus ein riesiges Event und grillten schon in der Seilbahn. Verdammt, gab es eigentlich einen Bolivianer der nicht grillte?

Irgendwo stand immer ein Grill herum – mit einer fetten, brutzelnden Sau drauf.

Lebensmittelverschwendung kann man den Bolivianer wahrlich nicht vorwerfen, sie essen einfach alles vom Tier: selbst Ohren, Nieren und Darm. Nur den Anus und Penis nicht, dafür muss man dann schon ins Dschungelcamp schmirgeln.

In der Seilbahn herrschte schon 2 Stunden vor Spielbeginn eine sehr ausgelassene und feuchtfröhliche Stimmung. Gefühlt war die ganze Stadt am Länderspieltag in Grün gekleidet – alle supporteten ihre geliebte Nationalmannschaft.

Wichtig: Wenn man in das El Alto Stadion geht, braucht man unbedingt immer einen Regenponcho, da das Wetter auf über 4.100 Meter sehr wechselhaft ist. Unzählige Plastik-Regenponchos wurden von Einheimischen vor dem Stadion verkauft – ein echtes Geschäftsmodell. Keine 30 Minuten waren gespielt und plötzlich schüttete es wie verrückt. Wie auf Knopfdruck zogen sich 22.000 Menschen fast gleichzeitig ihre Ponchos über – ein Bild für die Götter.

Trotz des starken Regens rannten die Essensverkäufer wie von der Tarantel gestochen, pausenlos von Reihe zu Reihe. Bei meinem VFB Stuttgart im Stadion muss man immer ewig lange für eine völlig überteuerte Bratwurst anstehen.

Hier hingegen konnte man einfach schnell einem sprintenden Kerle zuwinken, und schon hatte man seinen Burger oder seine Wurst am Start.

Die Stimmung im Stadion war trotz des Regens – und später sogar starkem Hagel, unfassbar intensiv und sehr laut – fast schon WM-Feeling.

„BO BO LI LI VIA VIA, VIVA BOLIVIA", hallte es pausenlos von den Rängen, der späte Ausgleich von Paraguay zum 2:2 Endstand, trübte allerdings die Stimmung etwas. Trotzdem ist die Teilnahme an der WM 2026 immer noch machbar für Bolivien.

Allerdings fremdelte ich etwas mit der bolivianischen Kultur und alten, historischen bolivianischen Traditionen. Zum Beispiel wurde unter jedes neu gebaute Haus ein totes Baby-Lama gelegt, nur dadurch würde das Haus später „angeblich´´ niemals einstürzen. Damit konnte ich generell eher wenig anfangen.

Mein Gott, ihr könnt doch nicht jedes Mal ein armes Baby-Lama schlachten, nur um wieder irgendeine Ziegelsteinhütte ohne Dach zu bauen. Außerdem glauben die Bolivianer auch nicht direkt an Gott, sondern an „Pachamama" die Mutter Erde.

Der Wahlkampf lief weiter und ich verfolgte die Strategie, den gesamten Wahlkampf über TikTok zu führen – meiner Meinung nach ist das die Zukunft. TikTok ist dafür das perfekte Medium, in Sekundenschnelle werden dort unzählige Videoclips abgespielt, vor allem viel schneller und übersichtlicher als auf Facebook, Twitter, oder Instagram. Da viele Bolivianer nicht lesen und schreiben konnten, war TikTok genau das richtige Werkzeug. Also fabrizierten wir unzählige TikTok-Videos und verschiedene kleine Clips. Wichtig war, dass wir den Durchschnittsbolivianer überhaupt erst einmal auf die Wahlen aufmerksam machten, um ihn wirklich an die Wahlurne locken zu können. Schließlich waren bei den letzten Justizwahlen in Bolivien 80% aller Wahlzettel weiß. Kaum vorstellbar – aber verständlich: Wenn der Bolivianer weder lesen noch schreiben konnte – warum sollte er dann wählen gehen? Viele Bolivianer hatten außerdem generell von Politik die Schnauze voll und weigerten sich, wählen zu gehen, weil ihr großer Held und Führer Evo Morales, immer noch zur Blockade gegen die Regierung aufrief. Pocahontas und ich hatten immer neue Ideen für unsere TikTok Clips – Karl Lagerfeld Plaumann nämlich.

Wir wechselten ständig die Outfits, und in einem Wahlwerbespot spielte ich sogar selbst mit. Ich spielte einen unwissenden deutschen Touristen, der zum ersten Mal in La Paz war und dann von Pocahontas Mutter, dem General in Bolivien, herzlich willkommen geheißen wurde.

Offiziell war es zwar allen Kandidaten verboten, eigenständig Wahlwerbung zu betreiben und Flyer zu verteilen, aber daran hielt sich absolut niemand.

Der General hielt sich zwar erst penibel demokratisch an alle Anordnungen der Regierung, bis ich ihr ein Video zeigte, auf dem ein Taxi von vorne bis hinten zugekleistert mit der Werbung eines Gegenkandidaten zu sehen war.

Hallo? Wir sind in Bolivien und nicht in Europa, hier macht eh jeder, was er will.

Also aufwachen jetzt! Von dort an verteilten wir auch wie verrückt Flyer, Kalender und druckten Wahlplakate – leider etwas zu spät. Mittlerweile war die ganze Stadt schon komplett mit Werbung von verschiedenen Gegenkandidaten zugekleistert.

Eines Tages trat ich in ein gemütliches Fettnäpfchen. Wir waren zu Gast im riesigen Stadttheater, bei einer Rede der Ärztekammer. Wie immer kamen wir etwas zu spät, also verpassten wir den Anfang. Auf der Bühne brüllte ein älterer Herr in einem hellblauen Regenkittel laut ins Mikrofon. Ich drehte mich augenblicklich herum und fragte Pocahontas: „Wer ist eigentlich der Typ in der Regenjacke – und warum brüllt der ständig so rum? Der Hellste scheint er ja safe nicht zu sein. Schockiert und sauer schaute mich Pocahontas an. Der alte Typ in der Regenjacke war niemand anderes als der Oberbürgermeister – ein großer Freund und Unterstützer der Familie, der mir direkt nach der Veranstaltung vorgestellt wurde und uns alle herzlich umarmte.

Man, war das peinlich – aber Shit happens eben.

Im Laufe der weiteren Wochen gewöhnte ich mich daran, 3x täglich Fleisch zu essen, nur um rohes Fleisch machte ich weiterhin einen großen Bogen. Sicherlich sind Lama, Kuhherz und rohes Schweinebein absolute bolivianische Spezialitäten.

Allerdings ist ein europäischer Magen dafür eher ungeeignet. Als ich zum ersten mal rohes Schweinefleisch aß, hatte ich danach 3 Tage lang Durchfall.

Ich hielt mich in Bolivien eher an Hamburger, schön durchgebratenes Hühnerfleisch oder ganz klassisch an Steaks.

Generell lief der Wahlkampf meiner Meinung nach eher schleppend an.

Für mich war der General im gesamten Wahlkampf viel zu liberal. Ich wollte sie eher auf einen konservativeren Kurs führen. Aber das sah Pocahontas natürlich total anders. Sie wollte den ursprünglichen Angela Merkel-Kurs beibehalten, was meiner Meinung nach ein großer Fehler war. Die anderen Kandidaten polarisierten im Wahlkampf deutlich stärker – besonders der rechtsradikale Marktschreier polterte in gewohnter bolivianischer AfD-Manier wild drauflos: Er wisse eh alles besser, und alle anderen machen sowieso alles falsch.

In La Paz stand die größte Messe Boliviens kurz bevor.

Natürlich waren wir mit einem großen Stand auch persönlich vertreten.

Wir benötigten nur einen ausgeklügelten Plan, um uns direkt von der breiten Masse abzuheben. Schließlich waren über 600 verschiedene Firmen oder Anbieter mit jeweils eigenem Messestand vertreten, die natürlich alles versuchten um genügend Kundschaft zu erhalten. AUFFALLEN – koste, es was es wolle. Das war unser Motto.

Wir wollten unbedingt polarisieren – und wie Friedrich Merz so schön sagt, jede Menge ,,Rambo Zambo´´ machen. Die gesamte Messe ging insgesamt 2 Wochen lang, und zwar jeden Tag bis spät abends, teilweise nach 23 Uhr.

Also fassten wir den Plan, den Leuten jeden Tag eine neue Attraktion anzubieten.

Wir begannen den Eröffnungstag direkt mit einem großen Knall!

Pocahontas, verfügte als ehemalige Schönheitskönigin über gute Verbindungen in die Modebranche, also engagierte sie kurzerhand ihre Freundinnen als Models für unseren Stand. Plötzlich standen dann, 5 ehemalige Schönheitsköniginnen und Ex-

Misses bei uns am Stand, dass lief wie am Schnürchen: Alle Männer, die an unserem Stand vorbeiliefen, blieben stehen und wollten Fotos mit den sexy jungen Fräulein machen. Die ständig anwachsenden Menschenmengen vor unserem Stand, sorgten schließlich für so viel Aufmerksamkeit, dass noch direkt am ersten Abend das überregionale Fernsehen bei uns auftauchte. Eine bessere Wahlwerbung hätten wir uns gar nicht wünschen können. Ich lag mit meiner Vermutung, dass sich der solide Durchschnittsbolivianer eher mehr für attraktive jungen Frauen als für Politik interessiert, goldrichtig. Während die Männer oder Jungs, fleißig Fotos mit unseren schönen Damen machten, verwickelten wir schnell ihre leicht angesäuerten Frauen in ein Gespräch und verteilten dabei unsere Flyer. Das lief so gut, dass wir die gleiche Strategie auch an den folgenden Tagen konsequent weiterverfolgten.

Zu den ganzen Schönheitsköniginnen gesellte sich dann auch noch eine „Cholita", also eine waschechte, traditionelle bolivianische Wresterlin dazu.

Übrigens: Jeder, der es irgendwann mal vorhaben sollte, nach La Paz zu pilgern, MUSS unbedingt einmal beim Cholita Wrestling in El Alto vorbeischauen.

Eine unglaubliche Show mit sehr viel Entertainment und Action! Die einheimischen Damen leisten wirklich immer vollen Einsatz, hauen alles raus und beziehen sogar das Publikum aktiv in die Show mit ein.

An Tag 5 und 6 auf der Messe ließ das Interesse, aber leider leicht nach.

Die Bolivianer kannten mittlerweile alle attraktiven Frauen bei uns am Stand in- und auswendig. In diesem Fall griff umgehend der nächste Schritt des Plans:

Was liebt der Durchschnittsbolivianer noch mehr als ein paar geile Weiber?

Richtig, Fußball!!!

Schnurstracks rasierte sich der Plaumann seinen Dreitagebart ab, band sein langes blondes Haare zu einem Zopf zusammen, kaufte sich eine Manchester City-Trikot und schon war Erling Haaland geboren. Wie bereits mehrmals erwähnt: Ich sehe ja Erling Haaland sehr ähnlich – das mussten wir jetzt umgehend ausnutzen, fand ich.

Haaland schlug eine wie eine Bombe und übertraf sofort alle Erwartungen. Unsere Hauptzielgruppe waren jetzt Kinder und Jugendliche, es lief wie am Schnürchen. Ich jonglierte einfach lässig mit dem Ball neben dem Stand, und keine 2 Minuten später sah mich das erste Kind und brüllte laut nach Haaland. Sofort quengelte das Kind so lange herum, bis die Eltern endlich nachgaben, und am Ende stand die komplette Familie samt Großmutter und Großvater bei uns am Stand. Erling Haaland war in La Paz! Das sprach sich natürlich herum wie ein Lauffeuer. An einem Tag machte ich im Durchschnitt 400-500 Fotos – hauptsächlich mit Kindern, aber auch mit vielen Erwachsenen. Plötzlich war der Plaumann, als Haaland-Doppelgänger in gefühlt fast jeder Handy-Galerie in La Paz verewigt. Ich dachte mir immer eine neue Challenge aus. Zuerst führte ich einen großen Fußball-Jonglier-Wettbewerb ein, danach ein klassisches 2 gegen 2 Spiel, bei dem das Tor der Eingang, des gegenüberliegenden Standes war. Oh Gott, der Chef vom gegenüberliegenden Stand schimpfte wie ein Rohrspatz. Herrgott, waren die anderen Messemitarbeiter alle pissig, weil ihnen plötzlich der geschmeidige deutsche Haaland die ganze Kundschaft wegschnappte.

Für die letzten Tage der Messe folgte der nächste große Knall: Der La Paz-Haaland wechselte plötzlich von Manchester City zum verhassten Erzrivalen Manchester United. Ich kündigte den Wechsel auf TikTok groß an und lieh mir dafür einfach einen Manchester United-Trainingsanzug aus. Auch das funktionierte großartig – ganze Schulklassen kamen vorbei um ein Foto mit ihrem Erling Haaland machen zu können. Auf TikTok löste der deutsche Haaland ebenfalls eine kleine Euphorie aus. Nach den kompletten 2 Wochen auf der Messe hatte ich ein sehr gutes Gefühl. Endlich kannten die Bolivianer uns!

Natürlich sei erwähnt, dass so ein Wahlkampf, sehr, sehr kostspielig ist.

Ich denke da nur an die ganze Wahlwerbung, die vielen Flüge innerhalb Boliviens, diverse Merchandising-Artikel, die unzähligen TV-Spots und vieles mehr.

Du brauchst schon eine große Anzahl an Unterstützern, um überhaupt kandidieren zu können.

Eines Morgens, rund eine Woche vor der Wahl, befand ich mich gerade auf dem Sprung ins Büro, als ich erfuhr, dass die Partei – oder nahestehende Personen aus dem Umfeld des rechtsradikalen Marktschreiers ein Rundschreiben verfasst hatten, welches in vielen Fabriken und Bergbaufirmen an einfache Arbeiter verteilt wurde. Der Inhalt des Schreibens war, eine vorgefertigte Liste mit allen korrupten und rechtsradikalen Kandidaten, die man unbedingt wählen MUSSTE.
Ansonsten, so hieß es würde einem umgehend das Gehalt gekürzt – oder man würde einfach so direkt entlassen. Ich konnte es nicht glauben und hielt es erst für einen schlechten Scherz. Aber nein – genau so laufen eben die Dinge im gelenkigen Pannenstadt Bolivien. Eines allerdings machte mich an dem Rundschreiben stutzig: Woher konnten die Verfasser des Schreibens wissen, wen Arbeiter X oder Arbeiter Y schlussendlich wirklich wählen würde? Dazu aber später mehr – erst am großen Wahltag sollte ich mein blaues Wunder erleben. Die Wahlmanipulation wurde zwar in der Presse publik – und was passierte? Richtig: Natürlich absolut gar nichts. Wir sind ja immerhin in Bolivien. Selbstverständlich konnte man niemanden offiziell etwas nachweisen, und alles lief weiter wie gehabt.

Man stelle sich das mal in Deutschland vor - was wäre in Deutschland nur los gewesen, wenn zum Beispiel die SPD einfach ein Rundschreiben verfassen würde mit der Aufschrift: „WÄHLT SCHOLZ'' – oder ihr werdet alle entlassen! Und das wird dann an alle bildungsarmen, aber dafür hart und ehrlich arbeitende Menschen verteilt. In Deutschland würde das mit ziemlicher Sicherheit eine der massivsten Regierungskrisen der Nachkriegszeit auslösen – in Bolivien hingegen steht so etwas auf der regulären Tagesordnung.

Ich erinnere mich noch gut daran, wie emotional ich darauf reagierte – ich bekam einen regelrechten Tobsuchtsanfall. Wenn die Konkurrenz mit solchen unfairen Mittel spielte, dann packt der Plaumann eben jetzt Trick 17 aus! So einen Beschiss könnt ihr mit dem bolivianischen Volk machen – aber nicht mit mir!

Sofort arbeitete ich einen 3 Punkte-Plan aus, auf den wir jetzt an dieser Stelle leider nicht näher eingehen können. Ich beherrschte mittlerweile jeden schmutzigen Diplomatentrick und hatte meine geschmeidigen Hände längst in allen politischen Wassern gewaschen – oder besser gesagt in allen politischen Dreckswassern.
Nur so viel sei dazu gesagt: Ich war von meinem neu ausgearbeiteten Plan voll und ganz überzeugt und hielt ihn für eine absolut nachvollziehbare Gegenreaktion.
„Wenn du dir ständig die Butter vom Brot nehmen lässt, hast du irgendwann nur noch das Brot."
Pocahontas und der General, reagierten eher schockiert auf meinen Plan, und waren leider strikt dagegen. Das entsprach schließlich in keinster Weise ihrem Demokratieverständnis. Also gut, schließlich kandidierte ja der General für das Amt, und ich war nur der unwichtige deutsche Wahlkampfmanager im Background. Zähneknirschend respektierte ich ihre Entscheidung, und wir machten weiter wie bisher.

Eines Abends waren wir bei Pocahontas Patentante zum Essen eingeladen.
Anders als wir hatte sie kein Hausmädchen, sondern tatsächlich einen waschechten „Dinner for one" Butler mit weißen Samthandschuhen, der gefühlt 24/7 in ihrem Haus arbeitete. Während des Aperitifs stand der Butler mit vollem Tablett in der Hand – wie in den Stein gemeißelt – stramm in der Ecke und reagierte umgehend auf jedes noch so kleine Fingerschnipsen. So einen Service gab es im Amazon-Lager aber safe nicht. Der Plaumann war jetzt eben in der High-Society angekommen.

Selbst als nach dem Abendessen der Kuchen serviert wurde, stand der Butler noch stramm da – mittlerweile waren schon über 5 Stunden vergangen.

Hallöle, das nenne ich mal exzellentes Personal.

Da konnte unsere Haushälterin aber bei weitem nicht mithalten.

Bei der Autofahrt zu einer der unzähligen Wahlkampfveranstaltungen, bemerkte ich mitten in der Stadt eine endlos lange Schlange, die sich tatsächlich über 3 ganze Straßen hinweg verteilte. „Ist heute Sonderschlussverkauf, oder gegen welchen Scheiß demonstrieren sie heute schon wieder?", fragte ich Pocahontas.

Weit gefehlt, das war die alltägliche Schlange vor dem örtlichen Krankenhaus.

Um Gottes willen! Ich wusste zwar, dass die medizinische Versorgung in Südamerika viel schlechter ist als in Europa, aber mir war überhaupt nicht bewusst, dass die Lage so dramatisch ist. Die durchschnittliche Lebenserwartung in Bolivien beträgt nur 66 Jahre bei Männern und 71 Jahre bei Frauen. Zum Vergleich: In Deutschland liegt sie bei 78 Jahren für Männer und bei 83 Jahren für Frauen. Die medizinische Versorgung war katastrophal, du musstest ja fast schon privat versichert sein, um zu überleben. Selbstverständlich waren Pocahontas und ihr Anhang alle rundum privat versichert. Als wir mal einen Verwandten im Krankenhaus besuchten, war ich trotzdem relativ überrascht. Natürlich bin ich kein Mediziner, aber technisch auf dem neusten Stand war die bolivianische Privatklinik auf jeden Fall nicht.

Die gesamte Inneneinrichtung erinnerte mich sehr stark an ein altes deutsches Krankenhaus aus den 90er-Jahren. Herrgott, ich wollte gar nicht wissen, wie schlecht dann wohl die medizinische Versorgung in einem durchschnittlichen Krankenhaus in Bolivien sein musste.

Schon der Anblick der endlosen Warteschlange – 3 Straßen weiter vor dem Krankenhaus – war traurig genug. Falls ich mir in Bolivien mal den Arm brechen sollte, würde ich mich selbst in der Privatklinik nicht operieren lassen.

Nach dem Erwachen aus der Vollnarkose hätten sie mir bestimmt noch eine Niere rausgenommen, oder einen Finger abgeschnitten. Aber nicht für die Organmafia – nein, einfach nur so weil sie es nicht blicken.

Allgemein war La Paz in ihrer Entwicklung noch weit zurück.

Manche Sachen erinnerten mich echt sehr an Deutschland, in den 80er- oder 90er-Jahren. Ratet mal, welches Auto gefühlt das meistgefahrene in La Paz war? Korrekt, ein VW Käfer, bei uns ein absoluter Oldtimer, den man extrem selten im Jahr 2025 auf deutschen Straßen sieht. In La Paz war der VW Käfer unser heutiger VW Golf. An jeder Ecke sah man einen Käfer, und das in allen außergewöhnlichen Farben – von Gold bis Pink. Es fehlte nur noch, dass jetzt Helmut Kohl aus dem Käfer aussteigt, und es wäre wieder 1984.

In Bolivien gab es keinen #metoo, keinen übertriebenen Feminismus und kaum oder gar keine veganen Produkte. Verdammt, ich war sogar noch froh, wenn ich mal einen Bolivianer traf, der wusste was ein Veganer oder ein Vegetarier ist.

Die Mehrzahl der Bevölkerung kannte das Wort „vegan" einfach nicht.

Klar, woher sollten die Leute auch wissen, was das ist, wenn sie dreimal am Tag Fleisch aßen? Ich persönlich esse normalerweise immer nur 3-4 Mal in der Woche Fleisch. Und zu Fleisch zähle ich nicht die winzigen Salami-Stückchen auf einer Pizza Diavola, sondern Fleisch ist für mich ein Schnitzel oder eine Schweinebraten.

2 Schnitzel und 2 Hamburger pro Woche kann man meiner Meinung nach auch noch gut verdrücken. Ansonsten bevorzuge ich aber lieber Reis, Nüsse, Eier, Milch, Gemüse, Käse, Obst und Nudeln.

Eine weitere sehr traurige Angelegenheit in Bolivien sind natürlich auch die unzähligen obdachlosen Straßenhunde und Straßenkatze, die man wie überall in Südamerika zigfach antrifft. Was in Holland die Fahrräder sind, sind in Bolivien die Straßenhunde. Leider sehr, sehr traurig, aber man kann eben nicht alle retten.

Eines Vormittags fanden Pocahontas und meine Wenigkeit mal wieder keinen Parkplatz im Stadtzentrum. Also parkten wir einfach im absoluten Halteverbot und drückten einem Einheimischen einfach ein paar Scheine in die Hand um ihn als „Aufpasser" zu engagieren – ein völlig normaler Vorgang in Südamerika, ganz ohne nervige Bürokratie. Leider brauchte Pocahontas mal wieder viel zu lange in der Beauty-Lounge. Meine Güte – so lange würde unser frisch engagierter „Aufpasser" sicher nicht auf unser Auto aufpassen. Mit 3 Stunden Verspätung kehrten wir schließlich zu unserem Auto zurück – und siehe da, der „Aufpasser" war über alle Berge getürmt und, unser Auto hatte eine Radkralle am Reifen hängen.

Ganz klassisch, so wie man sie auch von Homer Simpsons Auto kennt.

In dem Fall muss man in Bolivien eben aufs Verkehrsamt gehen, eine Strafe von umgerechnet 2€ zahlen, bekommt die Handynummer des Polizisten, der die „tolle" Radkralle angebracht hat – und wartet dann eben so lange bis der Polizist die blöde Radkralle wieder entfernt. In unserem Fall dauerte das über 2 Stunden.

Langsam, aber sicher ging der Wahlkampf in die entscheidende Phase.

Wir hatten mittlerweile sämtliche Merchandising-Artikel im Umlauf – vom Kugelschreiber, über die Protein Cookies bis zur Kappe, da war Pocahontas äußerst kreativ unterwegs – Koi Zeit Jetlag.

Desto näher die Wahl rückte, desto mehr OAS (Organisation Amerikanischer Staaten) Fahrzeuge fuhren durch die Stadt. Hatte Joe Biden etwa ähnlich, wie Donald Trump 2017, ein Interesse daran wer die Wahlen in Bolivien gewinnt?

Das kann ich nahezu komplett ausschließen – wahrscheinlich war Biden gerade damit beschäftigt, sich an seinen eigenen Vornamen zu erinnern.

Außerdem fürchte ich, dass Joe Biden leider schon einige Jahre zuvor, lange nicht mehr auf seiner geistigen und körperlichen Höhe war – jedenfalls nicht auf der

Höhe die es benötigte um Präsident der Vereinigten Staaten zu sein.

Ich sehe die Amtszeit von Joe Biden nicht als total katastrophal an.

Er hat wirtschaftlich innenpolitisch einiges bewirkt, und die Unterstützung der Ukraine war richtig und wichtig. Allerdings hat er im Kernthema der Amerikaner, der illegalen Migration – leider auf ganzer Linie versagt. Meiner Meinung nach war es eine absolute Meisterleistung seiner engsten Vertrauten, seinen fürchterlichen Gesundheitszustand 4 Jahre lang weitgehend vor der gesamten Weltöffentlichkeit zu verschleiern. Natürlich gab es immer wieder kleine kognitive Aussetzer und mehrfache Stürze, aber bis zum TV-Duell gegen Trump ahnte niemand, wie schlecht es gesundheitlich wirklich um ihn stand. Rückblickend wird Biden leider als alter, unfähiger und seniler Präsident in die Geschichte eingehen. Unterm Strich war seine Präsidentschaft sicher nicht zufriedenstellend, aber ich habe schon weitaus schlechtere US-Präsidenten erlebt. Man darf auch nicht vergessen, dass Biden extrem von der Corona-Krise profitiert hat. Hätte es diese nicht gegeben, hätte Joe Biden meiner Meinung nach, niemals die Wahl 2020 gegen Trump gewonnen.

Die OAS hat insgesamt 34 Mitgliedstaaten und ist etwa ungefähr vergleichbar mit der Europäischen Union – oder eben auch nicht.

Meines Erachtens liegt die tatsächliche Entscheidungsmacht innerhalb der OAS ausschließlich bei den USA – sie bestimmen den politischen Kurs.

Der Hauptsitz der OAS befindet in Washington, D.C.

Offiziell bestehen ihre Hauptaufgaben zwar aus äußerst lobenswerten Zielen wie etwa, der Demokratisierung, dem Kampf gegen Drogenkartelle, oder der Wahrung der Menschenrechte. Inoffiziell geht es der OAS meiner Meinung nach aber nur darum, die wirtschaftlichen Interessen der USA in Südamerika zu wahren.

Wer wann, wo und wie in Südamerika regiert, wird immer noch maßgeblich von den USA beeinflusst – oder besser gesagt: von der CIA direkt vor Ort gesteuert.

Wie gesagt, das ist nur meine persönliche Wahrnehmung, so habe ich es vor Ort empfunden.

Das letzte TV-Duell vor der Wahl in Bolivien stand an. Geschlossen boykottierten alle Kandidaten den rechtsradikalen Gegenkandidaten und verweigerten somit die Teilnahme am letzten TV-Duell. Also saß der rechte Marktschreier einfach alleine im TV-Studio – und hatte somit leider die komplette Bühne und die uneingeschränkte Aufmerksamkeit für sich allein. Ich hielt die Entscheidung für falsch – schließlich wäre es die perfekte Möglichkeit gewesen, den Marktschreier mal vor laufender Kamera zu stellen.

Aber auf mich und meine konservative Strategie hörte ja ohnehin keiner mehr. Natürlich war ich persönlich ziemlich gekränkt, da meine Vorschläge mittlerweile nur noch auf taube Ohren stießen. Aber Pocahontas und ihre Mutter entschieden sich eben konsequent für den bereits eingeschlagenen neutralen, liberalen Kurs in der politischen Mitte. Persönliche Egos musste man hinten anstellen – und für Trübsal blasen, bestand sowieso keine Zeit mehr.

So funktioniert eben Politik! Das war eine bedeutende Lektion für mich, die maßgeblich zu meiner persönlichen Charakterentwicklung beigetragen hat.

Früher war ich süchtig nach Alkohol und Prostituierten – heute bin süchtig danach, Bildungslücken zu schließen und mich persönliche weiterzuentwickeln.

Man lernt nie aus!

Durchschnaufen im Pool

Wahlkampfveranstaltung in La Paz

Sightseeingtour durch La Paz

Haaland auf der Messe

Kapitel 17

Im Hause Pocahontas war die Stimmung kurz vor der Wahl wie immer gänzlich euphorisch, alle rechneten fest mit einem ganz klaren Sieg für uns.

Alle außer mir, natürlich. Wie bereits erwähnt, war ich bereits direkt nach meiner Ankunft der einzige skeptische Zeitgenosse im Haus. Ich fand den konservativen Gegenkandidaten einfach um einiges stärker. Es war schwierig, sich nicht von der gesamten Euphorie mitreißen zu lassen – ich wollte wenigstens als Einziger im Haus einigermaßen sachlich bleiben.

Am Samstag vor der Wahl bewaffnete ich mich mit einem Gartenschlauch, um das Auto in der Einfahrt bei herrlichen 22 Grad im Dezember zu waschen.

Allerdings dauerte mein solider Waschvorgang keine handgestoppten 5 Minuten, bis plötzlich Pocahontas ums Eck geschossen kam: „Baby, what are you doing here? Stop this now, we have workers for this." Alles klärchen, in dem Fall war das Auto waschen schon wieder erledigt – da war der Plaumann au fein damit.

Dann war es endlich so weit, der große Wahlsonntag stand an. In Bolivien sind am Tag der Wahl alle Geschäfte geschlossen, und viele Hauptstraßen werden gesperrt. Normalerweise haben in Bolivien, oder besser gesagt generell in ganz Südamerika, alle Supermärkte und Apotheken 7 Tage in der Woche geöffnet, oft auch bis 22 oder 23 Uhr. Außerdem ist es nicht erlaubt bis zur Schließung aller Wahllokale um 18 Uhr, größere Strecken mit dem Auto zurückzulegen. Man sollte nur zu Fuß zum nächstgelegenen Wahllokal laufen. Am großen, entscheidenden Wahlsonntag in Bolivien wurde – ähnlich wie in Deutschland, hauptsächlich in unterschiedlichen Grundschulen, Kindergärten oder Gemeindehäuser gewählt, die für die Wahl zu Wahllokalen umgebaut wurden. Unter euphorischem Jubel liefen wir zu unserem Wahllokal, es herrschte eine großartige Stimmung und furchtbares Gedränge.

Die Bolivianer machten aus ihren Wahlen ein riesiges Event:

Mitten auf der gesperrten Straße stand jetzt eine Imbissbude, gegenüber davon ein Saftladen und selbstverständlich durfte ein Grill auch nicht fehlen.

Alle waren auf den Straßen, und wir kamen beim ersten Versuch überhaupt gar nicht zum Wahllokal durch – die Warteschlange war einfach viel zu lang.

Vor jedem Wahllokal standen in Bolivien immer 2-3 maßlos überforderte Polizisten, die einigermaßen versuchten das Gedränge unter Kontrolle zu bringen. Bei unserem zweiten Anlauf klappte es dann endlich mit dem wählen, wenn auch mit einer halbstündigen Wartezeit in der Schlange. Der offizielle Wahlzettel sah ganz anders aus als in Deutschland. Er wirkte generell größer, war in bunten Farben gehalten, zum Ausfalten – und jeder Kandidat hatte ein eigenes großes Bild mit einem noch größeren Kästchen darunter. So konnten auch die Bolivianer, die nicht lesen und schreiben konnten, einfach das jeweilige Bild ankreuzen – ausnahmsweise mal eine gute Idee.

Wir fieberten im Haus gemeinsam dem Wahlergebnis entgegen. Punkt 18 Uhr verteilten dann alle Kandidaten ihre jeweiligen Vertreter in den verschiedenen Wahllokalen der Stadt. Denn um 18 Uhr begann in Bolivien nämlich die Live-Auszählung – kein Witz. Jeder Bürger hat in Bolivien das Recht darauf bei der jeweiligen Stimmenauszählung live dabei zu sein. Ich betrat den Wahlraum und ein vielleicht vierzehnjähriges Mädchen begann damit alle Stimmzettel zu öffnen und laut vorzulesen, also quasi: „Javier Castro hat gewählt für …" Das machte mich komplett fassungslos. Es gibt tatsächlich in ganz Bolivien kein Wahlgeheimnis, wirklich jeder einzelne Stimmzettel wurde einfach laut vorgelesen. Danach wurde alles notiert und konsequent archiviert. So konnte dann der Plaumann problemlos nachschauen, dass ja der Hector Lopez im Jahre 2017 Kandidat Y gewählt hat – komisch 2013 hat er aber noch für Kandidat X gestimmt. Was lief jetzt hier beim Hector falsch? So laufen eben die Dinge in einer Tropen Diktatur.

Was wäre in Deutschland bloß los, wenn es bei uns plötzlich kein Wahlgeheimnis mehr geben würde und Max Mustermann einfach so mir nichts dir nichts ins Gemeindehaus spazieren würde, und dann überprüfen könnte, was Hans Maier gewählt hat? 18 Uhr Wahllokal in Berlin-Tempelhof – plötzlich fängt ein kleines vierzigjähriges Mädchen an, alle Stimmzettel laut vorzulesen: „Gerhard Müller hat gewählt für die AfD." Dann weiß danach eben jeder in Tempelhof, dass ihr Bäcker Gerhard Müller ein AfD-Wähler ist. „He, beim Gerhard kauf ich meine Brötchen aber sicher nicht mehr ein – der supportet doch die AfD!´´

Genau so würde das in Deutschland laufen.

Wahnsinn, jetzt wurde mir auch schlagartig klar, warum die vielen widerlichen Rundschreiben des rechtsradikalen Marktschreiers so eine große Gefahr darstellen. Man konnte ja ganz legal überprüfen, was zum Beispiel Bergarbeiter Z, bei der letzten Wahl gewählt hatte – und ihn dann gezielt unter Druck setzen.

Da saß ich also im Wahlraum und hörte einem vierzehnjährigen Mädchen zu, das jetzt extrem langsam, penibel und selbstverständlich unter ständiger Kontrolle eines OAS Mitarbeiter alle Wahlergebnisse vorlas – um Gottes willen wo war ich nur gelandet. Sie musste immer wieder die Auszählung unterbrechen, weil ständig ein schreiendes Kind durch den Wahlraum krabbelte. Irgendwann schmiss der OAS-Mitarbeiter dann das Kind raus – es war ein furchtbares Chaos.

Heilandzack, so darf doch nicht über die Zukunft eines ganzen Landes entschieden werden! Das zog sich dann über 3 Stunden hin, bis im ersten Wahllokal – direkt vor unserer Haustür – schlussendlich das erste Ergebnis feststand.

Dreimal dürft ich raten, wer dort nach der ersten Auszählung haushoch vorne lag? Richtig, der konservative Kandidat! Leider genauso, wie von mir erwartet.

An diesem Punkt war die Wahl schon für mich verloren.

Wenn der konservative Kandidat schon selbst in unseren Wahlbezirken – die wir eigentlich ganz klar gewinnen müssen, um eine realistische Chance auf den gesamten Wahlsieg zu haben – haushoch vorne lag, dann war das ein ganz, ganz schlechtes Zeichen. Wie sah es dann wohl in den anderen, weit entfernteren Wahlbezirke im Dschungel und in den anderen Ballungsgebieten von Bolivien aus?

Der General und Pocahontas, blieben weiterhin optimistisch: ,,Dann punkten wir halt in den anderen Bezirken außerhalb der Stadt stärker'', meinten sie.

Naja, etwas gesunder Realismus würden ihnen auch nicht schaden.

Die Wahlbeteiligung fiel zu meiner Überraschung sehr hoch aus.

Das lag allerdings nur daran, dass es in ganz Bolivien keine ungültigen Wahlzettel gab. Jeder Wahlberechtigte hatte für die Justizwahlen in Bolivien insgesamt 3 Stimmen. Falls er aber nur 1 oder 2 Stimmen abgab, blieb der Wahlzettel trotzdem gültig.

Herrschaftszeiten, sofort musste ich an die Kommunalwahlen, in meinem geliebten Baden-Württemberg denken, bei denen jeder Wähler weit über 10 Stimmen hat.

Es kommt ja immer darauf an, wie viele Sitze der jeweilige Gemeinderat zu vergeben hat. Bei den Kommunalwahlen in Stuttgart zum Beispiel hat jeder Wähler 60 Stimmen, selbstverständlich ohne Foto des jeweiligen Kandidaten.

Heilig's Blechle, das würde den Bolivianer ja direkt zur Weißglut treiben.

Insgesamt waren bei der deutschen Bundestagswahl 2025, über eine halbe Millionen Stimmen ungültig – da sind wir Deutschen eben konsequenter.

Im weiteren Verlauf des Abends trudelten immer mehr Ergebnisse ein, und um kurz nach Mitternacht lagen wir dann rein rechnerisch so weit hinten, dass wir keine Chance mehr auf den Wahlsieg hatten.

Erstaunlicherweise war ich der einzige im Haus, der total geknickt war – alle anderen waren trotz der klaren Niederlage bester Dinge.

220

Sie waren einfach froh, dass der rechtsradikale Marktschreier nicht gewonnen hatte und das alles total friedlich abgelaufen war, ganz ohne Zwischenfälle.

Peace, Love and Harmony eben.

Ich hingegen sah die Wahlniederlage als große persönliche Niederlage an und war unfassbar enttäuscht und sehr geknickt.

Gescheitert war mein Plan, im Schatten der zukünftigen Präsidentin Boliviens die Fäden zu ziehen.

Gescheitert war meine Vorstellung von der Legalisierung und Verstaatlichung aller Drogenexporte.

Gescheitert war meine Idee, sofort alle Lithium-Abkommen mit Russland und China aufzukündigen und umgehend alle Rechte an mein geliebtes Vaterland Deutschland zu verkaufen.

Gescheitert war mein Plan, Boliviens Armut durch den flächendeckenden Bau von Photovoltaikanlagen endlich einmal vernünftig zu bekämpfen.

Aber so funktioniert eben Politik – schließlich muss ich persönliche Niederlagen auch verkraften und eingestehen können, auch wenn es mir unwahrscheinlich schwerfiel.

Das offizielle Endergebnis wurde erst 3 Wochen nach der Wahl verkündet – so lange braucht man eben in Bolivien, bis letztendlich alle Stimmen ausgezählt waren, oder bis eben alle Stimmen so ausgezählt worden waren, wie es die USA für korrekt befand.

Rückblickend kann ich sagen, dass meine Wahlkampfphase in Bolivien eine unvorstellbar intensive und interessante Lebenserfahrung war – auch, weil die örtlichen Gegebenheiten sehr, sehr herausfordernd waren.

Herr Gott, wie in Gottes Namen kannst du bei einem Bolivianer politisches Interesse wecken, wenn er nicht mal Lesen und Schreiben konnte?

Warum haben wir die Wahl verloren?
Nun gut, das muss man den Wähler fragen und nicht meine Wenigkeit.

Im zarten Alter von 29 Jahren organisierte und managte ich meinen ersten Wahlkampf – der erste Grundstein für eine politische Laufbahn war damit gelegt.

Ob es diese politische Laufbahn aber wirklich geben wird, steht noch in den Sternen....

Liebe Leser, zum großen Abschluss meiner Autobiografie möchte ich euch noch eine Frage stellen:

Was ist der Sinn des Lebens?

Sehr oft habe auch ich mir diese Frage gestellt, und darauf nie eine Antwort erhalten. Ich denke, der Sinn des Lebens besteht nur aus einer einzigen Sache:

Glücklich Sterben!

Wir Menschen sind zu Gast auf dieser Erde und leben tagtäglich unser Leben, nur um letztendlich glücklich sterben zu dürfen.
Darin, ganz alleine darin, besteht der Sinn des Lebens.

Wie die Thorben Plaumann-Geschichte weitergeht, in welchem Land ich mich gerade befinde, während ich diese Zeile hier verfasse und vor allem:
Was plant ein Mister Flixbus für die Zukunft?
All das erfahrt ihr, meine sehr verehrten Leser, und selbstverständlich auch Leserinnen (wenigstes einmal in diesem Buch, muss ich dann doch zum Abschluss korrekt gendern) in Teil 2.
Allerdings nur, falls jemals ein zweiter Teil erscheinen sollte.

Nur so viel kann ich euch zum krönenden Abschluss verraten:

,,KONNICHIWA!´´

Früher war ich süchtig nach Alkhol und Prostituierten – heute bin süchtig danach,

Bildungslücken zu schließen und mich persönliche weiterzuentwickeln.

Das war die ungeschminkte Wahrheit!

I appreciate your Attention

I don´t care if you love me or hate me → **I LOVE YOU!**

hochachtungsvoll

Thorben Plaumann